中南财经政法大学法律专业学位
教育案例研习系列教材

基层社会治理案例教程

郭俊霞　主　编
刘雪姣　孙明扬　副主编

山东人民出版社·济南
国家一级出版社　全国百佳图书出版单位

图书在版编目（CIP）数据

基层社会治理案例教程 / 郭俊霞主编；刘雪姣，孙明扬副主编. -- 济南：山东人民出版社，2024.12

ISBN 978-7-209-14906-8

Ⅰ. ①基… Ⅱ. ①郭… ②刘… ③孙… Ⅲ. ①社会管理—案例—中国—教材 Ⅳ. ①D63

中国国家版本馆CIP数据核字(2023)第226946号

基层社会治理案例教程

JICENG SHEHUI ZHILI ANLI JIAOCHENG

郭俊霞　主　编

主管单位　山东出版传媒股份有限公司
出版发行　山东人民出版社
出 版 人　胡长青
社　　址　济南市市中区舜耕路517号
邮　　编　250003
电　　话　总编室（0531）82098914
　　　　　市场部（0531）82098027
网　　址　http://www.sd-book.com.cn
印　　装　山东新华印务有限公司
经　　销　新华书店

规　　格　16开（185mm×260mm）
印　　张　19
字　　数　298千字
版　　次　2024年12月第1版
印　　次　2024年12月第1次
ISBN 978-7-209-14906-8
定　　价　65.00元
　　　　　如有印装质量问题，请与出版社总编室联系调换。

作者简介

郭俊霞，主编，社会学博士，中南财经政法大学哲学院社会学系副教授、基层法治研究所研究人员，主要研究领域为基层治理、家庭社会学。出版专著两部，在《中国社会科学》和其他CSSCI来源期刊发表论文二十余篇，主持和参与国家级课题多项。

刘雪姣，副主编，法学博士，中南财经政法大学法学院讲师、硕士研究生导师。主要研究方向为法理学、法律社会学、基层治理。在《求实》《甘肃行政学院学报》等期刊发表学术论文数篇。

孙明扬，副主编，法学博士，中南财经政法大学马克思主义学院讲师，基层法治研究所研究员。研究方向为基层社会治理。2014年开始从事农村调研，在CSSCI来源期刊发表论文多篇，主持和参与4项国家及省部级科研项目。

编写说明

一、教材主旨

随着社会治理现代化的不断推进，基层社会治理教学必须面向时代、面向实践，密切关注现实问题，对具有中国特色的基层社会治理实践进行理论回应和总结。正如习近平总书记所指出的：我国哲学社会科学应该以我们正在做的事情为中心，从我国改革发展的实践中挖掘新材料、发现新问题、提出新观点、构建新理论。本教材坚持以习近平法治思想和中国特色社会主义理论体系为指导，以当代中国基层社会治理实践为模本，通过对典型个案的深入分析和探讨，展开对党建引领社会治理、基层城乡社区自治、基层社会组织依法运行、社会诚信建设、社会矛盾纠纷化解、社区公共服务、社会治安等多方面的解析和阐释，总结和提炼新时代社会治理实践经验，把“社会治理法学”写在新时代社会治理体系现代化的中国大地上。谨希望我们的努力能够使社会治理法学教学呈现出更多的生机与活力，从而更好地适应社会治理现代化建设和时代发展的需要。

在编写体例上，本教材围绕基层社会治理的重要内容展开。城市社区治理与村级治理是基层社会治理的重要组成部分。基层矛盾纠纷调解直接关乎基层社会秩序的稳定，是基层社会治理中的重要议题。具体的治理机制和治理模式是理解当下中国基层社会治理实践样态和创新经验的重要切口。鉴于此，本教材由四部分构成，共分为十八章。第一部分是“城市社区治理”，包括公租房社区治理、小城镇社区微治理、商品房小区物业管理。第二部分是“乡村治理”，包括村庄民主自治、农村公共品供给、农田水利建设、土地收益分配、低保资源分配。第三部分是“矛盾纠纷化解”，包括乡土纠纷性质、基层综合治理、警察调解纠纷。第四部分是

"治理机制和模式"，包括党建引领机制、社会诚信机制、技术赋能机制、网格化管理、积分制管理、社会组织参与治理、社会组织参与文化建设。案例教学要求教师从案例中提炼理论，用理论阐释案例。为此，本教材的各个章节根据案例介绍、案例阐释、理论分析的基本模式进行编写。通过案例教学为学生打开社会治理法学之门，是本教材编写的目的所在。

二、本教材编写分工

本教材是一部集体作品，由十二位从事基层社会治理教学研究的教师和四位从事基层社会治理研究的博士研究生共同完成。本教材由郭俊霞任主编，负责本教材的统稿、审稿和编校工作，刘雪姣、孙明扬任副主编，撰写分工如下（以撰写章节先后为序）：刘杨，第一章；李爱爽，第二章；张晨宇，第三章；孙冲，第四章；陈柏峰，第五章、第十三章；陈柏峰、林辉煌，第六章；王裕根，第七章、第十章；孙明扬，第八章；印子，第九章；于龙刚，第十一章；石建，第十二章；刘法杞，第十四章；吕健俊，第十五章；刘雪姣，第十六章；李梦侠，第十七章；郭俊霞，第十八章。

本教材的编写得到中南财经政法大学基层法治研究所所长陈柏峰教授的悉心指导。中南财经政法大学法学院博士研究生艾玉博、丁瀚琨、乔慧慧、马乐瑶、姜洋、冯士豪、王传发和硕士研究生杨一伟、杨云皓等同学参与了编校工作。

目　录

第一部分　城市社区治理

第二部分　乡村治理

第三部分 矛盾纠纷化解

第一部分

城市社区治理

第一章　公租房社区治理

城乡社区是社会治理的基本单元，兼具了生活与治理的双重属性。一方面，城乡社区是社区居民开展社会生活，满足日常活动的生活空间；另一方面，城乡社区也是国家进行基层治理的载体，是实现国家与社会互动的治理空间。当前，高速城镇化进程带来的城镇规划问题凸显、邻避冲突日益增多、城市暴力逐渐兴起、群体性事件易发[①]，成为影响居民群众切身利益、危及城乡基层和谐稳定的治理难题。在城乡社区中，具有独特形态和治理方式的公租房社区面临的此类治理难题尤为突出。因此，通过基层治理体系和治理能力的现代化建设对公租房社区进行有效治理，兼具着重要的实践意义和理论意义。

第一节　案例介绍

案例

重庆市自2010年起实施保障性租赁住房计划，大规模建设发展了多个公租房社区。其中，位于重庆市渝北区的M镇公租房项目于2016年建成并交付使用。M镇公租房小区设计总建筑面积为180万平方米，共有80幢住宅楼，约含2.89万套住宅。公租房小区整体计划入住10万人，截至2017年8月已经入住了6万多人。根据面积与人数，M镇公租房小区已划分为4个社区进行治理。

M镇主要治理问题在于居住人员构成复杂、流动性强，其中还包括不少有违法犯罪记录的重点人员。根据规定，社区警务室需要对公租房辖区内的上述

① 戴维·哈维:《叛逆的城市：从城市权利到城市革命》，叶齐茂译，商务印书馆2014年版。

所有重点人员实施监控。但实际上，依赖于有限的社区民警与社区网格员的走访排查，监控效果并不理想。有社区民警表示，监控的主要难点有三。其一，居民住宅小区具有封闭性高的特点，这就导致“监控人员在关上门后，谁也无法知道他们在干什么”。其二，公租房小区的人员流动性非常大，“公租房小区每月都有退租和新入住的人员。其中重点人员数量较多，一些新入住的重点人员难以纳入监管体系”。对此，尽管民警定期会入户走访调查，但治理效果也十分有限。其三，走访排查难度大。首先，排查时间有限，公租房小区通常只有晚上有人在家，即便社区民警4人同时进入同一栋楼，2人一组，两组同时开工，一晚上最多也只能排查走访完一栋楼，效率极低。“常常这个月走完这幢楼，下个月这幢，楼里的住户就又产生了很大的变动。”其次，有时民警还会遇到拒不配合调查的业主，他们假装家里没人不给开门或者谎报个人及家庭成员信息，这会导致信息收集不全或者真实性无法保证。最后，公租房非法转租的现象十分严重，造成实际入住人与登记入住人信息不符，一些违法、犯罪人员可能没有纳入公安机关的监管之中。

M镇公租房小区由于居住人员密集程度高，管理较为混乱，小区内部各类纠纷层出不穷。公租房小区居民间由于噪音、异味、垃圾等导致的纠纷矛盾频发，也存在有高空抛物的违法行为。例如，沿街门面和广场舞的噪音引起部分不满居民高空抛物，向下倾倒污水、垃圾，甚至还有人从楼上抛下匕首，所幸未造成人员伤亡。此外，还有小区公共区域管理等诸多矛盾，例如小区内部停车场车位不足导致的停车矛盾，公租房违规转租矛盾等。针对上述诸多矛盾，基于M镇公租房小区的特点，对公租房小区进行有效治理和执法的难度非常大，执法过程中稍有不慎还有可能导致群体性事件的发生。例如，2017年7月，交警对公租房小区的违章停车进行整治，但是却遭到了部分车主的阻挠，由于正值下班的高峰时间，人员聚集越来越多。在少数人的煽动之下，围观群众从表达对地下停车库每月300元停车费的不满，到开始围堵交警、阻碍交警执法，甚至派出所增援的民警也被围堵在人群中，直到上级特警队来支援，现场人员才逐渐散去。由于维稳压力，在群体性事件发生后对违章停车的执法也暂且搁置。

为了对公租房社区进行有效治理，M镇公租房成立社区机关大党委（以下简称大党委），整合了乡镇政府、公租房管理中心、社区居委会、项目开发商、社区物业公司及各类同级行政职能部门，力图从整体上推动社区治理工作。在制度上，大党委由渝北区党委政府推动成立，作为能够容纳多元治理主体的议事平台，通过共同商议、相互协调的方式处理复杂的社区治理局面；在实践中，由于上级党委政府的推动和介入，并建立有定期、定员的联席会议制度和大党委办公室，这一议事平台逐渐转变为一个常规的治理组织，相互之间的组织协同和职能配合日趋稳定，并逐渐走向成熟。

与此同时，M镇公租房社区开始全面推行网格化管理制度。公租房社区将辖区内的楼栋划分为众多单元网格、网格片区，依托网格作为治理单元来开展信息收集、社区服务、隐患排查、纠纷解决等治理工作。在组织上，公租房社区的现行做法是将一栋住宅楼划分为一个网格，并在每个楼栋中招聘一名租户担任专职网格员，专门从事所在网格的相关管理工作；社区还实行行政包干制，由社区居委会干部兼任片区网格长，负责统筹多个网格的工作。在实务上，公租房社区以网格系统为框架开展信息获取和整理工作，通过上门走访建立租户数字档案，并以此为主要依托进行社区管理和公共服务。

2017年，公租房项目中的每个社区均配备有两名专职社工，前期主要负责社区矫正人员、安置帮教人员、留守老人、留守儿童等重点人群的服务工作，后期还需要配合居委会推动社区各方面的建设活动。专职社工受过专业培训，在公共卫生、心理健康等方面具有较强的专业素养，能够在相应的公共服务事务中发挥重要作用。在整合社会方面，M镇公租房社区尤其注重结合租户需求开展管理和服务工作。通过发挥公众积极性、调动社会资源实现治理目标。2017年，社区居委会已经打造了社区联防队、老年人中心、节日文化庆典、社区运动会等多个项目，在与租户的密切互动中获取公众意愿、满足公众需求，进而培养社区公共意识。

公租房，即公共租赁住房，是指由国家提供政策支持、限定建设标准和租金水平，面向符合规定条件的城镇中等偏下收入住房困难家庭、新进就业无房职工和在城镇稳定就业的外来务工人员出租的保障性住房。公租房并不归个人所有，而是由政府或公共机构所有。因此，公租房社区住户通常具有户籍并非属地，住户不具备业主身份的特点。公租房制度是我国住房保障制度体系中的重要组成部分，它均等化地将房屋以公共物品及公共服务的形式提供给民众，主要解决流动人口及中低收入人群的住房问题。从公租房制度的保障性上看，公租房制度运行其实也是公权力依据现有法规，保障居民的社会权等权利，实现公共治理的过程。

2009年3月，时任国务院总理温家宝在两会政府工作报告中提出：要积极发展公租房，这也是中央政府第一次将“公租房”这一概念引入大众视野。2010年初，国务院和住建部联合其他多个部委接连发布了多个通知和文件，不断强调公租房制度在住房保障体系中的重要性，将之作为解决中等偏下收入家庭等“夹心层”住房难问题的重要途径。从2010年开始，政府开始把保障房作为一项重要民生问题来抓，更将其上升到政治任务的高度，对住房体制改革的方向做出了重大调整，视解决中低收入人群的住房问题为己任。住房保障体系的建立与完善也成为促进住房市场健康发展的重要“稳定器”。中央政府更倾向于逐步通过“以租代售”的模式来建立更为完善的保障性住房体系，公租房制度正逐步成为住房保障体系的主体。

2012年，《公共租赁住房管理办法》从规则层面为公租房治理提供了依据。《办法》明确规定，“县级以上地方人民政府住房城乡建设（住房保障）主管部门负责本行政区域内的公共租赁住房管理工作”，这对公租房的准入、监督管理、腾退环节，赋权于地方住房保障管理部门。在住房保障管理体系中，保障性住房政策以中央的住房和城乡建设部为主导，建设部、国家发展改革委、财政部、中国人民银行等七部门分工协作。中央的政策进入地方时，市级政府针对保障性住房中的公租房管理专项成立行政单位，对接住建部下派的行政任务，联合国土资源、城乡规划、土地管理、房屋管理及民政等行政部门，统领部门权责分工，统一协调政策落实的各个环节。

重庆是中国最早大规模启动公租房建设的城市，土地问题也是其无法回避的难题。重庆市2002年成立了土地整治储备中心，在此基础上，2003年成立重庆地产集团，初步建立了政府主导型的土地储备供应机制。重庆通过老厂搬迁、学校迁址、旧城拆迁、产业结构调整和升级、征用农村集体土地等渠道，储备了一定规模的土地。重庆市以无偿划拨方式供应公租房建设用地，这也成为重庆市公租房建设的一大特色。为了便于管理，重庆市国土房管局专门成立了重庆市公共租赁房管理局（简称市公租局），对全市公租房统一协调管理，而房管中心则是市公租局依法成立的基层行政单位，针对公租房社区具体情况进行管理。法规授权市公租局负责公租房的准入核查、监督管理、违规腾退的行政职能，针对住户的准入资格核查环节需要民政等部门沟通协作，因而作为基层执法的房管中心，其工作职能侧重于对于公租房社区居民的监督管理及违规腾退。

第二节　治理困境

在公租房社区的治理实践中，社会矛盾与治理资源、社会性质与治理技术、治理事务与治理体制之间均存在显著张力，这三组矛盾的结合构成了公租房社区治理困境的生成机制，决定了当前的社区治理主要面临来自治理资源、社会结构和治理体制三个方面的挑战。

一、治理资源匮乏

在政策目标上，公租房具有显著的保障性特征，主要致力于完善住房供应体系，满足城市中等偏下收入家庭基本住房需求。但在现实中，受制于土地资源供应、政府财政负担等因素，全国范围内的公租房项目都存在容积率偏高、建设住宅过密的问题。M镇公租房同样存在类似的设计缺陷，整体居住环境非常拥挤。公租房已经入住约6万余人，而随着项目建设的推进，公租房社区最终将容纳10万租户。大量人口的聚集使得公租房社区的社会治理形势发生了根本性改变，而面对不断增加的治理压力，治理者能调动的资源却十分有限，治理资源与治理任务的关系非常紧张。大量人口的聚集意味着大量治理事务的产生。在实践中，社区人口的数量往往直接决定社区治理的工作量。从人口规模来看，M镇公租房属于超大型社区，即使是简单的治理事务，都容易累积成巨大的工作量。而且，公租房社区建设是政策高速推动的结果，伴随着项目交付，大量人口在短期内迅速涌入，导致治理事务量呈现爆炸性增长，造成治理体制长期超负荷运转，埋下了许多治理隐患。如网格管理工作，单单是入户登记租户信息，就耗费了社区干部大量时间和精力，使其无暇兼顾其他任务。

事务膨胀只是浅层问题，其中潜藏的社会矛盾才是社区治理的深层隐患。公租房社区住户以进城务工人员和城市住房困难人员为主，他们大多文化水平不高、经济条件较差，不适应城市生活模式，综合素质不高，管理起来难度较大。

面对严峻的治理形势，治理者往往缺乏有效应对措施。其首要原因在于治理资源严重匮乏。从干部规模来看，单个公租房社区居委会仅有10余人，加上招聘的网格员和社工，干部人数也不会超过20人，长期人手紧缺；从经费来看，社区治理工作任务重，而居委会的办公预算又十分有限，许多工作受到经费制约无法开展；就职能配备而言，除了公安、市政部门在社区设有专门队伍外，其他职能部门都没有在此设立下级单位，社区只能依赖乡镇自有职能开展工作，一直面临力量不足、职能不完备的困境。

二、社会结构转型

治理事务量膨胀、社会矛盾聚集给社区治理造成了巨大的压力，但这种压力是直接、浅层的，大多表现为治理工作量上的负担。而在高速城镇化背景下，社会结构变动对治理体系的挑战更加严峻。公租房社区不仅在短期内促成了大量人口的聚居，并且塑造出一种新的社会结构。这改变了治理的社会基础，对治理实践造成了深刻影响。

首先，公租房社区是高度流动的社会。公租房专门面向城市中低收入群体，居住人员通过租赁取得社区居住权，往往仅将社区视作临时住所。M镇公租房社区居民以进城务工人员为主，该群体在城市没有固定居所，且工作单位不稳定，随时有可能退出社区。而且，公租房内的转租现象一直存在，加大了居住人员的不确定性。因此，住房性质、居民特征决定了社区成员构成是高度流动的，具有显著的不稳定性。在实践中，社会的高度流动性对治理的挑战主要表现在两方面：第一，社会流动增加了治理信息的获取成本。公租房社区租户信息频繁变更，社区干部很难准确掌握，即使能够掌握，也难以保证信息的时效性。现实中，干部们入户租户搜集信息，经常一栋楼尚未走访完，之前了解的租户却搬走了，对新租户又需要重新走访；第二，社会流动影响了治理工作的连续性。在社区居民流动的情况下，许多管理、服务工作都难以有效开展。如监控重点人群，由于监管对象经常流动，司法机关的安置帮教、社区矫正工作难以开展。

其次，公租房社区还是高度陌生化的社会。公租房社区并非自发聚居区，几乎所有居民都属于社区新成员，需要重新建构社会关系。这是许多城镇化地区的特征，也是城市社区与农村社区的主要差别所在。而且，相较于农村社区，城市社区的住宅空间具有显著的封闭性，按照社区民警的形容，“关起门后都不知道人在里面干什么”，人们也缺乏建构社会关系的动力，社会资本积累的难度比较大。

在实践中，社区的高度陌生化对社会治理产生的影响主要体现在两方面：第一，社区干部对租户十分陌生，社区管理和服务工作难以开展。在高度陌生化的环境中，不容许“当地人”概念的产生，也没有“地方性知识”[①]的形成土壤。依赖当地人担任基层干部，运用地方性知识进行治理的路径难以在此适用，治理者与治理对象难以建立信任关系。第二，租户之间也比较陌生，无法实现自我组织、自我管理，也无法为社区治理提供支持。在此结构中，治理只能通过行政力量自上而下地推动，且不一定能够为治理对象所迎合，治理成本必然高昂。

最后，公租房社区还是拥挤社会。公租房社区人口密集，交通、医疗、教育等公共资源却并不充足，大量租户被迫共享少量公共资源，资源紧张成为常态。如教育资源，M镇公租房最终需容纳10万租户，但整个项目仅规划了两所幼儿园、一所小学，无法满足社区的需求。又如交通资源，公租房在规划时对车辆规模预计不足，项目内停车位较少，导致许多车辆只能停放在道路上，经常影响道路交通。

---

① 克利福德·吉尔兹:《地方性知识——阐释人类学论文集》，王海龙、张家瑄译，中央编译出版社2000年版。

在拥挤社会中，社会成员容易发生利益摩擦，甚至形成直接的公共资源争夺，致使社会出现激烈的利益博弈和资源分配过程。这会造成两个层面的后果。第一，过于激烈的利益博弈和资源分配容易产生社会矛盾和社会冲突，进而影响社会秩序稳定。如车辆违停引起的拥堵问题，就是停车位不足而产生的交通隐患。第二，由激烈利益博弈和资源分配产生的社会矛盾，又会转化为社会治理压力，最终使公共资源陷入自我消耗的恶性循环之中。

三、治理体制滞后

社会结构的转型不仅改变了社区治理的基础，也改变了治理工作的内容和特征，使得具体的治理事务也面临变革。在实践中，既有治理体制日渐无法适应社会环境的变化，难以有效回应治理事务内含的新的社会需求；而面对治理事务的新内容和新特征，原有的治理框架也无法予以有效容纳和处理，从而使整个治理体制面临冲击。

一方面，治理事务内容日趋复杂，不同领域的社会问题相互影响、相互结合，原有的分工治理难以适用。在社会转型时期，社会结构高速变动，社会环境深刻变迁，大量的社会矛盾在一个较短的时间段内集中涌现，形成社会问题爆发的治理局面。而且，转型时期的社会问题一般而言覆盖面较广，一项治理工作往往会涉及多个治理领域，牵涉到多个相关的行政职能部门，具有综合性的特征。如公租房社区的重点人员监管问题，社区网格系统、乡镇司法部门、公安部门、社区社工等方面都有责任，甚至还需要市一级公租房管理部门予以配合，是一项相当复杂的治理事务。而且，由于社会结构总体上具有不稳定性，针对一方的利益调整会直接触动到其他方面的权益，从而引发整个社会利益格局的变动。因此，就治理而言，不稳定的社会结构会导致社会矛盾在不同的治理领域之间发生转移，单一的治理问题容易在整个社会结构中扩散，进而转化为整体性的社会问题。如公租房社区中的摊贩治理，在市政管理领域属于违法群体，应当予以治理；但是，这部分群体选择摆摊经营谋生，在实际上也缓解了社会失业所带来的保障问题和治安问题，不能片面地取缔。可见，在社会结构高速变动的不稳定时期，过分强调社会治理体制中原有的专业分工原则已经显得不合时宜。

然而，面对一系列综合性治理事务，既有的社会治理体制仍然表现出严重的专业区分和部门区隔，职能部门的“孤岛化”现象较为严重。[①]单一的治理部门在面对可能牵扯到多个治理领域的具体社会问题时，往往得不到相关职能部门的协助，治理效果单一，无法全盘考虑社会治理的整体效果。在实践中，“孤岛化”问题在一线部门、直接责任部门中表现得最为突出。它们没有可以继续转嫁治理压力的下级机关，也无法获得其他职能部门的配合，更没有就地解决相关社会问题的治理能力，只能勉力维持大致稳定的治理局面。

另一方面，大量新型治理事务产生，治理职能之间边界不清，治理权配置渐显不合理。在高速城镇化的过程中，经济、政治、文化、社会等领域的发展都会形成新的治理事务。新兴的治理事务一时无法纳入既有治理体制当中，却又在社会生产生活中不断涌现，成为治理实践的弱点甚至盲点。在M镇公租房社区警务的接处警统计数据中，劳动纠纷案件的数量呈现不断增长的趋势。究其原因，在于随着公租房项目规模日益扩大，区域内的劳务市场不断发展，形成了大量因为劳动雇佣而产生的纠纷。按照法律规定，劳资纠纷解决本不属于公安机关的职能，但辖区内没有专业的劳动监察部门，整个治理体制缺乏相应的执法权限，导致此类纠纷的解决工作最终只能由社区警务室来承担。这也反映出，城镇化进程中社会治理体制的发展滞后问题。即在城镇化带来社会发展的情况下，一些在治理过程中迫切需要的职能体系并未得到有效建设，相应的行政权限也没有进行下放，致使社会治理体制的组织体系和职权配置无法得到及时更新，造成一系列“越权执法”“无权执法”问题。

第三节 治理转型

M镇公租房社区的治理困境表明，在高速城镇化的进程中，社区治理主要存在以下几个方面的问题：第一，治理资源的分配不合理、整合程度较差，治理者

① 马伊里：《合作困境的组织社会学分析》，上海人民出版社2008年版，第2页。

（尤其是基层治理者）无法有效应对大量聚集的社会矛盾；第二，治理体制转型滞后，旧有的治理技术、治理模式日渐无法适应新的社会环境；第三，治理机制过于依赖自上而下的行政运作，治理仅仅作为政府的单向度行为开展。因此，在实践中，城镇化进程中的社区治理转型主要针对上述问题展开。

一、从简约治理到网络治理

在一段相当长的历史时期中，我国的基层治理实践广泛运用半正式的行政方式，形成了一种简约治理的逻辑[①]。这一治理模式从传统时期延续至现代，在改革开放之后仍然大量存在，对基层治理的保障和发展均有历史性贡献。然而，在城镇化背景下，简约治理的社会基础正在逐渐消解。伴随着社会结构的变动，社会人口的高度流动，社会关系已经失去了传统的熟悉化特征，半正式行政制度的运作日渐依赖大规模的社会资源动员，已经转变为一种复杂治理模式，并逐渐失去效力。因此，简约的社区治理逻辑遇到日益严峻的挑战，迫使治理者必须做出转型应对。

在实践中，网格化管理模式主要从两个方面改造了社区治理的机制。第一，网格化管理重塑了社区治理的组织架构，使得治理体系呈现出网络化的特征。通过网格管理的确立和运行，公租房组建了社区、片区、单元三级治理体系，社区干部、网格长和网格员之间既有分工又相互协作，“横向到边纵向到底”的治理组织网络由此形成。第二，网格化管理通过运用一系列数字化、信息化技术手段，促使治理体制实现网络化转型。信息化、网络化是当前开展社会管理和社区治理的一个重要时代背景，也是社区治理转型的现实要求。公租房网格的信息获取、信息归类和信息运用基本都通过“互联网＋”的模式进行优化，社区治理的技术转型倾向十分明显。

二、从分工治理到协同治理

改革开放以来，实现政府行政职能的横向分工，明确不同行政部门之间的职

① 黄宗智：《集权的简约治理——中国以准官员和纠纷解决为主的半正式基层行政》，《开放时代》2008年第2期。

责界限和运作规范，一直是行政体制改革的目标之一。以M镇公租房为例，参与社区治理的主体有乡镇政府、公租房管理中心、社区居委会、市政部门、公安部门等，加上市场服务主体，还包括项目开发商、社区物业公司、社区社工组织等。在常态下，上述不同主体在实践中各司其职、各尽其能，社区治理体制主要遵循分工治理的运作模式。

然而，随着城镇化进程的深入，上述分工治理模式在实践中遭遇困境。在高速城镇化背景下，各类型的社会问题频发，且呈现出伴生、并发的特点。这意味着，当前的社会治理形势日趋复杂，在一个治理事项中，可能存在多个治理领域问题交织的状况。在此情况下，从单一的专业职能出发开展治理工作，已不足以应对整体的治理形势，也无法从根本上解决治理问题，甚至会恶化相关治理领域的现实状况。职能分割使得许多治理主体陷入“孤岛化”困境，专业化的分工体系分割的不仅是治理组织和治理制度，还有对应的治理资源和治理权限。上述困境迫使治理体制必须做出转型应对。重新梳理社区治理体制中的条块关系，完善不同职能部门之间的协调统一已经势在必行。

当前，社区治理正在实现从分工治理到协同治理的转向，而且这一转向主要通过党政体制的推动来完成。第一，党政体制通过联席会议常态化、组织机构稳定化的方式，实现了议事平台的实体化，使得社区协同治理能够依托固定的组织和稳定的制度展开；第二，党政体制通过中心工作、一票否决等独特的运作方式，实现了不同治理主体的协调和整合，将制度上的组织合作转化为实践中的治理协同。

三、从行政主导到合作共治

长期以来，我国的社区治理主要通过国家治理体制的自上而下运作，依赖正式行政力量来开展。在行政主导的治理模式下，基层政府及其相关职能部门在整个社区治理过程中发挥着核心作用，各项社区管理事务、公共服务事务基本都依照行政的逻辑予以推动和实现。这种一元化治理结构的形成，既缘于社会治理模式的制度惯性，也与其时市场和社会的发展不健全密切相关。应该说，在一定的历史时期中，行政主导下的社区治理模式发挥了一定作用。但随着城镇化进程的加速，过度依靠行政力量的治理结构已经无法满足新时期下社区的稳定及发展需求。一方面，行政主导使得治理资源的配置过于单一，容易导致社区治理结构及其运行趋于僵化，影响社区资源的配置效率和运用效果；另一方面，就社区治理的制度设置而言，过度的行政化还容易将治理者置于社会矛盾的前沿甚至中心点，且与社区组织的自治属性相背离。

上述问题表明，行政主导化的社区治理迫切需要转型，尤其在高速城镇化背景下，市场和社会力量均有了长足发展，理应被社区治理体制所吸收，为治理实践提供支持。在吸收市场力量方面，M镇公租房社区在组建之初便通过政府购买服务的方式引进了社工机构，意图通过专业的社会组织实现社区公共服务的供给。

公租房社区的治理实践逐渐跳出行政主导的惯性，转变为包含政府、市场和社会多方合作共治的新模式。从治理结构来看，合作共治模式包含多个治理参与方，这些参与方通过各种制度在实践中不断整合，形成了一个复合治理整体。从治理模式上看，复合治理整体兼具行政、市场、社会等多个属性，能够调动丰富的治理资源，并进行合理配置和有机整合，促使治理体制更加高效运转。

第四节　法治保障

为使社区治理转型形成稳定的模式，获得长效机制，还需要从制度化、规范化方向做进一步完善，以法治方式对其进行全方位保障，最终实现社区治理的法治化转型。具体而言，社区治理的法治保障建构应当包括法治思路转换、法律制度完善和法治社会建设三个方面。

一、依靠法治思维转换治理思路

要推动社区治理的法治化转型，首先要解决治理思路转换的问题。长期以来，制度设计者和治理者仍然局限于传统的简约治理思维，尚未认识到法律规范与法律制度在社区治理中的必要性，更没有从社区建设和发展的角度认识治理与法治的高度关联性。而随着城镇化进程的高速推进，村居社区的社会结构急剧变迁，社会关联度日益降低，居民在社会中呈现“原子化”状态，传统的针对熟人社会的治理逻辑不再适用，需要新的治理模式予以替代。在此背景下，国家法律作为一种新兴、普适的公共规则，能够在新的社会结构中更好地发挥调整作用；基于法律规范和法律制度开展的社区治理，更加适应新时期的社会稳定和发展要求。具体而言，社区治理的法治思维主要包含规则思维和权利思维两方面内容。

第一，社区治理的规则思维。在当前的社区治理转型背景下，为适应社会结构的高速转型，治理体制同样处于快速变革阶段，社区治理的组织体系和行为逻辑处于一个反复调整的时期，治理的模式及其运作缺乏稳定性。因此，为了使社区治理能够获得良好的制度环境，以满足公众合理预期，实现更好的治理效果，便需要以规则思维指导治理实践，进而规范治理行为。法治是规则之治，社区治理的法治化强调以国家正式法律为依据开展社区的行政管理和公共服务。这就要求参与社区治理的各方，一方面，必须遵照既定的法律关系内容，以法律为依据主张权益、履行义务；另一方面，遵守既有法律程序，在法律规范和法律制度的框架下参与治理工作。

第二，社区治理的权利思维。社区治理长期在行政主导模式下进行，政府及其职能部门在实践中发挥引领作用，国家行政权力在整个治理结构中处于核心地位。由此，我国的社会治理一直存在权力思维的惯性，认为权力应当在治理体制和治理过程中居于主导地位。然而，从社区治理来看，需要认识到治理指向的是社区本身，社区治理应当以实现居民的权益保障和发展为最终目的。尤其在建设服务型政府成为新一轮政府改革的目标之后，社区治理同样强调从管理到服务的转向，公众权利的实现和保障成为治理重点，权利思维成为社区治理法治化的主要内容。

二、通过依法行政推动整体治理

在新时期的城镇化背景下，社区治理转型强调从分工治理到协同治理的转向。从体制视角来看，协同治理通过组织重构、责任重置、压力传导等机制，将原来已经高度分工的治理体制重新整合起来，并最终形成一种整体化的社区治理模式。

在实践中，面对高度复杂的社会治理局面，上述整体化模式被治理体制反复启动，中心工作、专项治理、党政问责等现象常见于当前的社区治理实践中，整体治理已经成为一种常态的治理思路和工作制度。就治理效果而言，社区整体治理在很大程度上解决了当前政府管理模式的“碎片化”问题，并能够在复杂的社会变迁形势下有效推动各项社会管理和公共服务工作，成为党政体制的惯用选择。然而，从治理绩效和治理转型的可持续性来看，整体治理的常态化也存在一定的合法性风险，需要进行法治化完善。

总体上看，当前的整体治理是通过社区治理的党政体制运作来实现的。在实践中，党政体制符合国家治理传统，但仍然存在不规范性和非制度化的特征，与法治政府的内在要求存在一定程度张力。第一，党政体制主要依据党规而非国法进行运作，两种规则体系的互动可能会给治理实践带来不稳定性；第二，虽然基层党委对地方治理具有领导权，但社区治理仍然在总体上属于行政管理和公共服务工作，应当遵循行政的规则治理逻辑；第三，党政体制主要依靠政治压力实现社区治理体制的整合，对于社区治理主体而言具有显著的权责不对等问题，影响了社区治理权责配置的合理化。

因此，针对上述问题，社区治理的法治转型应当以依法行政为改革主线，通过清晰界定治理责任、配置治理职能，实现整体治理的合理化和法治化，最终使整体治理成为法治政府的有机组成部分。具体而言，第一，完善社区协同治理的相关法律规范，将职能部门的协作活动纳入正式行政法规的调整范围，以明确的法律制度规范党政运作机制；第二，完善社区治理权的配置与运行，明确各治理主体、职能部门的权责内容，合理配置社区治理职能结构，并以规范、程序和制度为主要手段实现社区职能配置的法律化。

三、结合法治教育改善治理基础

城镇化进程中社区治理困境的生成，有体制滞后方面的原因，但归根结底仍然缘于社会转型对治理实践的挑战。社会转型改变了治理的社会基础，原有的治理方式在新的社会环境中不再适用；社会自身失去组织能力和管理能力，既无法形成良好的公共秩序，也无法与治理体制实现对接，社会治理的内生力量基本丧失。从社会结构层次而言，后者对社区治理转型的影响无疑更加深刻。

在实践中，一方面，社区居民的公共意识显著偏低，社会中无法形成良好的公共秩序，给治理带来了额外的压力。从我国的城镇化经验来看，城郊村、城中村、棚户区等区域一直都是社会治理的难点所在。而其中的重要原因，便是这些地区的原有社会结构被城镇化进程打破，人们在生产生活方式、观念意识等方面均遭受冲击。而流动人口对城市生活缺乏长久预期，对流入地缺乏归属感和认同感，普遍不愿遵守公共规则，最终导致社区无法实现公共性的再生产，社区秩序最终陷入混乱。另一方面，社区居民缺乏参与公共事务的积极性，也缺乏集体化的组织能力和行动能力，无法为治理提供支持。由于民众普遍不愿参与公共事务，社区的自我管理机制难以形成，社区自治难以开展。在此情况下，大量的社会管理、公共服务事务无法在社会中找到落脚点和对接点，公共资源的投放呈现盲目化、效率低等问题。

因此，针对上述问题，要实现社区治理的转型，就先需要对其进行法治改造，通过法治宣传教育的方式，在社区中推动法治社会建设工作，进而改善社区的治理基础。具体而言，第一，加强针对社区居民的普法宣传教育工作，塑造公众的法治意识，以法律精神为基础重塑社区公共性，创造良好的社区秩序，为行政管理和公共服务提供良好的社会环境；第二，通过教育群众、服务群众的工作路线，最终达到发动群众的目的，以普法宣传、组织培育等手段促使社区公众实现自我组织和自我管理；第三，结合法治意识夯实民主政治的基础，通过民主宣传教育唤醒社区居民的主人翁意识，提高其参与公共事务的积极性，以此推动社区自治的实现，从根本上改善治理的社会基础。

第五节　理论延伸

合作治理理论旨在将包括政府在内的多个利益相关者聚集在一个公共舆论空间，公共和私人部门的界限变得模糊，通过协商达成共识形成决策。即针对公共政策或公共管理问题，由政府等公共机构发起合作，治理主体包括利益相关的公共和私人部门、利益无关者，这些主体直接参与决策过程而不仅仅是公共机构的顾问，协商的公共舆论空间组织化运作并要求共同参与，协商目的在于达成共识，采取共同决策。[①]

合作治理理论从根本上排除了任何政府中心主义的取向，不仅拒绝统治型的集权主义的政府中心主义取向，也不赞成旨在稀释集权的民主参与型的政府中心主义取向。合作治理理论把社会自我治理这一新兴现象放在与政府平等合作的位置上来加以考察。可以说，合作治理在行为模式上超越了政府过程的公众参与，它以平等主体的自愿行为打破了公众参与政府过程的中心主义结构。

合作治理有助于反思我国城市社区的治理形态，可以用于解析中国城市社区治理的适应性在于中国城市社区的复合属性。中国的城市社区不是一个单纯的自治单元，还承载着国家治理的内涵，城市社区治理是政府触角（社区党组织、社区居委会）与其他各类社区主体（社区老年协会、社区义工组织等）进行协商、合作以及在此基础上的集体决策过程。社区属性的复合性、治理主体的多中心以及治理过程的协商性，强化了合作治理理论作为我国社区治理结构解释框架的适用性。合作治理理论对于促进我国城市社区治理结构优化，实现社区善治具有重要的启发意义。社区治理需要各利益相关者的共同参与，在参与过程中达成共识，形成社区公共事务的解决之策。这一参与本身同时有助于增强各主体的社区认同、主体意识、责任意识和归属感。

---

① 张康之：《合作的社会及其治理》，上海人民出版社2014年版，第100页。

第二章　小城镇社区微治理

第一节　案例介绍

近年来，微治理作为城乡社区治理模式的实践创新，逐渐进入更多决策者的视野。所谓微治理，是指以微观公共领域的居民需求为出发点，以小范围的社区空间为治理单元，通过灵活多样的小微载体和平台，构建多元主体共同参与社区治理的机制，形成政府管理与基层自治的有序衔接和良性互动，从而实现社区治理精细化、差异化和高效化的新型治理模式。作为连接大中城市和农村的桥梁，小城镇既与周围农村和城市保持必要联系，又具有自身的独特性。在城镇化进程中，小城镇发挥着人口“蓄水池”的重要作用，同时也面临着一系列治理难题，其社区治理问题应当引起足够重视。在本章中，小城镇指的是我国自20世纪80年代以来出现的新型小城镇。一方面，小城镇不同于传统市镇，因为它已突破了过去只作为农副产品贸易场地的性质。另一方面，小城镇具有明显的过渡性特征，它虽已脱离了乡村社区的性质，但还未完成城市化的过程。[①]在城镇化进程中，我国逐步确立了“坚持大中小城市和小城镇协调发展，走中国特色的新型城镇化道路”的思路。就空间地域而言，小城镇主要包括我国建制镇辖区内的非乡村地域，小城镇社区是指我国建制镇辖区内位于镇区的社区。

案例

自2019年起，浙江省T市C镇开始探索“微网格微治理”这一新型治理模式。在C镇，“微网格微治理”的实施，显著减轻了基层政府和社区两委的工作负担，

① 费孝通:《论中国小城镇的发展》,《中国农村经济》1996年第3期。

降低了社区治理成本，提升了社区治理绩效。由于“微网格微治理”取得了积极成效，同时，它与创新基层社会治理、推进社会治理精细化等当下的政策话语相契合，C镇党委政府决定将“微网格微治理”在全镇范围内进行推广，并将其适用范围扩展至整个社区治理领域。目前，C镇“微网格微治理”已从应急状态下的治理模式转变为常态化的社区治理机制。

作为社区微治理的典范，C镇“微网格微治理”的具体做法是：首先，基于既有的网格化管理体系，按照区域性、整体性和适度性的原则，将社区网格合理划分成若干个微网格，构建“镇—社区—网格—微网格—户”五级联户网络。其次，在微网格内设置微网格工作室。每个微网格工作室设一名微网格长，并配备若干名微网格员。截至2020年8月，全镇共划分855个微网格，共配备2298名微网格员。党员是微网格员队伍的主要力量。例如，C镇Y社区共有215名微网格员，其中党员占总人数的2/3以上。

在C镇Y社区，微网格工作室成为社区了解居民群众诉求、解决社区内生问题以及促进社区和居民互动的重要平台。微网格长和微网格员作为社区联系群众的中介和纽带，在日常工作中承担党委政府心连心服务、推进社区治理、开展便民服务等职责任务。微网格长和微网格员完成的工作任务主要包括但不限于以下两个方面：一是将服务送到微网格。例如，微网格员协同相关社区社会组织，定期上门看望社区空巢老人，为社区老年人提供理发、体检服务，为社区居民提供法律咨询服务，等等。二是将问题和矛盾化解在微网格。社区居民反映多的诸多实际问题，包括路灯维修、管道疏通、天然气安装、停车场改造、健身设施配备、口袋公园建设，以及因垃圾堆放、占道停车、噪音扰民、高空抛物、饲养大型犬等引发的矛盾纠纷，普遍经由微网格工作室获得了及时有效的解决。

第二节　现实背景

改革开放以来，随着单位制的解体、城镇住房体制改革的实施以及城镇化的发展，小城镇社会发生了结构性的变迁。从社区层面来看，一方面，社区群体结构日益复杂化。这既增加了社区内部的矛盾纠纷，也加剧了社区治理对象和治理事务的复杂化程度。另一方面，社区空间结构不断分化。空间既是生活的前提和载体，也是治理展开的物理基础，它从根本上制约治理主体和治理机制，影响治理过程与治理效能。理解微治理的运行模式与实践效果，需要将微治理置于社区中进行分析，从社区群体结构与空间结构的角度考察小城镇社区的社会特性。这些特性构成了小城镇社区微治理实施的现实背景。

一、社区群体结构的复杂化

与周围的农村社区相比，小城镇社区居民的构成极为复杂，并呈现出明显的异质性特征。在小城镇社区，社区居民主要由以下四类群体构成：

第一，户籍地在社区且常年居住在社区，即“户在人也在”的群体。这类群体主要是小城镇社区的居民，他们绝大多数居住在20世纪80年代建成的单位房，即如今的老旧小区，并以55岁以上的老年居民为主体。伴随着城镇化的发展，年轻一代搬出父母的单位房，到大中城市买房定居，父母仍留在小城镇居住和生活。尽管老年居民在退休后能获得相应的物质生活保障并拥有充裕的闲暇时间，但由于代际居住空间的分离，小城镇社区中老旧小区的空巢现象也极为普遍。

第二，户籍地在社区但常年在外居住，即“户在人不在”的群体。从实践层面看，这类群体主要是小城镇社区的富裕人口，并以20世纪70年代以后出生的居民为主力军。通常，年轻一代到大中城市工作和居住，老一辈则留在小城镇度过自己的晚年生活；也有少数情况，老一辈跟随子女到城市生活，他们在镇上的老房子则处于空置或出租状态。虽然这类群体常年在外居住，但由于其户籍尚未迁出，因此仍是社区管理的对象。

第三，户籍地不在社区但居住在社区，即“人在户不在”的外来流动人口。在很多小城镇社区，外来流动人口占据社区总人口的一半以上。根据流出地的不同，这类群体又可以分为两种类型。一类是从镇周围农村流入小城镇的进城务工人员，他们因务工、经商或子女教育的需要而成为小城镇社区相对常住的租房或购房群体。对于他们而言，进城不一定直接以大中城市为目标，从农村到小城镇的就近流动具有多重优势：既能获得较为可观的工作收入，又能让子女享受相对优质的教育资源，还能避免长时间与家人和家乡的分离。但与此同时，由于保留农村户籍可以享受集体经济分红，因此他们在流入小城镇以后并未将户籍从农村迁出。可以说，“就近流动，流而不迁”是当地农民综合考虑成本和收益后的理性选择。另一类是从我国中西部地区到位于东部沿海地区的小城镇务工经商的人员，他们基于工作需要而成为小城镇社区相对常住的租房或购房群体。

第四，社区辖区范围内拆迁安置小区的失地农民。基于工业化和城镇化发展的需要，诸多小城镇下辖的部分农村涉及征地拆迁。政府对失地农民的安置主要采取建设拆迁安置小区的方式。小城镇因其地价相对低廉，而成为政府建设安置小区的首选区域。尽管被安置农民经历了由“拆”到“迁”的过程，其居住空间完成了由农村到小城镇社区的转移，但他们并未完全融入小城镇社区的生活。一方面，被安置农民的户籍还在农村，他们的主要社会关系也在农村。他们与农村集体之间的经济关联和利益纽带仍然存在，凡是涉及户籍的事务，他们还是会找村干部办理。而当社区干部对他们进行属地管理时，他们的积极性和配合度极低。另一方面，被安置农民虽然居住在小城镇社区，但仍保留着原来的生活方式和习惯。例如，在草坪里种菜，在门前堆放杂物，在路口停车等。被安置农民与小城镇居民之间生活方式及习惯的差异，导致他们之间的摩擦和纠纷频繁发生，而社区干部又缺乏化解此类纠纷的权威、精力和动力。随着纠纷的不断累积，居民个体与个体之间的矛盾纠纷逐渐演变为拆迁安置小区与周围其他小区之间的利益冲突。

从总体上看，小城镇社区居民的构成极为复杂，同时，社区利益结构也呈现出明显的碎片化特征。在同一社区中，导致利益结构碎片化的机制具有多样性，例如，因户籍不同而产生的利益差异，因身份的不同而产生的利益差异，因房屋产权不同而产生的利益差异，因入住小区的原因不同（购房、租房、拆迁安置）而产生的差异，等等。与此同时，由于人口的流入与流出，人户分离的趋势明显，社区对于户籍人口和常住人口的管理服务难度日益增大。原有社区治理模式已经难以适应现阶段小城镇社区的治理需求。

二、社区空间结构的分化

小城镇社区空间结构的分化，在微观上表现为居住小区类型的分化。这种分化主要包括两个方面，一是老旧小区与新建商品房小区的分化，二是不同商品房小区之间在档次层级上的分化。

对小城镇小区类型分化的准确把握，既需要考察其背后的体制改革与社会转型，也要关注相比较大中城市而言，小城镇小区类型分化的特点。老旧小区主要指以前由政府、单位出资建设的居住区。自20世纪90年代以来，我国城镇住房体制发生了根本性变革。1998年，国务院发布文件明确规定全国城镇停止福利分配住房，并开始推行将单位公房以较低价格卖给单位职工的政策。这一时期，单位房改是城镇居民拥有住房的主要渠道。2000年以后，房地产市场化有了飞跃式发展，新建商品房小区开始在全国范围内迅速兴起并呈现繁荣发展态势。不过，与大中城市相比，小城镇的房地产发展水平、规模和速度还稍显逊色。在诸多小城镇社区，相比较新建商品房小区而言，老旧小区在数量上仍占绝对优势。与此同时，在住房市场化背景下，人们付出同样的货币量，就可以住进同一商品房小区。但由于购房主体收入状况及购买能力的差异，新建商品房小区中也产生了高档小区与普通小区的分化。

小区类型的分化带来的是物业供给状况及小区治理模式的差异化。尽管我国已经建立起市场化的物业发展模式，而且物业公司涵盖保洁、停车、绿化、亮化、监控安保、设施维修、秩序维护等多项事务，但从调研来看，在小城镇，并非所有类型的小区都有物业公司。

最为典型的，老旧小区普遍没有物业公司，其物业管理服务由政府兜底。在现实中，老旧小区的物业管理服务主要依靠社区两委向镇政府协调资源。物业公司在老旧小区的缺位，主要基于两方面原因。一方面，从老旧小区居民的角度来讲，他们的年龄普遍偏大，并已习惯了过去由单位统一管理服务的做法。他们不仅在观念和行动层面不适应市场型的物业管理方式，而且在经济层面也无法承担或不愿承担市场上的物业管理费用。另一方面，对于物业公司而言，老旧小区缺乏充足的盈利空间。一是老旧小区的物业费收取是个难题，这是物业公司普遍不愿进驻老旧小区的直接原因；二是老旧小区大多属于开放式小区，公共空间狭小，基础设施缺乏，例如没有停车位等，导致物业管理的难度较大；三是老旧小区建造时间久远，房屋及基础设施的失修问题严重，要解决维修问题，就要投入大量的维修费用。但与新建商品房小区不同，老旧小区并没有公共维修基金，再加上老旧小区物业费收取标准低且收取难度大，物业公司缺乏为其承担较高维修成本的动力和能力。

新建商品房小区在档次层级上产生了分化，高档小区与普通小区的物业供给状况也形成强烈反差。在小城镇，只有那些为数不多的高档小区能在市场上找到相对优质的物业公司。这主要是因为，物业公司作为市场化主体，有其自身的目标和行动逻辑。具体而言，物业公司旨在通过提供有偿物业服务来实现盈利的目标，其最主要的动机和行动逻辑是“成本—收益”考量。为了最大限度地获得利润，物业公司希望进驻条件好的商品房小区。高档小区的条件优越，具备充足的盈利空间，因此物业公司之间的竞争非常激烈。从物业公司的角度来看，第一，高档小区的业主大多是高收入群体，他们普遍能接受与优质物业服务相对应的物业价格；第二，高档小区的体量较大，物业公司在收取更多物业费的同时，也能节约管理成本；第三，高档小区在空间格局上都是封闭式的，公共空间多元，基层设施完备，便于进行物业管理。在市场的双向选择过程中，优质的物业公司往往对接高档商品房小区。实际上，这类物业公司不仅追求短期的经济效益，而且注重品牌价值的打造和提升，以期在市场上赢得更为广阔的业务空间。因此，它们普遍能长期为小区业主提供较为优质的物业服务，甚至愿意承担设施维修等问题造成的暂时亏损。

与高档小区形成鲜明对比，普通小区只能对接中小型物业公司，这些物业公司不仅管理服务水平参差不齐，而且普遍缺乏长远的预期。在日常管理服务中，小区业主和物业公司之间经常因为服务质量、收费标准等问题引发难以调和的矛盾冲突，进而导致物业公司退出。而这些小区要找到合适的物业公司，必然需要耗费一定的组织成本、协商成本和时间成本。在此期间，小区将处于无物业公司管理的尴尬境地。遗憾的是，一些小区即便经历过多次物业公司更替，也并未有效缓解物业供给与业主需求之间的张力。

关键在于，物业公司不仅为小区业主提供专业化的物业服务，而且能承接大量的治理性任务。作为市场化的治理主体，物业公司能在很大程度上减轻基层政府和社区的治理负担。但在小城镇，只有那些为数不多的高档商品房小区能凭借自身优势在市场上找到相对优质的物业公司，而在数量上占绝对优势的老旧小区和普通商品房小区却处于无物业公司管理或低质量物业供给的窘境。在市场缺位的情况下，政府只能站出来兜底，为小区居民提供最基本的物业服务，例如垃圾清运；房屋及基础设施维修等问题，只能由小区居民向社区干部反映，再由社区干部向镇政府争取资源来解决；而矛盾纠纷化解等治理问题，则由社区干部出面解决，或由社区干部上报镇政府解决。在小城镇，市场化主体在小区物业管理中的缺位现象十分普遍。在这种情况下，基层政府和社区就要承担极为繁重复杂的治理任务。

第三节　运行模式

社区群体结构的复杂化与社区空间结构的分化，不仅给基层政府和社区带来巨大的治理压力，也对社区治理的精细化程度提出了更高要求。在此背景下，基层政府和基层群众自治组织在社区治理实践中积极探索实施微治理这一新型治理模式。从实践层面看，社区微治理的运行模式主要表现为两个方面，一是治理单元的进一步细化下沉，二是党政力量的有效介入。

一、治理单元的进一步细化下沉

治理单元的进一步细化下沉，这是相比较既有的网格化管理模式而言的。网格化管理作为一种依靠信息技术实现精细化治理的制度创新，目前在我国城乡社区已呈现大规模应用，并从一开始解决社会管理和治安问题逐渐延伸到提供公共服务。然而，随着社会急剧转型和城镇化快速发展，小城镇社区的治理对象和治理事务日渐复杂，网格化管理的局限性也不断凸显。一方面，治理供给与居民需求之间出现结构性失衡。网格化管理虽擅长对社区管理中部件和事件的发现与处理，但难以对网格单元内社区居民多样化、差异化、个性化的社区治理与服务需求进行有效识别和回应。在大多数城镇社区，网格单元的划分通常按照统一的行政区划和地理标准，却很少关注区域的历史传统、经济发展状况、人口结构等社会因素，其忽视了治理区域及治理对象的内部差异性。另一方面，社区自治空间受到挤压。网格化管理作为国家为解决基层社会治理的组织困境，以行政嵌入的方式自上而下推动构建的一种组织模式，可能造成行政消解自治的局面。从实地调研来看，网格化管理将社区居委会工作人员纳入网格单元中，使其成为社区公共服务的供给主体，使大量的社区公共事务借助网格再次转嫁给基层社区，挤占了社区居委会的自治空间，导致社区行政化更加明显。总的来看，网格化管理难以有效回应小城镇社区日益增长的精细化与差异化治理需求，也未能实现政府治理与基层自治的良性互动。

社区微治理并非对网格化管理的取代，而是在网格化管理模式正常运行的基础之上，弥补其在治理实践中所显现的不足。在治理单元上，微治理以小区、院落、楼栋等微观层次上的居住空间为基本单元。与相对粗线条的社区网格相比，微网格作为下辖于社区之内更为微小精细的治理单元，在社区治理实践中具有多重优势。微网格将地域边界局限在小区、院落、楼栋等居民于日常生活中能够发生互动的范围之内，为成员之间直接面对面的接触和交往提供了空间条件。在微网格区域内，居民之间的日常互动较为频繁，社会关系的熟悉化程度较高，这又为微网格成员通过民主协商、自我管理和自我服务来解决多样化需求奠定了空间基础。可以说，微网格在空间单元上具有三重结构，即在微物理单元的基础上又形成了微社会单元和微自治单元。微网格成员彼此间的利益关联度和同质性程度较高，他们基于共同产权和共同利益的激励，有着更为相似的社区治理和公共服务需求，加之成员数量有限，他们对于共同合作价值的体验感更强，如此一来，他们组织起来采取集体行动的可能性也就更大。正如奥尔森所指出，与大集团相比，小集团能够更好地增进其共同利益。[①]总体而言，治理单元的进一步细化和下沉，为小范围社区居民群众组织起来奠定了空间基础。

① ［美］曼瑟尔·奥尔森：《集体行动的逻辑》，陈郁等译，上海人民出版社2014年版，第36页。

二、党政力量的有效介入和推动

在社区群体结构复杂化与空间结构分化背景下，即使已经划分了微型的治理单元，但如果没有外部力量的有效介入和推动，直接让单元网格范围内的社区居民自发组织起来采取集体行动，仍然是一种理想状态。也就是说，微治理并非单纯按照奥尔森的小团体理论，设置规模较小的治理单元就能够运转起来。治理单元的进一步细化下沉，仅仅是微治理展开的基础和前提。从现实经验来看，微治理的顺利启动和良性运转，离不开党政力量的有效介入和推动。

这一局面的出现，取决于当代中国基层治理体系中关键性的结构性因素，即以党为核心所构建的党政治理结构。首先，在功能定位上，党在基层治理体系中居于核心领导地位。在社会治理现代化背景下，推动城乡社区治理创新，既是地方政府的工作任务，也是党政事务的重要内容。其次，在内部结构上，党和政府体系并非独自运行、各成一系，而是在党的集中统一领导下，形成了统筹协同的党政结构。党政结构的弹性空间，使得当代中国治理体制机制具有很强的包容性和适应性，并衍生出优异的治理效能。最后，在具体的治理情境中，党和政府往往是联合行动体。党委和政府以职能分工的方式深度嵌入治理体系，以治理事务为导向进行互动整合，并生成一种统合型的治理逻辑。

在微治理实践中，党政力量的有效介入和推动主要体现在三个方面。

第一，组织动员。组织动员包括两个层面，一是党组织的内部动员，二是对居民群众的动员。乡镇党委将“微网格微治理”的实施以政治任务的形式向社区党支部传达部署，再由社区党支部动员社区党员参与微治理实践。党内动员的基本结构是“乡镇党委—社区党支部”，工作任务和政治压力的传输图式是“乡镇党委—社区党支部—党员”。在具体经验层面，乡镇通过深化党员中心户联户和基层社会治理两项工作机制，发动党员中心户担任微网格长和微网格员，参与微网格管理和组团式服务，从而激活党员的身份意识和治理功能。目前，党员是微网格员队伍的主要力量。党员群体通过广泛的群众动员，将居民群众带进微治理实践的具体过程，充分发挥党的群众路线在社区治理创新中的积极作用。具体而言，一是通过党员的宣传、带动和示范，发动退休老干部、原居民小组长和楼栋长、热心群众等社区精英担任微网格长和微网格员，不断巩固和壮大微网格员队伍。二是通过实施常态化的党员联户工作机制，丰富民意诉求的表达渠道，精准识别和及时回应居民群众多样化的社区治理和公共服务需求。

第二，规则供给。首先，乡镇党委政府通过制定政策文件，明确微网格长和微网格员的工作职责。其内容主要包括：微网格长要利用“位置近、情况清”的优势，每月至少走访两次联系户家庭，每月向社区上报收集到的信息，及时回应社区居民诉求。微网格长应履行“五报”的工作职责，即违法违纪马上报、发现隐患及时报、人员增减动态报、房屋出租准确报、其他事项定时报，同时发挥“六员”的作用，即政策宣传员、民意收集员、红色代办员、矛盾调解员、示范带动员和文明监督员。每位微网格员联系5—20户家庭，通过日常联系、定期走访、及时答复的方式，全面掌握社情民意。其次，乡镇党委政府从微治理实践中提炼出“四个一”工作法并将其在全镇微网格长和微网格员中推行：“一个本”，即一本用于记录联系户家庭情况的笔记本，做到底数清、情况明；“一个群”，即集合了微网格内所联系家庭户的微信群，便于沟通交流；“一片心”，即微网格长和微网格员为居民群众服务的真心、热心、耐心及责任心；“一份情”，即通过联系服务群众，收获邻里和睦的温情，进一步密切党群关系。这些治理规则体现了在新的时代背景下贯彻群众路线与推进社区治理的有机融合，是群众工作方法在社区治理实践中的具体运用。

第三，培育和发展社区社会组织。以C镇Y社区的“好阿姨队伍”为例。“好阿姨队伍”是由社区党支部牵头成立，以社区党员、社区妇联执委和社区热心阿姨为主体组建的志愿服务组织，共有成员20余名，由一位阿姨担任队长。好阿姨队伍采用“党建带妇联”的工作模式，积极参与社区便民志愿服务、邻里纠纷调解以及社区平安建设等相关工作。其工作目标是，问题不累积、矛盾不激化，将居民群众的需求答复在一线，将矛盾纠纷化解在一线。从调研来看，好阿姨队伍以55岁以上、常住在社区、热心的退休阿姨为主力军，这些阿姨关心社区事务，具备丰富的社会经验，熟悉社区的具体情况，拥有充裕的空闲时间，的确是社区治理中的宝贵资源。在社区党支部的组织和引导下，好阿姨队伍不断发展壮大，并在社区治理中发挥着多重作用。她们既是社区志愿服务的提供者，也是社区矛盾纠纷的化解能手，还是社区文化活动的活跃分子。除了好阿姨队伍，Y社区比较活跃的社会组织还包括社区老年协会、社区邻里和谐互助队、社区乡贤参事会、社区道德评判团、社区法律服务团、社区儿童妇女维权站，等等。在社区治理实践中，社区社会组织是微网格员队伍及时有效回应社区居民多样化需求的有力助手。

综上所述，社区微治理之所以能够顺利启动和良性运转，党政力量的有效介入和推动起到了关键性作用。首先，通过党内动员，发动社区党员参与微治理实践，有助于激活党员的身份意识和治理功能，促使其将抽象的政治觉悟转化为具体治理过程中的行动能力。其次，通过广泛的群众动员，将社区居民群众带进微治理实践的具体过程，使居民群众不再是社区治理的旁观者，而是成为社区治理的能动主体，社区自治从而得到激活。再次，通过制定规则，明确微网格长与微网格员的工作职责和具体工作方法，在很大程度上避免了微治理的开展流于空洞和形式。最后，通过培育和发展社区社会组织，将零星和分散存在的社区民间精英组织起来，有效调动和整合了社区内生治理资源，从而推动微治理实践。

第四节　实践效果

微治理在具体的社会语境下生成和运行，并由特定的治理主体推动和实施。微治理的有效性并非抽象的西方经典理论所能解读或者解释，而是由治理实践所处的社会环境及治理环境与治理主体的多元化及能动性所共同塑造。一方面，微治理与小城镇社区日益增长的精细化和差异化治理需求相契合，同时与小城镇社区独特的社会环境及治理环境相适配；另一方面，党政力量的有效介入和推动确保了微治理的顺利启动和良性运转，社区内生资源的充分调动与整合为微治理的实施注入了强大的生命力。从实践效果来看，微治理塑造了一整套差异化治理的机制，其分别有效回应了社区空间结构的分化、社区居民需求的差异化以及社区公共事务的复杂化。与此同时，微治理有效拓展了社区自治空间，减轻了基层政府的治理负担。

第一，弥补了无物业小区的治理短板，提升了社区治理的回应性。基层治理的回应性，指的是基层治理要回应基层社会的内生性需求，要提供内生型的社会公共品。在小城镇，市场化主体在小区物业管理中的缺位现象非常普遍，大量的老旧小区和普通商品房小区常常处于无物业公司管理的窘境。当市场缺位时，政府需要承担兜底职能，为小区居民提供最基本的物业保障。这既加重了基层政府的工作任务，使基层政府处于超负荷运作的状态，又难以满足居民多样化的社区治理与公共服务需求。事实上，在市场缺位时，可以充分挖掘社区自身的活力。微治理正是以居民需求为导向，以小区、院落、楼栋等居民于日常生活中能够产生互动的居住空间为基本单元，以具备内生力的社区社会组织为载体，有效弥补了物业管理服务领域中市场化主体的缺位，同时提升了社区治理的回应性。

第二，有助于实现社区公共事务的分类治理，显著提升了社区治理绩效。分类治理是社区干部为应对纷繁复杂的社区公共事务而在实践中摸索出来的一种治理方法和策略。它以社区公共事务的合理分类为基础和起点，以社区公共事务的有效治理为目标和关键。微治理通过治理单元的细化和下沉，丰富了社区治理层级，从而在社区内部形成了“社区—网格—微网格”三级治理架构，为社区公共事务的分类治理提供了重要的实现路径。分类治理的基本流程主要包括两个方面：一是由社区干部将社区公共事务进行合理分类，二是将不同类型的社区公共事务分别放置于合适的治理单元来处理。虽然在分类治理的流程上，分类先于治理，但在具体的治理情境中，社区干部的分类行为本身就具有明显的实用主义倾向。具体而言，社区干部看重治理效果，同时权衡治理成本。他们在应对纷繁复杂的社区公共事务时要考虑的是，哪些事务需要放在大的治理单元中完成，哪些事务可以交给市场，哪些事务适合放在小的治理单元中来处理。也就是说，分类和治理在实践中是融为一体的，社区干部在对治理事务进行分类的同时，会对治理效果和治理成本进行考量。

虽然缺乏固定的分类标准，但依托“社区—网格—微网格”三级治理架构而实现的社区公共事务分类治理在经验层面仍有规律可循。首先，通过制度强化或规则细化就能解决的社区公共事务，主要以社区为单元来完成，例如，社区计划生育与人口管理、社区档案管理、社区用章管理，等等。其次，主要依托技术工具来处理的社区公共事务，通常以大网格为单元来完成，例如，基础信息采集、安全隐患排查、流动人口登记、消防安全管理，等等。除此之外，仅依靠正式制度或者技术工具难以解决的社区公共事务，往往以微网格为单元来完成和处理。这些事务主要包括：一是发生在小范围内的利益冲突，例如因垃圾堆放、占道停车、噪音扰民等引发的邻里纠纷；二是需要身体在场或具备专业知识才能完成的福利性事务，例如社区文化活动、社区居民法律咨询；三是覆盖面广、需要投入更多人力才能完成的管理性事务，例如人口普查、房屋出租信息收集；四是涉及居民切身利益、但社区干部不适合出面的自治性事务，例如小区业委会选举、物业公司选用，等等。将不同类型的社区公共事务分别置于合适的治理单元来完成，能够显著提升社区治理绩效。

第三，有效拓展了社区自治空间，减轻了基层政府的治理负担。借助于微网格单元的优势，微自治机制逐渐形成。从自下而上的角度来看，微自治的形成有其社会基础。就社会关系而言，在微网格区域内，尤其是在老旧小区，居民之间的日常互动相对频繁，社会关系的熟悉化程度较高；就需求结构而言，由于微网格内居民彼此间的利益关联度和同质性程度较高，他们有着较为相似的社区治理和公共服务需求；就群体规模而言，微网格范围内居民的数量相对有限，他们对于共同合作价值的体验感更强，因而组织起来的可能性也就更大。

从自上而下的角度来看，微治理在落地实施的过程中，有效激活了社区居民自治。首先，从群众动员的效果来看，微网格范围内居民的数量相对有限，而且担任微网格员的党员同时也是微网格内的居民，这有利于党员联户工作机制的落实，避免了群众路线的贯彻流于形式，从而提升了群众动员的有效性。通过有效的群众动员，带动了居民参与社区公共事务的积极性。其次，从治理事务的类型来看，微治理关注的是与社区居民利益密切相关的微小事务，这有效激发了居民的参与意识和能动性。居民参与社区微小事务的实践过程，不仅增加了居民之间的交流互动，营造了居民的“我们感”，而且培养了居民的参与能力，拓展了居民的参与空间。从实践来看，居民参与空间的拓展是一个循序渐进的过程，即从踊跃参加社区文化活动，到积极参与社区服务活动，再延伸至以微网格为单位的协商式治理。这样一来，社区自治空间也在不断拓展。

社区自治空间的拓展，能在很大程度上纾解基层政府的治理压力。一方面，更多居民不再是社区治理的旁观者，而是成为社区治理的能动主体。他们主动参与到社区服务活动中来，并积极参与微网格内部的协商治理。例如，商品房小区有商品房小区的管理服务问题，老旧小区有老旧小区的管理服务问题。居民以微网格为单位，自行针对小区、院落或楼栋中存在的共性问题进行讨论，并寻求解决办法。这种以微网格为单位的自我管理和自我服务，能够有效分担基层政府的治理压力。事实上，随着社区自治空间的不断拓展，微治理主体不仅能完成大量的自治性事务，同时能承接大量的行政性事务。例如，政策宣传、人口普查、房屋出租信息收集等覆盖面广、仅依靠基层政府和社区难以完成的事务，目前主要由微网格员来完成。总体而言，微网格对自治性事务的消化，以及对行政性事务的承接，显著减轻了基层政府的治理负担。

第五节　政策启示

基于对小城镇社区微治理实践的细致观察与分析，可以获得以下三个方面的启示。第一，推进城乡社区治理机制创新，需要立足于城镇化发展的复杂性和渐进性，树立差异化的治理思维。城镇化是一个长期复杂的过程，在此过程中，创新城乡社区治理体制，既要考虑城市和农村之间存在的差异，也要关注大中城市与小城镇之间存在的差异；既要考虑社区内部发展的非均衡性，也要关注社区居民的人口结构，关注不同社会群体及其利益诉求的多样性。通过精细化与差异化的治理机制，及时有效地回应城乡居民多样化的社会治理与公共服务需求。

第二，在基层治理中，政府应处理好与市场和社会的关系，以推动三方良性互动共治局面的形成。政府、市场与社会的关系是基层治理体系中的重要关系，也是社会科学研究的经典问题。从调研来看，这三重力量在社区治理实践中存在着极为微妙复杂的互动关系，其丰富内涵远远超越了国家—社会关系理论、治理理论等西方经典理论的解释范畴。在社会治理转型期，市场作为新的治理性力量，可以在很大程度上纾解基层政府的治理压力，但市场化主体遵循的是经济优先和经济收益原则，因此在治理过程中时而出现缺位的情形。当市场缺位时，政府需要积极承担治理职能，但政府无法触及所有的治理角落，这就需要充分发挥社区自治的功能。然而，在社会分化背景下，社区自治难以自发形成，其需要政府的有效介入和引导，但政府又不能过度干预自治，以免挤压社区自治的空间。由此可见，政府、市场与社会作为多元化治理主体，在基层治理过程中并非简单的竞争或对立关系，而是形成了一种“你退我进、你进我退”的灵活互动关系。同时，要形成三方治理主体的良性互动，政府的位置和角色至为关键。在治理实践中，政府应灵活、适度地采取行动，把握好“进”与“退”的时机和限度，与其他治理主体形成良性的互动型和协调型关系，从而推动社会治理的可持续性运作，并促进基层治理效能的提升。

第三，要充分考虑到执政党在基层治理中的重要角色和功能，并构建基层党建和社区治理在经验层面上的良性互动关系。中国基层治理结构是党领导下的党政治理结构，中国共产党作为使命型政党，在社区治理中发挥着重要的引领作用。党建引领社区治理的实践，形塑了兼具稳定性和灵活性的“一核多元”社区治理体系。其中，“一核”是指以基层党委为核心，“多元”是指基层政府、社区居委会、物业公司、社会组织、社区居民等多元化主体的参与。事实上，党在引领带动社区治理的同时，也能对党建本身形成正向反馈。以微治理实践为例，从治理本身来看，微治理通过党员联户来回应群众需求和动员群众参与，为党和居民群众保持密切联系提供了具体化、常态化的机制，推动和实现了具体治理过程中的党群互动。可以说，党群关系成为社区整合的重要脉络，而微治理本身则是触发党群互动的契机。从治理创新的实践效果来看，党在社区治理中积极推动制度创新，探索与小城镇社区独特社会环境及治理环境相适配的治理机制，在提升社区治理的公共性和回应性的同时，也能够增强居民群众对党的政治认同，巩固党的群众基础和执政基础。如此看来，微治理正是实现基层党建与社区治理良性互动的有益尝试。

第三章　商品房小区物业管理

第一节　案例介绍

案例一

B小区是由房地产龙头企业J公司在Z市开发的高档商品房小区。B小区物业管理由J公司名下的物业公司负责。B小区共分为6期开发，建筑面积近60万平方米。在2010年交房之初，物业公司收费标准是每平方米1.5元，收费率高达95%，成为当时Z市首屈一指的贵价物业公司。因此，小区物业公司提供了“物超所值”的服务。例如，小区保安基本都是年轻人，身着统一制服，24小时三班轮换；物业经理24小时随叫随到，满足业主各种需求，小区物业管理规范且服务细致入微，房价也自然是全市最高。但是，随着入住率的不断提升，小区规模的不断扩大，小区内停车难的问题极为凸显且迟迟得不到解决。3年后，在物业服务质量显著下降的情况下，小区物业收费率逐年下降，物业公司陷入经营难题。

案例二

L小区是Z市Q公司开发的商品房小区，该小区总建筑面积近15万平方米，33栋居民楼共700多户居民，低层住房的物业费是每平方米0.6元，高层住房的物业费是每平方米1元。自2008年交房以来，该小区物业一直由Q公司成立的M物业公司进行管理。但是，L小区存在部分房屋无法办理房产证、房屋质量缺陷等历史遗留问题，由于遗留问题长期得不到妥善解决，小区居民不愿意交纳物业费。因此，小区物业管理能力和管理水平较差，大量的绿化用地被一楼业主占用，小区内的喷泉、池塘、亭子等景观也遭到不同程度的破坏。据M公司估算，如果所有业主都愿意缴纳物业费，该公司的预期收益为98万元。然而，L小区的物业管理费收费率不足30%，总额约为26万元，甚至难以覆盖物业管理人员和保安保洁人员的工资，小区的物业管理已经难以为继。

案例三

N小区是B省W市的一个大型居民小区。N小区地处W市三环线附近，居民多以解决刚性需求为主，房价相对周围较低，是一个利益密集型的大型小区。N小区一期房屋于2009年交房，小区总规模已有7100多户。N小区的物业管理由开发商成立的物业公司负责。现今，N小区不少房屋房龄已超过10年，小区各项设施开始老化。不过，N小区的内部公共收益还算可观，小区有117部电梯、4300余处公共停车位和5个商业停车场，公共收益可有每年400万—500万元。在居民刚刚入住时，N小区的物业纠纷并不突出，依托丰厚的公共收益和丰富的治理资源，物业管理状况较为良好，能及时回应居民的各种诉求。2019年，N小区的前期物业服务合同即将到期，小区物业管理情况急转直下。由于小区居民普遍对物业服务质量下降和公共收益被侵占不满，一些业主提出要更换物业公司，并要求于2019年5月召开业主大会，选举新一届业委会并更换物业公司。业主大会召开后，物业公司、业委会、业主之间出现了分歧与摩擦，物业公司坚决不愿从小区退场。最终，经过社区居委会与街道办事处的调停，大部分业主同意暂时留用该物业公司。物业公司同意提高服务质量的要求，并承诺一旦业主们找到新物业公司来接手，即可移交物业管理业务。由于失去了经营预期，前期物业公司只愿意提供基本的物业管理服务，为节约成本，维持经营，该物业公司甚至将小区内大量事务外包给万科物业，仅保留财务审核的业务。小区内的绿化维护、公共秩序维护、卫生清洁等服务的质量都急速降低。

第二节　现实背景

在物业管理行业中，由开发商派生出的物业管理公司系开发商的子公司，二者之间为“父子兵”关系。物业管理的“父子兵”体制是一种临时性、过渡性措施。

在计划经济时期，单位是城市居民工作和生活的场所，单位制是中国经济社会制度的基本制度。为了居住与工作的便利，城市中的医院、学校、企业、政府机关、科研机构，往往会在单位附近建造自己的单位小区。单位小区具有一定的福利性质，产权归单位所有，不同单位之间的小区相互独立。在单位制小区中，居民的同质性较强，公共事务的管理与公共服务的供给都由单位负责。然而，随着住房商品化改革的不断深入，城市商品房小区的体量不断增加，规模也不断扩大，在一些四五线城市中，也已经出现建筑面积超过70万平方米的超大商品房小区。物业管理服务市场主体匮乏与物业服务需求激增之间的矛盾变得更加难以协调。为了解决这一突出问题，发挥开发商“建管一体”的优势，政府要求开发商负责商品房小区的前期物业管理。

在城镇化飞速发展的阶段，上述做法有效解决了商品房小区物业无人管理的困境，却使得开发商合理合法地“垄断”了小区的前期物业管理。同时，业主集体行动能力不足又使得开发商对于前期物业管理的“垄断”变得牢不可破。奥尔森曾指出，团体规模的扩大会导致集体行动的成本和难度增加。[①]按照法律规定，小区业主在前期物业合同到期之后可以自主选聘物业公司。但是，由于业主集体行动的规模过大，业主难以通过业主委员会与业主大会等自治组织表达集体意愿，更难以在诸如更换物业公司和变更公共区域用途等重大事项上达到法律法规的要求，因此前期物业合同往往会转变为事实上的长期物业合同。

在“父子兵”体制中，开发商与物业公司的“人格”高度混同，使得原本属于开发商与业主之间的诸多纠纷，也转换为物业纠纷，进一步加剧了物业纠纷的刚性化。据Z市物业协会提供的调查报告显示，该市近四分之三的物业纠纷与开发商的不规范行为和房屋开发的遗留问题相关，“父子兵”体制下的物业公司自然成为业主的“出气筒”。物业公司与业主之间势如水火，双方之间矛盾频发已经成为诸多小区的常态。在存在遗留问题的小区中，业主常常因房屋质量问题，或者因审批手续存在问题无法办理房产证而与物业公司发生纠纷。业主

---

① 集体行动的逻辑是以“理性经济人”为假设前提，认为参与私人经济部门和公共部门活动的人均希望自己行为最大化，不存在无行为主体的公共利益。

最为常用、最为方便的“维权”方式就是通过拒交物业费来对抗物业公司。极端情况之下，业主甚至辱骂、殴打物业的工作人员，极大影响了小区的正常物业管理活动。L小区的某位业主，曾因侵占公共绿地被物业制止，对物业管理人员又打又骂，大闹物业公司的办公室。同时，在商品房小区中，业主之间异质性程度比较高，对小区物业管理的要求很难达成一致。例如，有些业主比较注重生活环境，有些业主注重实际需求，因此在停车位紧张的情况下，对于是否应当毁坏绿地建停车场一事就会发生意见冲突。除此之外，物业公司具备的管理者与服务者的双重身份之间的张力，部分业主对物业公司过高的期望，都使得业主与物业之间发生纠纷难以避免。以上这些因素是商品房小区中物业纠纷频发的结构性原因。

第三节　实践样态

物业管理服务本质上是一种市场行为，但是在“父子兵”体制下却往往表现出了反市场的逻辑。由于开发商事实上形成了对前期物业的“垄断”，物业管理实践严重违背了市场经济质价相符和自由竞争的一般规律，并且常常围绕着开发商的商业需求展开。本章中的三个案例就代表了“父子兵”体制下物业的典型经营策略。

一、小型开发商承接物业管理

对于小开发商来说，“父子兵”体制有着掩盖房屋遗留问题的作用。在中小城市中，房地产行业伴随着城镇化的进程而获得了前所未有的发展，而中小城市并非大型房产企业竞争的主要市场，房产行业投资者多为本地的小资本所有者。与大型专业的房地产企业相比，小资本所有者经济实力较弱，缺少长远发展预期，专业化程度不高。因此，小开发商在开发房屋的过程中，常常因资金短缺、专业化程度不够出现经营不善或房屋质量问题，例如交房时间推迟、私自更改规划、一房多卖、拖欠工程款等。本章案例中的L小区就是因为私自变更土地用途，且未按要求缴纳土地转让金，导致近200户业主无法办理房产证。

在存在遗留问题的小区中，开发商不得不负责小区的物业管理。小开发商想要把遗留问题的影响最小化，不能影响房产的正常销售，他们大多采取免收物业费的方式弥补业主损失。因此，对于小开发商来说，维护小区稳定是与追逐利益并行的行为逻辑，两者看似矛盾实则合而为一，进而导致了此类小区中物业管理反市场化运行的现象。

二、大型开发商打造物业服务

对于大型房地产开发公司而言，商品房小区的前期物业一般都由该公司组建的专业物业公司进行管理，这种模式可以更好地发挥出建管合一的优势，形成开发、销售、管理、售后合一的完整服务体系，也有助于公司塑造良好的品牌形象。但是，商品房小区物业管理的良性运转是一个系统性工程。在中小城市中，城市基层治理体系建设还不完善，物业费收费标准相对较低，小区业主还不具备购买物业服务的意识。这些不利因素导致了大型房产企业自建的专业物业公司也难以良性运转。此时，大型房产企业主导下物业管理的经营策略就发生了转变，提供良好的物业管理服务并不是企业的经营目标，打造品牌形象并攫取高额品牌溢价成为企业提供物业服务的核心动力。

在Z市，全国知名房企旗下物业公司的运行方式就违背了物业服务行业质价相符的规律，但从房产企业的长远发展目标来看，这种高水平的物业服务供给又极为符合企业的商业利益。大型企业通过提供优质的物业管理服务来打造品牌形象，以“赔本赚吆喝”的方式来打造典型，带动后续楼盘销售。比如，案例一中的B小区，前期物业公司宁愿每年亏损近百万元，也要维持小区高水平物业管理的品牌形象。在巨大的市场号召力与优质物业服务的加持下，该小区的房价相比周边小区高出了近千元。与B小区同属一家房地产开发企业的X小区，物业公司自交房以来就始终处于亏损状态，然而该小区的物业服务质量也并未明显下降。以此，该公司凭借雄厚的经济实力在Z市获得了大量的客户，其开发的30多个楼盘基本都销售一空。

对于高度组织化、专业化的大型开发商来说，他们的经营行为相对于小型开发商更具连贯性。即使个别小区因物业管理出现了亏损，也可以从其他楼盘销售的品牌溢价中获得补偿。相比于房价提升带来的收益，前期用于扶持物业公司，打造商业典型小区的这部分支出实在是微不足道。

三、前期物业公司攫取公共利益

在经济发展相对较好的省会城市或是二三线城市，开发商与物业公司共同利用垄断地位想方设法地攫取一切可能获得的利益。首先，在这些城市中，经营前期物业本身就存在着巨大的利益空间。一方面，大城市的物业费收费标准相对较高，而且小区业主经济水平相对较高，具备承担高价物业费的能力。另一方面，在居民入住率持续攀升时期，前期物业需要管理和服务的事项相对较少，成本较低，因而盈利空间也相对较大。其次，新建小区往往会存在较多的公共收益，能够覆盖一部分公共支出，提升利润率，如案例三中的N小区，该小区的公共收益有近五百万。最后，小区业主由于缺乏集体行动能力，不能对物业公司形成切实有效的监督。因此，在经营前期物业公司期间，许多物业公司就会采用“开源节流”的方式竭尽所能地获取利益。

所谓“开源”，指的是物业公司通过不法手段侵占小区业主的公共收益以及维修基金。按照我国相关法律法规规定，物业公司所收取的公共收益，在扣除掉合理成本之后归小区业主所有。由于实践中存在各种条件限制，这一制度并没有完全按照立法者的设想运行。不少小区的公共收益直接或间接地成了物业公司的收入。所谓“节流”，指的是物业公司降低服务品质与服务质量，通过减少成本的方式实现利润的最大化。

第四节 管理困境

长期以来物业管理模式的简单复制、体制机制的粗放设计，把物业管理实践的根基推向整体坍塌的边缘，物业管理“父子兵”体制的存在实质上已经严重影响到了整个行业的经营环境，而且为城市基层治理带来了隐患。

一、物业管理良性循环难建立

对于广大经济发展薄弱地区的商品房小区而言，较低的利益密度以及普遍存在的物业管理的困境，决定了从事物业服务行业难以盈利的现实。绝大多数商品房小区只有在开发商的补贴下，物业管理才能勉强开展，如前文提到的L小区，在当前的物业收费标准之下，即便按照100%的收费率计算也很难实现盈利。无论是小资本所有者开发的小区还是大型房企开发的小区，由于物业公司普遍缺乏盈利能力，其运行逻辑完全服从于开发商的商业需求，一旦其目的得以完成，物业管理很快便会难以为继。在对Y物业公司管理人员访谈时得知，其母公司并不打算长期承担物业公司的亏损，等到Z市同一批开发的小区销售完毕之后，旗下的物业公司会按照法律规定逐渐撤出存在巨额亏损的小区。

对于绝大多数小型开发商来说，其经营行为通常不具有连贯性和一致性。Z市R小区在开发商的前期物业撤出之后，迅速陷入半年无人管理的处境，在此期间该小区发生了数次盗窃案。由于该小区业主无法就物业管理一事达成一致，最终在经历了多次群体性上访之后，才由当地政府协调某物业公司对该小区进行接管，仅生活垃圾就清理了180吨之多。小区一旦陷入无人管理的困境，不仅会严重威胁到居民的人身安全与财产安全，更是会影响到城市基层社会的稳定。前文所述的W公司，在开发过L小区之后，便再也没有涉足房地产领域，这种现象并不少见。因此对这些小型开发商来说，没有动力长期对物业管理进行兜底式的补贴，完成其房屋销售的任务后大多选择主动撤出。

理想状态下，业主群体作为一个整体向物业公司购买服务，物业公司通过提供质价相符的物业服务得以生存，此时小区的公共收益可以作为额外的资源投入小区的管理中，二者可以实现共赢。通过上文的分析不难发现，在“父子兵”体制下经营的物业公司，其行为并不是以建立长效稳定的管理机制为目标，物业管理的目标完全围绕着开发商的商业目的展开，其兜底性的补贴行为不可能具备可持续性。小区仅有的公共收入不仅没有成为小区管理的额外资源，反而被物业公司霸占以弥补亏空。此时业主与物业公司双方之间便形成了关系不断恶化的死循环，而并不是双方合作共赢的良性循环。L小区部分业主就对物业公司收取停车费、管理费的行为十分不满，实际上这部分收入确实属于公共收入，但是由于M公司长期亏损，公共收益就自然而然地被用来补贴M公司的亏空，而这一行为又导致了许多业主不满，进一步恶化了业主与物业公司之间的关系。在复杂的利益勾连之下，“父子兵”体制下的物业公司也难以针对业主“搭便车”[①]的行为维权，物业服务的良性循环更是无从谈起。

二、物业管理公司经营异化

当商品房小区的物业管理服务普遍由“父子兵”体制下的物业公司提供时，整个物业服务行业的经营都受到了极大的冲击。“父子兵”物业公司经营的混乱，扰乱了城市居民对于物业服务“质价相符”的认知。对于业主来说，与物业相关的信息是一种“地方性知识”，他们对物业服务评价的标准产生于自己的生活经验。因此，业主易在生活中对物业公司产生各种不满。大型房产企业打造的典型小区往往被广大业主群体作为比较的对象，超值的物业管理服务反而被当作了行业标准。物业服务作为一种体验型商品，在消费者和商业主体之间存在着严重的信息不对称。对消费者来说在购买此类商品之前，物业服务相关的信息是不透明的，只有在业主享受过服务之后，才能对其有相应的了解。物业服务本身具有定制化服务的色彩，其服务包含的内容和提供内容的方式不仅要根据业主的共同需求来“量身定制”，还要考虑到业主群体对于服务质量要求的不同标准等。因此，业主在对物业服务这种体验型商品进行选择时，只能更多地根据经验来进行判断。所以，在“父子兵”体制下的物业公司违反常理的定价之下，普通物业公司根本无法通过提供质价相符的服务获得生存。而为了应对这种环境，其公司经营也发生了异化。

普通物业公司很难从正常经营活动中获利，努力成为新建小区的前期物业，主动与开发商成为利益共同体是其获利的主要方式。O小区是Z市较为高档的商品房小区。2017年时，开发商不愿意对前期物业进行补贴，前期物业撤

① 理性的经济人认为成本大于收益，做出行动是不明智的选择，而理性的做法就是自己不行动，期待集团中的其他成员做出行动。别人行动，自己不行动又分得集团行动成果的“一份羹”，这就是所谓“搭便车”现象。

出小区，F物业公司顺利接管。但前期物业在管理小区时，收费标准是每平方米1.7元，其中开发商补贴每平方米0.6元，也就是说实际收费只有每平方米1.1元。F公司接手以后，物业费也难以上涨，只能按照以前的标准收费，在没有开发商补贴的情形下持续亏损。但F公司的目的并不在于从该小区的经营活动中获取利润，其看中的是该小区良好的基础建设和完善的配套设施，可以把O小区塑造为公司的典型案例。也正是在接手了O小区之后，F公司迅速接到几处新开发小区的前期物业以及“三供一业”改革小区等具有稳定盈利能力的项目。[①]物业公司根本不打算从长期稳定的物业管理活动中获利，而是采用了策略性甚至带有欺骗性的经营方式。

由于物业服务具备体验型商品的属性以及物业公司提供服务时存在的信息不对称，导致物业服务行业已经形成了所谓的“柠檬市场”[②]。阿列克西认为，在适当的价格范围内，优质产品的潜在购买者和销售者都有可能存在；但是，由于存在着希望以次充好的人，合理的交易将不复存在。实践中，一些需要物业管理服务的小区，即便开出明显不合理的收费标准，也会有物业服务公司愿意接手。物业服务行业取消准入制，一时更导致物业服务行业当中的鱼龙混杂、泥沙俱下的现状。在失序的市场环境当中，即便业主存在较强集体行动的能力，也难以通过市场化的方式找到合适的物业公司。像F公司这种专业的物业管理服务公司，也只能选择与开发商合作得以获利，“父子兵”体制以这种形式实现了再生产。

---

① 国企改革要求将不属于企业发展方向的企业办社会职能脱离，为国企减轻负担。地方企业和国企要改善小区内的各项基础设施，单位小区的供水、供电、供暖以及物业管理全部和原单位脱钩，移交给专营公司管理并由职工承担各种费用。

② “柠檬”在美国俚语中表示“次品”或“不中用的东西”，所以柠檬市场也称次品市场，也称阿克洛夫模型。柠檬市场是指信息不对称的市场，即在市场中，产品的卖方对产品的质量拥有比买方更多的信息。在极端情况下，市场会止步萎缩和不存在，这就是信息经济学中的逆向选择。柠檬市场效应则是指在信息不对称的情况下，往往好的商品遭受淘汰，而劣等品会逐渐占领市场，从而取代好的商品，导致市场中都是劣等品。

第五节 政策启示

在城市中，居民小区已经逐渐成为城市基层治理的基本单元，商品房小区更是居民小区最为重要的组成部分。商品房小区的物业管理不仅是市场行为，更是关乎民生的重要问题，小区日常秩序的维护、应急事件的应对与自然灾害的防范离不开物业公司的有效参与。“父子兵”体制下，解决前期物业管理的种种乱象已经成为完善城市基层治理体系，提升基层治理能力的关键任务。

前期物业法律法规制度的完善，是破除开发商对于前期物业垄断的制度性保障。首先，要加强对于开发商的监管，建立开发商向前期物业移交房屋时的评测制度。应当由行政主体或者第三方对小区进行全面检测，及时发现房屋存在的遗留问题、历史问题。其次，要建立开发商向业主移交物业管理相关资料的强制规定。实际上这也是不同国家和地区的共同经验，为了防止开发商对于物业管理的垄断，阻碍业主自由选择提供服务的市场主体，美国各州区分所有物业产权的立法都强制规定了开发商向业主移交产权管理的原始资料、小区物业管理的会计账务档案、财产清单、施工图纸、技术规范等，这些资料是物业管理当中必不可少信息。最后，明确前期物业的管理职责、经营范围、经营时长。前期物业管理的存在有其合理性，但应当将其与正式的物业管理严格区分开。物业管理“父子兵”体制的存在所带来的最重要的警示是不能完全将业主与开发商视为平等主体，必须对开发商予以某种程度的限制。前期物业的存在有其必然性，但是破除开发商对前期物业的垄断已经迫在眉睫。因而，要逐步建立前期物业强制移交制度，限制前期物业管理的时间。在商品房小区入住率达到一定比例或交房达到一定时间后，强制进行招投标来重新选择物业公司，重新签订物业合同。

培育业主自治能力，则是打破开发商垄断，实现小区物业管理长治久安的重要社会基础。有学者囿于国家—社会这一视角，认为国家不应对业主自治过度干涉，甚至认为行政介入和主导之下无法培育出自治能力。在城市这样的陌生人社会当中，居民之间的关联程度较低，缺乏先天的组织基础，在没有外力的介入时，群体之间很难达成一致。针对小区业主自治能力不足的这一现状，政府和基层组织要加大对小区自治组织的帮扶与监管力度，引导小区业主积极参与小区日常性管理活动。在一件件事务的处理中，培育小区自治组织，帮助业主群体形成有效的自治力量。从而，小区业主才能够切实有效地监督物业公司履职，更好地维护自身的权益不受侵害。

第二部分

乡村治理

第四章　村庄民主自治

第一节　案例介绍

Q村是中国东南沿海S省发达地区的城市近郊村，该村在20世纪八九十年代就产生了很多村办企业，集体企业倒闭后，村集体将土地和厂房租给投资办厂的大型企业，并逐渐形成了一定的规模，这些土地和厂房的租金成为集体资产的重要来源。此外，工业的发展带动了本村的就业，大量村民到工厂打工，土地被私下流转给了个人。村级组织为了规范私下流转行为，减少私下流转带来的纠纷和潜在的治理风险，通过“反租倒包”的形式将村民的土地进行集中，再统一流转给企业和种植大户，逐渐形成了农业产业化和规模经营。受益于相对宽松的土地制度，该村的集体土地经济发展超前于我国很多地区的农村。依靠其集体土地经济的发展，村级组织获得了一定的集体收入。因此，Q村成为为数不多的具有一定可支配收入的村庄，随着经济的发展，村庄中需要经过民主自治商议的事项越来越多，村民参与民主自治的意愿越来越强烈。

Q村民主化治理以村庄民主自治为基础，村庄民主自治又以协商式民主自治为主要实现方式。Q村协商式民主自治实践的主要内容涉及分利、清障、动员和公示监督。分利主要是指对村庄每年集体土地收益进行分红，对剩余收益部分的使用进行分配。清障则是指对在村庄建设和管理过程中出现的一些异议和阻碍进行商讨，寻求解决方案，避免矛盾激化。动员则是指动员村民参与村级治理，特别是动员群众做群众工作，通过群众的力量劝解阻碍村庄决策实施的村民。公示监督则是指村级组织主动对村庄集体收益的使用情况、村庄基础设施建设情况、上级涉农相关政策规定进行公开，并接受村民的问询，做好相关的解释工作。

Q村的村庄民主自治主要依托于村委例会、村民代表会议和村民小组协商三个基本制度。村委例会由村两委成员组成，村书记负责主持工作。会议主要讨论村民意见，布置落实上级的工作精神，负责提出需要在村民代表会议上进行讨论的议题。村民代表会议每月定期召开，由村民委员会负责召集，由村书记担任主持人，按照固定的会议议程讨论村庄治理的相关事项。村民代表基本上与村民小组长的身份一致，每个村民小组有一名村民代表，但在一些意见分歧较大的村民小组，也可以产生多名村民代表分别代表不同的意见团体。村民小组协商则比较随意和灵活，一般是针对特定的、具体的事项，由村民小组内部集体表决，采取一致通过的原则。

Q村村庄民主自治实践的过程相对复杂，按照自治所涉及的内容、实践方式可以分为不同的路径形式。当待议事项涉及全村利益、上级政府的政策落地时，村民自治以村委例会提议，村民代表会议商议表决为实践方式。当待议事项只涉及部分村民或村民小组时，换言之，待议事项是村庄范围之内的事情时，村民自治的形式以小组协商为主，村民代表会议为辅。

当村民代表提出的待议事项是有关整个行政村的事项，特别是涉及上级的行政意志或当议题与上级布置的任务相关时，相关议题的设置、讨论焦点的设定、实施办法的确定都是先由村委例会提出，换言之，这些宏观层面的待议事项的提出、确定需要由村委例会负责。而后，待议事项需要通过村民代表会议民主协商、表决而定，这一过程可以概括为“协商—表决”过程。其中，协商是关键，协商过程是村委会与村民之间，村民与村民之间进行意见沟通、互相说服、消除异议的过程。此时，村民代表之间、村民代表与村委会之间需要进行沟通和协商。尽力互相说服，达成共识。当村民代表之间存在分歧时，持多数人意见的村民代表会尽力说服持少数人意见的村民代表。当村民代表与村委会之间存在分歧时，村委会会努力进行协商和沟通，会调整自己的意见，最终将村委会的意见转化成为大部分村民代表的意见。决策则通过投票表决的方式，遵循绝对多数同意原则。即要求协商后的结果能够得到绝大部分村民代表同意。

案例一

Q村所在E镇因为新农村建设整体规划的原因，在7—8年前就暂停了新建和翻建房屋的审批工作。但村民由于子女结婚、老房破旧等，不得不新建或翻建房屋，因此，实际生活中关于房屋翻建的违法行为仍然屡禁不止。另外，作为行政管理一方的乡镇城管执法中队，因为人力、物力有限，也没有能力对类似情况的违建进行有效治理。于是有村民代表就在村民代表会议上提出，能否在一定程度上放开房屋翻建限制政策，满足确实有翻建房屋需要的村民的请求。他们认为，“一刀切”的全面禁止翻建房屋并不合理。会后，村干部召开了村委例会进行讨论。村干部发现，尽管地方政策禁止翻建房屋，但有翻建房屋需求的群众不在少数。按理说村干部应当严格遵守地方政策，但村民代表提出的这一问题同样不可忽视。与其任凭违建肆意滋长，不如将翻建房屋的行为规范起来，做到可控。村干部在村委例会上反复讨论，最终拿出了一套方案：考虑到村民的现实需要，村委会代表行政意志作出妥协和让步。由村民代表会议对房屋翻建的资格条件进行严格限定和审查，对确有翻建房屋需求的人给予一定的方便，但翻建人必须提供图纸和保证金。为了防止翻建行为引发邻里矛盾，方案规定所有房屋翻建的申请和图纸必须经过村民小组内村民的一致同意。同时，为了把控申请人的资质和翻建行为，在村民小组一致同意后，村民代表会议还要再次进行审议，否则不予修建。对于未经村民代表会议审议通过或未按申请规模修建的行为，村民代表会议和村委会会将情况上报给城管执法中队，再由城管执法中队拆除。这一方案被拿到村民代表会议上进行讨论，村民代表一致认为可行，并在村民代表会议上表决通过。这一方案不仅得到了村委会的支持，同时也得到了城管执法中队和乡镇政府的默许。

当事项不涉及上级的行政意志，而只涉及村民自身的诉求，或是事项内容是关于部分村民的利益时，决策则经历“利益相关村民协商自决—村民代表会议表决”的过程。村民代表会议的讨论和表决，一方面是对事项进行形式上的审查，另一方面是便于村干部及时了解村组动向，把握村民自治的议题设置和决策结果，避免议题设置和决策结果超越自治范围，甚至与政策法律形成对抗。决策团体由与决策事项具有直接利害关系且持不同观点和意见的村民组成（通常以村民小组为单位）。村民之间就不同的观点意见进行协商。此时，决策对一致性的要求往往更高，协商后的结果必须得到协商小团体的一致通过。这些决策的日后执行，以及具体管理等微观层面上的事情也在村民小组内部落实。

案例二

村民代表会议作出民主决策决定，允许一部分有特殊需要的村民违反上级政策修建、翻建房屋，对这种行为进行管控但不予追究。换言之，村委会按照村民代表会议的决定对部分特殊村民“违建”开绿灯。Q村中张某因儿子结婚需要翻建房屋，提出了申请。张某需要提供房屋翻建图纸方案，图纸方案的具体内容先由村民小组内商议决定是否通过，需要有全组人员的签字。随后，其图纸方案和申请才能到村民代表会议上被商议。在修建过程中，除了村委会日常的巡查外，主要依靠同组村民的管理和监督。这一户如果未按图纸施工，就可能因为违反了之前与其他村民签署的协定而招致其他村民的不满，最终遭到村民小组其他成员的举报。村民代表会议会按照之前通过的管理规定，撤销对该户村民修建房屋申请的审批，并将其违建情况通报给城管执法队，进行强制拆除。

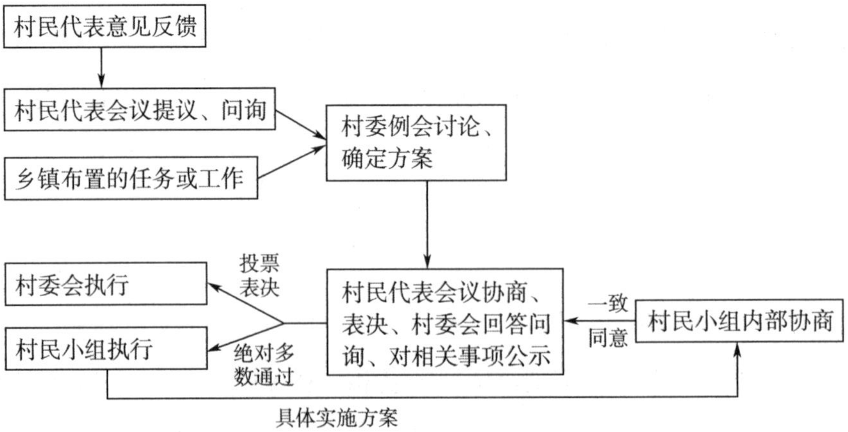

图4-1　Q村民主自治实践流程图

第二节　一般模式

一、主要特征

（一）制度化和实体化

村庄民主自治具有制度化和实体化运作的特点。《村民委员会组织法》第二十一条到第二十六条规定了村民代表会议的组织形式、召开程序以及会议需要讨论的内容。[①]实践中，村庄民主自治不仅要按照《村民委员会组织法》的规定召开村民代表会议，商议相关事项，同时还应当将《村民委员会组织法》的相关规定进一步细化，制定更为严格的标准，制定符合本村实际情况的实施方案。村庄民主自治可以被划分为两个层级：第一层级是村民小组层级，第二层级是行政村层级，不同议题归属不同的层级自治，不同层级遵循不同的协商方式。村委例会和村民代表会议每月定期召开，有固定的人员负责组织、召开，同时也有固定的人员参与。村民代表会议要确实在村庄管理、村务决策、信息公开等方面起到实质化的作用。因此，可以说村庄民主自治具有实体化运作的特点。

（二）普遍性和平等性

在村庄民主自治实践的过程中，团体通常成为决策的基本单位，最终的决策必须是所有人共同参与的结果。上文中提到的团体是指与待议事项相关的人所组成的团体，一般是村民小组的成员。这一过程将村民小组当成了最基本的议事单位，并且尊重这一小组里每一位成员的意见，每一位成员都有权并且必须参加到村庄民主自治的实践中去。概言之，村庄民主自治实践实际坚持了这样一种观点，即村民小组内部应当形成统一的决策意见，以集体名义作出决定。那么，每个人就应当具有发表意见的权利，每个人都可以参与到村庄民主自治

① 《村民委员会组织法》第二十四条规定了村民代表会议讨论的事项，第二十五条规定了村民代表会议的人员构成，第二十六条规定了召开时间间隔。

中来。此外，在行政村一级，还存在村民代表会议协商的形式。在村民代表会议中，协商主体存在两种情形：第一种情形，村民代表间通过互相说服来形成统一意见，以消除村民小组之间的差异观点，避免村民小组间形成对立和冲突。这种情形下，参与协商的主体还是村民。第二种情形，村民代表与村干部间相互说服，消除行政意志与村民意志之间的分歧。这种情形下，参与协商的主体其实是村民代表与村干部。因此，参与基层民主的主体除了全体村民外，村民代表和村干部也必须参与其中。这是参与主体的普遍性。在村庄民主自治的过程中，各个村民都有表达自己意见的权利，特别是在小组内部的协商中，少数派的声音不能够被忽视，少数人的利益不能被损害。所有村民参与协商自治的地位是平等的。在村民代表会议上，即便是代表行政意志的村干部，也不能以其意志而否决大部分村民代表的意志。他们都是平等的参与，不存在谁领导谁，谁服从谁。这是参与主体的平等性。

（三）协商制与投票制

协商一致原则是小组内部民主自治实践的明显特征。村民小组内部形成的决定要具有一致性和统一性，即这一决定是小组成员一致同意的结果。这种民主自治模式的重要内涵就是“协商”，要求小组内部成员充分交流、表达异议，然后相互理解、消除异议，最终达成统一的意见。这样的协商模式要求参与的每一个个体可能都要作出一定的妥协和让步，每一种不同的观点都会在最终决定之前得到统一。实际上，这就将发现矛盾和化解矛盾的过程放在了村民小组内部，将潜在的治理风险放在小组内部解决。

村民代表会议遵循的民主模式在本质上是更倾向于尊重个体意见的民主模式。其表决过程通常是分别代表自己所属群体的主张然后参与投票。目的是通过投票呈现出最大多数人的观点，以期实现最大多数人的利益。代表之间只需要表达分歧，但并不必须将分歧彻底消灭。这是因为，代表必须坚守其所代表的村民的利益和观点，不能因为其个人态度和观点的变化而擅自改变他在村民代表会议上的观点。这是对持有不同意见村民的尊重。实际上，想要在全村范围内让所有意见统一几乎是不可能的事情，这会严重影响决策和办事效率。尽管承认观点的差异化和多元化，但村民代表会议仍然致力于消除观点上的差异性，在决策上坚持绝对多数同意原则，以避免意见的过度分裂。这样既可以顾及效率，又可以顾及少数人的意见。

二、主要功能

（一）动员功能

民主参与平稳有序，动员群众消除矛盾。村庄民主自治有效动员村集体成员参与民主事项商议，形成了参与有序的村庄民主自治。

首先，实现村庄民主自治的第一步需要将民主待议事项进行分类处理，使各个主体参与民主自治有章可循，形成了特定的秩序。有关具体某一村民小组或者是某几户村民的民主待议事项，先由村民小组内部进行协商，得出一致结论后，再到村民代表会议上进行表决。而如果是有关整个行政村的民主待议事项，先通过村委例会讨论，再在村民代表会议上进行商议和表决。最终由村委会负责执行。它将村民、村民代表、村级组织在基层民主实践中所处的位置和所具有的功能确定下来，形成了一种特定的秩序，村庄中的每一个人都有机会参与到村庄事务的决策和管理中。这符合村民民主自治的要求。它避免了在很多其他地区的民主自治实践中出现的混乱，特别是民主自治造成村庄治理失序。

其次，村庄民主自治的秩序并不是对少数意见的压制，反而是对每一位村民的尊重，这使得很多矛盾在具体事项实施之前就暴露出来，并且必须得到及时解决。具体而言，当待议事项关乎部分村民时，按照协商式民主模式的要求，讨论要尊重每一位村民的意见。当关乎更宏观和涉及范围更广泛的事项时，虽然无法使每一位村民的意见都一致，但是，协商式力求消除异议，达成共识。村庄民主有利于村民意见的表达，也有利于很多矛盾能够及时被发现并得到重视和解决。解决的过程并不是以村委会的权威去压制，而是充分调动小组内部成员的参与积极性，通过群众做群众工作的方法，积极发动群众自身的力量解决问题。因此，这加强了村民之间的团结，也有利于村庄的稳定，为未来决定的顺利实施奠定了充分的群众基础，在很大程度上降低了村庄治理的风险。它避免了在其他村庄治理实践中所出现的矛盾激化甚至是村庄分裂和对立，特别是因为一些小问题而导致村民之间不和，甚至将矛盾转向村级组织的情况。

（二）沟通功能

构建民意协商渠道，促进意见协调统一。在村级组织行政化的大背景之下，行政的力量渗透在村庄治理的方方面面。民主自治的形成与发展建立在行政引导之下，被有些学者称为“控制之下的自治”。实际上，“控制”一词的使用并不贴切。村庄民主自治可以被理解为是一种“协商之下的自治”。自治意志的形成、自治话题的设置、自治程序的保障虽然都与行政之间产生千丝万缕的联系，但是，并不意味着行政意志完全压制和控制了自治意志。通过村庄民主自治，一方面，村民将诉求和意见进行统一并表达出来，另一方面，行政与自治之间建立了常效的沟通与协商渠道。

村庄民主自治不仅仅是构建了这样一种民意表达渠道，弥补民意与行政之间的断裂，更重要的是，它还促进了民意与行政治理意志间的协调和融合，让民意调整行政治理意图，让行政治理意图逐渐内化为民意，使村民意志与行政意志之间达成某种共识，从而形成一股合力。特别是当涉及村庄治理的一些议题、方案是乡镇政府或村两委提出时，村干部会通过在村民代表会议上的议题设置等方式，引导村民代表表达自己的想法。同时，很多与整个村庄发展、建设、管理有关的事项，不仅仅要将村民的想法和意愿纳入考虑，可能还需要结合国家的具体发展战略、城市规划和管理制度。换言之，基于国家权威的行政治理与基于村民意志的民主自治需要在一定程度上进行协调和统一。村庄民主自治实践中的协商式民主理念恰好调和了二者之间可能存在的矛盾与冲突，将村民的意见与行政意志进行协商对话，消弭行政意志与村民意见之间的张力，克服行政治理手段下移背景下村级治理中出现的悬浮性问题，解决了现行体制中缺乏结构化的自下而上的表达机制的“最后一公里”困境。

这种协调统一不仅仅体现在民意与行政的融合上，还体现在自治对行政治理不足之处的弥补上。尽管行政治理能力在逐渐加强，但行政治理手段的规范化和统一化依然可能在不同情况的村庄遭遇水土不服的情况。特别是行政治理手段在资源配置、灵活应用方面仍然有所欠缺，这些不足之处为民主自治留下了空间。民主自治恰恰弥补了这种不足，特别是在行政治理留下的自主空间中发挥了良好的治理效果。民主自治的发展方向仍然是沿着行政治理所留下的方向和精神。换言之，民主自治成为行政治理的延伸。这依赖于行政与自治之间良好的协商关系，民主自治对行政治理意图的把握和了解。自治与行政形成了某种程度上的融洽关系。所以，村民民主自治既没有与行政之间形成对抗，也没有被行政消解流于形式。它避免了行政治理所不能及之处出现混乱，更避免了这种混乱与行政治理意图之间最终形成对抗。

（三）决策功能

实现平等的参与机会，避免精英式治理的弊端。在村庄民主自治过程中，小组内的协商式民主模式，克服了过去在基层治理事务决策和管理过程中的精英化倾向。即每一名小组成员都有权参与，并且必须参与到协商式民主自治的过程中来。斯托克认为：协商的平等还是“机会平等”的一种理解。那些可能要被一项决策影响的人应该有一个平等的参与决策的机会。

村庄民主自治强调利益相关人的参与，并且强调平等的参与机会。在村庄民主自治理念当中，每一位利益相关的人都有表达和被听到的权利，要通过制度化的方式保证每一位村民参与民主自治的权利。具体而言，在重大事项的决策上秉持全体一致通过原则，体现出每一位村民的意见都同等重要的理念。在小组内部事务的决策和管理上，每一位村民都可以直接参与到决策和管理的活动之中。通过村庄民主自治，村民获得了切实的自治权利。

村庄民主自治打破了村庄精英对村级治理的垄断。在村级组织行政化的背景下，村庄精英通常扮演着乡镇一级的“代理人”角色，其功能在于让村庄精英在治理过程中贯彻国家的治理意图。但在此模式下，存在国家权力私人化的风险。同时，国家的行政治理意志也可能遭到曲解。村民对村级治理不满，一方面，村民的意志无法对村庄治理产生影响；另一方面，村民将怨气迁怒于国家权威。这严重影响到了基层治理的效果。村庄民主自治则增加了普通村民参与基层治理的机会，让村民有机会了解到上级的政策，有机会了解到村级财务的使用情况，有机会参与村庄建设的决策，有机会了解到每一项村级事务的具体情况和进展进度。这都增强了村级治理的公开性、透明性，强化了村民意愿对村级治理的影响。这使“治村”成为国家与村民共同的事务，而不是少数村庄精英的事务。

第三节　产生条件

村庄民主自治的形成并非偶然，相反，其萌发具有一定的必然性，需要依赖一定外在的社会条件。村庄民主自治萌发的社会条件可以从两方面分析，一方面来自政治层面，即传统的行政治理手段遭遇瓶颈，无法实现有效治理，这为村庄民主自治提供了制度空间；另一方面则来自经济层面，即集体土地经济的发展为村庄民主自治提供了有利的物质保障。

一、行政治理方面

在村级组织行政化的大背景之下，国家希望通过行政治理手段落实行政治理意图，实现对基层的有效治理。国家希望行政治理意志经由行政治理手段贯彻落实到村级治理之中。但实际上，基层治理全面依赖行政手段的社会成本巨大。如果单纯以行政治理手段应对村级治理中出现的各类问题，那显然会因行政资源的有限导致治理效果不佳。行政治理手段有其自身的局限性，这种局限性体现在以下两个方面。

一是行政的单向度性，导致其回应基层需要的能力减弱，削弱了行政解决村庄公共事务的能力。村级治理被控制在基层政府手中，乡村治理缺乏弹性空间。而国家能力能否实现对基层社会的有效治理，这依赖于行政对农民需求的回应能力，否则再多的资源输入也无法提升基层的治理能力。例如，在一些乡村基础设施建设问题上，公共资源的输入如果仅以行政意志为决定因素，而没有周全考虑农民需要，必然引发农民的不满。国家在乡村建设上投入的资源已经十分丰富，但是由于无法有效对接农民需求，仍然体现出基层行政治理能力的不足。特别是在项目制之下，项目资金在政绩冲动的驱使下被用于打造亮点。因此，在项目制的实践中，为了完成上级的项目和实行各类行政任务，村级组织行政化和乡镇目标责任制考核影响了村级组织对村民实际需要的考量。村级组织的行为从本应满足村庄的内生性需求转向完成外生性的治理任务。这样的内在转变导致村庄治理彻底以外部行政意志为主导、以外部行政手段为依托。与此同时，缺乏相应的村民意见表达与反馈机制，导致村民对基层治理的需求偏好难以通过畅通的渠道被村级组织、乡镇甚至是更高层级的行政单位所了解。因此，行政治理手段也就难以及时做出调整。总而言之，外生性的治理任务无法准确覆盖村庄内生性需求，而村庄的内生性需求缺乏被治理者所了解的畅通渠道，因此，行政治理手段对基层需求的回应能力越来越弱，实际的治理效果也就越来越差。

二是行政治理手段的统一化和常规化，与村庄日常事务的琐碎性与灵活性不相适应。村民日常关心的那些细小、琐碎、偶然、非常规的事务，都无法通过行政治理手段加以解决。例如，在公共品供给问题上，农村公共品需求的特点是差异性、多样性巨大，无法标准化。因此，供给越是常规化，就越是难以灵活地满足地方实际需要。这些村民诉求都无法用行政治理手段的规范化、统一化的方式解决，必须具体问题具体分析，给出相应的具体对策。所以说，行政治理手段只适合应对规则化的事务，而无法满足非规则化的基层治理需要。

综上所述，目前，村级治理往往需要依靠行政治理手段作为主要依托，行政治理能力主要体现在行政资源在村级治理中的供给能力，以及行政治理手段对村庄内生性需求的涵盖能力等方面。但是，这些纷繁复杂的治理事务、千变万化的治理诉求以及千差万别的实际状况，使国家根本很难采用自上而下一刀切的行政手段来解决所有问题。因此，当行政治理能力无法满足基层治理的需要时，就会在治理手段上形成一定的真空地带，这就为村庄民主自治的萌发提供了一定的制度空间。

二、集体经济方面

集体经济的发展在基层民主自治的唤醒中亦发挥了重要的作用，它在客观上为村庄民主自治的唤醒提供了物质条件，为村庄民主自治的发挥创造了社会基础。村庄集体经济发展对村民自治的影响不仅仅是基于经济基础决定上层建筑的理论推断，更是基于村庄的具体实践情况。

案例中的Q村地处经济发达地区，是某经济发达城市的城郊村，很多工厂和企业不断聚集于此，土地租金也逐渐增加，这使得农民看到了土地增值带来的收益。农民都希望将自己的土地流转出去。但是，分田到户后每家的土地面积很少并且位置分散、面积不规则。如果工厂和企业想要大面积租用土地可能要与十几户甚至几十户分散的小农分别进行协商交涉，这增加了企业的交易成本。同时分散的小农可能对收益持有不同的预期，很容易导致与企业谈判的破裂，从而影响其他小农的土地流转。这些现实的情况阻碍了村庄土地经济的发展。为了降低交易成本，村民们统一将土地流转给村委会，与村委会签订土地承包租赁合同。再由村委会负责统一将土地和过去留下来的厂房有规划地对外流转，每户按人头在年底按照协议规定的金额进行分红，多余的收益归村级财政，具体用途由村民协商而定。集体土地经济的发展充实了村级财政，同时也丰富了村民间可供讨论的公共议题。

集体土地经济的发展打破了村庄对上级财政的依赖，使村民意志的实现成为可能。在行政治理手段下移的背景下，大多村庄获取资源的方式较为单一，几乎都是从上级项目等财政转移支付手段中获得资源。“项目制”是一种国家资源的输入方式，但是，这种资源输入往往伴随着上级对村级组织的目标任务考核，或是伴随着特定的任务性。伴随着国家资源的输入，上级的行政意志也被一并转移到基层。上级政府的政策过于刚性，干扰了基层自治的社会实践，压缩了自治的社会空间。村级组织对上级财政的高度依赖性使村庄在一些村庄事务的决策和管理上丧失了自主决断能力，村民的意志自然也就无法参与到基层治理中。但是，当村庄集体经济发展不断壮大，逐渐成为村庄收入的主要来源时，村庄对资源的使用拥有了相对的自主权，村级财产的使用和支配成为基层民主自治首先需要解决的问题。可以说，这些资源为基层民主自治奠定了物质基础。随着2019年《土地管理法》(修正案)的颁布和实施，国家允许集体经营性建设用地在符合规划、依法登记，并经本集体经济组织三分之二以上成员或者村民代表同意的条件下，通过出让、出租等方式交由集体经济组织以外的单位或者个人直接使用。这进一步激活农村集体土地经济发展，促使集体土体产生更多收益。这些丰富的村级集体土地经济使以村民意志为主的村庄建设、公共品供给成为可能。这为村民代表会议以及其他民主协商后的表决结果的实现，提供了充分的物质保障。农村集体土地经济的发展使民主协商的结果不再是空洞的，而是能够落实到实际。这使村民看到了参与民主治理的实际效果，从而进一步激发村民的参与热情，形成良性循环。

集体土地经济的发展丰富了村庄的公共议题，为民主自治提供了新的可供商议的事项。第一，集体土地的经营事项成为村庄中需要协商讨论的公共议题。例如，某企业因建厂需要，要流转土地20亩。具体流转价格的确定、流转年限的确定需要由村干部在村民代表会议上提出，由村民代表共同协商。如果有村民代表认为流转价格过低，则需要重新考虑流转价格的确定。与此相关的流转年限、流转范围以及企业建设是否会对村庄环境产生影响等问题，都成为村民代表会议上需要进行协商讨论的公共议题。第二，当村集体占有的资产十分丰富时，村民会更加关注如何合法合理地使用财产。从村民角度而言，村级财产的增多意味着村级组织能够提供更多的公共品和福利，村级财产的具体使用和分配方案以及由此产生的村庄建设的具体方案等都成为可供商议的公共议题。而且这些议题与村民自身的利益产生了密切联系，村民更愿意参与到确定分利秩序的过程当中。原本城镇化的发展瓦解了村庄内部结构，村庄结构的“原子化”和村民生活面向的转变导致村民对村级民主的参与热情极低。但村集体收益的使用、分配问题成为链接村庄个体的纽带，从而重构起了村庄自治的公共议题和公共空间。公共议题可以脱离对上级项目的依赖，充分考虑村庄中的内生性需求，由村民的民主自治意志决定。这样一来，村民有动力参与民主自治，并且通过民主自治程序也确实能够参与村级财产的具体分配决策，满足自己的切身利益。从而，形成了良性循环，即可支配的村级财产越多，村民参与村庄民主自治的积极性就越高。

第四节　形成机制

一、行政发现自治

行政发现自治有两层含义，第一层含义是指作为行政权力延伸的村级组织发现了村民有关自治的需要，第二层含义是指村级组织发现了自治的积极功能和作用。行政发现自治是行政培育自治的前提。

一方面，村民产生了参与村庄事务的内生性需求；另一方面，行政发现了这种需求并加以正确的引导。正如上文中所论述的，村民们本身就具有对自己生活环境的关切，特别是随着城镇化整体水平的不断提高，村民也产生了很多需求。村民们对村庄集体经济使用情况更加关心，对村庄公共品按需供给、公平供给产生了强烈的需求。换言之，人们具有参与民主讨论的热情。但是，这些关心和需求大多是从个人利益的角度出发，是分散并且碎片化的，没有形成统一的诉求、观点。此外，由于缺乏统一的协调议事机制，更无法形成制度性的解决方案。换言之，人们的非正式意见无法通过规范化和制度化的自治程序形成正式的意见。村民对村级治理事务的关心仅仅停留在个人层面，尚未形成完善的集体意识，更缺乏集体行动能力。虽然人们都具有自治的意愿，但是缺乏一个强有力的组织来引导自治组织的形成，引导自治议题的设立，引导自治程序的确立。最终，行政发现了人们参与公共事务的热情。

行政发现自治的积极作用和自治可以作为行政治理不足之补充的功能，促使其产生了帮助自治制度化的意愿。正如上文所说的，在行政治理手段下移的大背景之下，行政治理手段并非能够包打天下，行政治理力量无法事无巨细地解决村级治理中的繁杂问题。村级组织发现，村民自我管理、自我决策的愿望以及村民对基层治理事务的关心恰好都可以成为促成基层自治的动力。以基层自治为基础的民主化治理可以作为一种相对低成本但有效的治理手段。

综上所述，作为行政力量延伸的村级组织，在基层治理的实践过程中首先发现了村民对自治的需要，进而通过民主自治的实践发现了自治在基层治理中的积极作用和功能，从而激发了村级组织主动培育自治的意愿。行政有意识地通过建立一个联合体的方式把村民杂乱的诉求表达转化为制度化的协商民主程序，并使这一联合体具有特定的形式和运转模式。

二、行政培育自治

行政培育自治是村庄民主自治制度化的重要手段和方式。值得特别说明的是，行政培育自治不等于“行政控制自治”或“行政吸纳自治”。自治的实现必然要有一定的形式、一定的程序规则、一定的议题内容。在自治制度化的过程中免不了磕磕绊绊，这就需要一定的外力来帮助自治找到合适的存在形式，制定正当的程序规则，明确自治的议题内容，这便是培育的过程。在现实中，行政在自治制度化的过程中扮演了重要的角色。

（一）培育自治形式

从村庄民主自治的组织和实践形式来看，村庄民主自治形式可以分为三部分。一是组织形式，二是决策形式，三是自治的相关程序。组织形式是以村民代表会议和村民小组会议为基本形式，决策形式则以协商式为基本形式。换言之，村民代表会议和村民小组会议独立承担民主自治的功能，会议决策则遵循协商的方式。上述自治形式的建立离不开行政力量的培育。

村级组织主动将行政与自治的功能进行分离，村级组织受行政化影响承担行政事务的职能，自治事务则由村民代表会议和村民小组会议承接。村委会只负责上级的行政任务和对村庄的整体利益进行综合协调，其与村民自治之间逐渐形成了“参与不干预、指导不领导”的关系模式。村民代表会议与村民小组会议并不是常设的办事机关，而是针对自治议题召开的议事会议。行政组织与民主自治的议事会议相分离，避免“行政吸纳自治”的可能，也避免了行政与自治纠缠混乱不清。

在村级组织的培育之下，民主自治最终确立为“协商”的形式。上文中已经论述过，“协商”最直接地体现村民小组在重大事项上的一致通过原则以及行政村范围内的绝对多数通过原则。上述原则都是村组干部和村民代表反复讨论并最终确定的。

除此以外，民主自治的程序设置也是在村级组织的培育之下建立起来的。诸如召开会议的具体时间、地点、参与人员以及不同议题对应的不同商议路径、表决程序，这些具体而烦琐的形式和程序不是也不可能是在自治发展的过程中自发确立的。

（二）培育自治议题

从村庄民主自治的实践内容上看，具体的自治事务类别及其决策方式是在村委会的指导之下形成的，具体到村民代表会议的议题设置也是先由村委例会决定的。从长期的民主自治实践过程来看，自治议题的设置被不断丰富，涉及村级财产的使用分配、房屋建设许可、公共基础设施建设、上级政策落实等内容。这些议题固然来源于村庄治理事务之中，但议题的设置离不开村级组织主动规划。从村庄民主自治的议题设置来看，每一次召开村民代表会议之前，村委会都会召开村委例会，通过村委例会确定村民代表会议需要讨论的议题、表决的事项等内容。换言之，村级组织所代表的权威除了培育村庄民主自治的形式和习惯外，还培育了村庄民主自治的议题，让民主自治的议题逐渐丰富起来，这使得民主自治既不是空洞的形式主义，也不是对鸡毛蒜皮等琐事的斤斤计较。这些具体的内容是在民主自治的不断实践中形成的，这是以村委会为代表的行政力量通过议题设置等方式进行引导和培育的结果，在这种培育过程中，行政意志与自治意志进行了对话和融合，形成了民主自治的内容。

（三）培育自治习惯

从村庄民主自治的习惯来看，村民已经习惯了以村民代表会议的形式参与村民自治。显然，在村庄民主自治的长期实践过程中，由于其具有实质性的效果，村民越来越相信村庄民主自治的作用和功能。这种信任，一方面是基于以村委会为代表的行政权威能及时吸纳民意形成解决问题的良好对策，切实回应村民的需要；另一方面是基于村委会代表的行政权威能够实际履行和保护村民代表会议通过的决议，从而使村民代表会议产生了良好的实践效果，久而久之形成了良性循环。所以，村民越来越习惯于将生活中的问题提交到村民小组会议和村民代表会议上去解决，村民小组会议和村民代表会议逐渐成为村民对村级治理不满的释放口。村民习惯了通过协商的方式解决日常生活中的各类问题。正如上文中所分析的，村民小组内部的事情由村民小组内部协商，村庄范围内的事情在村民代表会议上协商。村民之间的议题由持不同意见的村民协商，上级行政意志的落实由村委会与村民代表协商。村委会有意识地通过村民代表会议发布信息，商议村务。凡是事关村民利益的事情，都通过村民代表会议“通一通、议一议”的协商方式解决。可以说，这种以协商为主要模式的民主自治并非完全是一种自生自发的秩序，而是具有明显的行政培育的色彩。

综上所述，行政培育自治并不意味着行政以强制力的方式介入了自治的产生和发展，培育并不意味着强制也并非建构。村庄自治的发展恰恰是基于当前村庄的实际情况自然而然产生，在行政的引导下，不断明确其功能、地位和运转模式，形成制度化、系统化的村民自治形式。这对于理解行政与自治的关系十分重要。行政并没有以强制力介入村民自治中，因此，村民自治并没有与行政产生冲突，也没有被行政消解。

第五节　理论探讨

一、村级治理行政化学说

村级组织行政化是税费改革之后，我国农村治理中普遍存在的一种状况。在自上而下的制度设计中，国家希望通过村庄民主自治填补国家权力撤离后留下的制度空间。即国家权力不下村，村庄之下行自治的“双轨政治”。但村民自治由于种种外部因素的影响，无法真正在基层治理中发挥作用，基层治理的有效实现需要依靠行政权力的不断介入。正如吉登斯所言：“现代民族和民主国家的形成基础在于国家对社区的全面监控，在监控的基础上造就一个有明确边界、社会控制严密、国家行政力量对社会进行全面渗透的社会。”①

由此，国家为了能够实现基层社会的有效治理，不断将行政治理手段下移，村级组织在基层治理中扮演的角色也随之发生着变化。从众多研究经验可以看出，受行政治理手段下移的影响，村级组织的自治功能被限制。村级组织行政化导致村级组织构成人员职业化。村委会承担了处理政务和处理村务的双重任务，政务要求必须贯彻，而村务则无暇顾及被放置一边。除此以外，村级组织受限于匮乏的村级财政，因而缺乏在农民生产生活上发挥作用的能力，一切都需要依赖上级政府的资源投入。上级政府的治理意志通过资源的输入得到实现，但这一过程往

---

① ［英］安东尼·吉登斯：《民族、国家与暴力》，胡宗泽译，生活·读书·新知三联书店1998年版。

往过于刚性，导致村民的意志无法得到充分和全面的表达。由于村级组织行政化日益严重，村民参与公共事务的途径和渠道变少，甚至出现“断层”，造成民意吸纳的制度性断裂。

在行政化治理手段瓶颈方面，对村级组织行政化带来的各类深层次村庄问题已经有广泛的研究。村级组织行政化进一步引发的村庄治理危机已经成为学界的共识。特别是由于村级组织行政化带来治理的悬浮性危机，行政权威也已经意识到仅仅依靠行政体制实现基层社会的有效治理亦不可能，社区力量的参与程度和效度从根本上决定了乡土社会获得治理的限度。可见，通过村庄民主自治的方式弥补行政治理之不足，已经成为具有普遍性的问题，同时也成为村级治理行政化学说的重要补充。

二、“三治融合”基础理论

马克思主义法理学认为“社会存在决定社会意识”，村庄民主自治的内生性基础源自村庄集体经济的发展。随着村庄集体经济发展，公共议题不断增多，村民参与公共决策和公共管理的意愿不断增强，村民在自治上体现出越来越强烈的意志。在集体土地经济发展层面，受地区经济发展差异以及法规政策的影响，不同地区在集体土地经济发展上的差异十分明显。换言之，这种集体经济发展的差异可能会导致民主自治实践的差异，可能会影响个案研究的普遍性问题。但是，随着2019年修正的《土地管理法》的贯彻实施，这种集体土地经济发展带来的差异性问题可能会缩小。2019年修正的《土地管理法》正式破除了农村集体经营性建设用地入市的法律障碍，“允许集体经营性建设用地在符合规划、依法登记，并经本集体经济组织三分之二以上成员或者村民代表同意的条件下，通过出让、出租等方式交由集体经济组织以外的单位或者个人直接使用。同时，使用者取得集体经营性建设用地使用权后还可以转让、互换或者抵押”。这一规定将促进全国更多农村地区的集体土地经济的发展，同时也以制度化的方式将这一公共决策的议题交给了村集体，使村庄内部可供讨论的议题丰富起来。

社会现象普遍联系并相互作用，村庄民主自治的外生性基础源自国家意志，国家强调“自治、法治、德治”的“三治融合”，从现实方面看就是希望通过自治的内生约束性来消除基层矛盾，激发基层的活力，能够重新组织起农民，动员起农民共同解决基层的治理问题。特别是在基层治理的最一线，单单依靠国家的行政力量无法实现对村庄琐碎化、差异化事务的治理，更无法对接小农的差异化需求，何况这种治理必然耗费高额的社会成本和治理资源。因此，需要通过自治的方式创造行政与小农对接的弹性空间，实现琐碎化与差异化的治理。从政治方面看，村级民主自治源自国家对人民当家作主的政治许诺，加强村级民主自治不仅仅是具体治理技术的提升，更是在维护国家在基层治理中的合法性。具体而言，村级民主自治满足了最基层农民的自下而上的表达需要，同时也从实质和形式上满足了决策民主性的需要，最直接地体现了国家对群众意见与群众智慧的尊重。从法律方面看，基层群众性自治制度是《中华人民共和国宪法》的重要内容，在基层治理第一线实行民主自治是实现自治与法治统一的需要，也是实现“三治融合”的重要形式。在内外两方面的共同需求下，国家主动寻求到更为有效的治理手段来实现对村庄的治理。国家通过一定的手段对村民的自治意愿加以引导，培育村民将村庄内部事务通过协商民主自治方式进行解决，形成了规范化和制度化的协商式民主模式。国家有意识地强化民主自治在基层治理中的作用，增强基层治理能力，增强政府回应能力，在实现基层的有效治理的同时，节约行政治理成本，减轻行政治理压力，降低行政治理风险。

三、完善村庄民主自治的理论构想

在村级组织行政化的大背景下更广泛地推广村庄民主自治，或许需要从以下几个方面来努力。首先，从行政治理回归村民自治。随着行政治理手段的不断加强，越来越多的学者注意到行政治理手段的不足，并且也有学者提出要解决行政治理“最后一公里”的问题。实际上，在面对行政治理手段瓶颈时，通常有两条可供选择的道路。其一，就是沿着行政治理的思维继续深入下去，但是，可能导致增加大量治理成本，浪费治理资源甚至走向治理僵化。其二，回归自治，敢于通过自治的方式实现对“最后一公里”问题的解决。这需要行政主动作出让步，为自治的发展留有足够的空间。其次，回归自治并不意味着将基层治理事务放任自由，自治制度的建立离不开行政的帮助。特别是不同的地区具有不同的经济发展水平、具有不同的历史文化习俗和不同的治理情况。因此，在自治制度的选择上并不是唯一的，需要因地制宜地选择自治制度，拓宽自治的形式和思路。这种选择并建立制度的过程需要行政的积极参与。最后，维护自治意志的合法化地位，合法化的自治意志必须得到尊重。在过去，村民自治常常被形式化和虚无化，自治停留在表面或者仅仅是为了走过场，这降低了村民参与基层民主的热情。行政需要尊重自治意志的合法性地位，使自治意志真正能够对基层治理产生实质性的作用。只有这样，才能使村民相信自治制度，愿意参与自治制度，从而形成良性循环。

第五章　农村公共品供给

第一节　案例介绍

近年来，河南省G县为了保证村民的正常生活用水，22个乡镇共修建20个自来水厂。然而，2019年8月，有一半的水厂无法正常供水。由于运作资金不足，水厂无力承担输水电费和管道维修费用，在日常输水过程中常常出现断水、供水不及时现象，村民无法正常享受自来水工程的公共服务。

案例一

W水厂由政府项目出资修建，至2018年进行管网延伸设计，日最大供水量为1.5万吨，实际日供水已达2万吨，最高峰达到2.25万吨。W水厂供水范围覆盖10个乡镇109个行政村27.5万农村居民。W水厂由东西两条主管道向各乡镇供水，由主管道开口供给各乡镇以及少数邻近村庄的管网。凡是在主管道上开口的地方都装有计量总表，总表以下根据供水人口、用水量，配备各级别管网到各村再直接安装入户。除主管道外，其他分支管网没有计量装置，仅设有阀门，以便维修和调水。

W水厂的管理由水厂和乡镇水管员共同承担。东西两条供水主管道由W水厂管理，各分支管网由属地乡镇政府管理，分支管网的维修费用由乡镇水管员自行负责。W水厂依据各分支管网进口计量用水情况，按单价向乡镇水管员收取水费，各乡镇水管员按单价向农户收取水费。W水厂实行“包费制”，管道维修和管理归为水费成本，需要水管员垫付，水管员的收益取决于收缴的水费额。2018年后，该县出现了停水次数多、群众意见大、上访投诉案件多的现象。目前，W水厂的运转存在几个方面的困难。

一是供水难，取水量不足。应群众用水需求，县政府安排县水利局扩大W水厂管网。2018年管网延伸完成并对小水厂进行并网后，覆盖农村居民数超原设计供水数近10万，导致水量供给不足。启用备用水泵可以保证供水量，但由于过滤时限，难以保证水质。处于W水厂末端的村庄绝大部分时间都无水供应，村民们只能靠井水勉强度日。

二是收费难，水厂欠债运转。这有多方面的原因：第一，当地地下水资源丰富，村民大多有自备井，自来水费成为非必要开支。第二，部分村民不欢迎自来水供应，认为自来水有添加剂。第三，外出务工村民多，无法及时缴纳水费；第四，部分村民缺乏水商品意识，认为自来水应是免费公益工程作为。第五，部分村民和水管员以供水不正常为由，拒交水费。一些水管员需要冲抵前期垫付的维修成本，因此扣下水费。2015年至2019年，W水厂累计收取水费43万元，各乡镇水管员欠费累计395万元。负亏导致W水厂欠缴电费，断电则又影响供水。由此，这更影响到水费收缴，形成恶性循环。

三是管理难，管网常受到人为破坏。相对于城市，农村饮用水安全工程标准低，资金少，管理难度大且效率低。W水厂沿途管网经常因建房、修路、农业生产等遭到破坏。然而，不管是水利局、W水厂还是乡镇水管员，都没有执法权，最终总是不了了之。

总的来看，W水厂共有工作人员15人，除负责水厂日常的生产、后勤和收费工作之外，还要管理70多公里的供水主管道，维修管护人员数量不足。同时，分支管网由属地乡镇政府管理，但由于采取“包费制”，最终由水管员管理。因范围广大，维修周期无法满足破坏频率，村民与水管员之间矛盾上升。出于维修费用垫付的考虑，水管员往往只能负责维修成本低的问题，其他问题则等待政府干预。

案例二

农村垃圾治理是关乎农村人居环境的关键工作，G县近年来依托供销社系统和企业力量，取得了显著成效，甚至形成了“G县经验”，被认为值得推广。经县政府批准，G县供销社作为该县农村环卫项目实施机构，通过招投标吸引L公司参与农村垃圾治理，积累了成功经验。

第一，行政组织体系。G县成立了由县长任组长，所涉县直单位“一把手”和各乡镇长为成员的领导小组。同时，下设农村垃圾分类管理办公室于县供销社，供销社主任兼任办公室主任负责该工作的组织协调、监督考核等。各乡镇及相关单位也成立了相应的组织。

第二，工作方案措施。G县出台《G县农村生活垃圾分类工作实施方案》，明确了垃圾分类工作的任务措施。县供销社成立再生资源回收公司，在城区和乡镇建立回收站点，并按《G县公共机构废旧商品回收利用工作实施方案》建立公共机构废旧商品回收体系，以各类垃圾回收比例来考核工作成效。

按照工作方案，供销社是生活垃圾处理的主导部门。县供销社利用既有组织体系，把恢复基层供销社和推进环卫项目相结合，将下辖中心社和基层社进行功能强化与阵地拓展，其业务服务覆盖全县每个乡镇，延伸至所有村组。此外，不仅吸收基层供销社职工进入环卫公司工作，帮助下岗职工二次就业，而且推荐基层社主任担任项目部主管，参与乡村环卫一体化建设管理工作。同时，在招聘保洁员时，注重吸收村庄内的贫困人员。县供销社班子成员带领L公司与全县各乡镇（街区）有效对接，争取乡镇党委政府在组织领导、工作职能、提供或租用环卫工作项目部和乡镇临时填埋场所等方面的支持。

L公司作为市场力量以PPP（Public-Private Partnership）模式进行运作，具有政府融资的性质。L公司投入前期基础设施建设，政府根据评测结果付费。结合农村居住实际情况，设立回收装置，每个村配备保洁员，对乡村卫生进行清扫保洁。L公司结合多年经验，制定便于村民操作的垃圾分类处理办法，主要有四个步骤：户分类、村收集、镇转运、县处理。L公司主要负责收集、转运和管理工作，在全县基本实现了“扫干净、转运走、处理好、保持住”的环卫一体化格局。在这个垃圾治理体系中，政府引入第三方对L公司进行监管考核，考核结果影响着政府付费。考核标准不断进行调整细化，监管机制的设立主要是为了让市场能更好地提供服务。引入第三方监管机制是由于政府应对新型事务时能力不足，没有监管经验。第三方处于试行监管状态，之后将由供销社体系亲自监管。

生活垃圾治理启动以来，按照招投标签约、建设运营、监督管理和绩效考核等职能，G县完成了项目部建设、保洁员选用、垃圾填埋场落地等工作，建立了跟踪评价机制以实现长效监督考核。制定村规民约、网格化管理制度、考核评比制度、奖励制度、收费制度等；供销社成立再生资源回收公司，建立县、乡镇、村垃圾回收网络；L公司配备入户垃圾分类桶，以便收集转运；示范引导农户垃圾分类，培训评优保洁员。在这一项目体系下，G县的生活垃圾治理成效颇丰，环卫工作位居全省前列。

第二节　现实背景

一、制度缺失

我国没有一套成熟的公共物品理论为公共物品的立法提供指导，有关公共物品的立法完全采取分散立法的模式，例如《铁路法》《公路法》《水法》《邮政法》《森林法》《文物保护法》等。这些法律存在的一个共同问题是，大多数法都是一种行政管理型的法，赋予的都是行业管理机构和国家管理机关的权力以及社会公众的义务，公共物品的一般规则没有得到体现，很少有关于公共物品生产、管理和利用过程中社会公众应当享有的基本权利的规定，很少有控制公共物品管理权力滥用的条款。

我国现行的公共品供给制度是从计划经济体制沿袭下来的，而我国农村公共产品的供给制度大体经历了改革开放前、改革开放后至税费改革前和农村税费改革后三个阶段，其演变历程同我国经济体制的变迁具有密切联系，而家庭联产承包责任制和财税体制改革对农村公共产品的供给具有重要的甚至决定性影响。而政府及其公共部门垄断配置的制度安排的高成本与低收益，是寻求制度变迁的原动因。改革开放以来的资源配置制度变迁，总体上是沿着区分市场选择与政府选择、公共部门与私人部门、公共品与私人品、公共品的生产与提供的思路，向着“多一些市场调节”与“少一些政府直接调节”，“多一些地方政府配置”与“少一些中央政府配置”，“多一些竞争”与“少一些垄断”，“多一些私人部门”与“少一些公共部门”的方向渐进式推进。我国农村公共产品供给中的非制度性约束和法律制度的缺失，是导致当前农村公共产品供给困境的重要原因。

很长时期内，我国农村公共产品的供给都未被纳入法律制度的轨道，而是在作为正式制度的政策与作为非正式制度的村规民约等农村自发秩序的规范下运作的。法律制度的滞后，使得农村公共产品的供给具有某些内在的不稳定性，而非国家可持续地向农村投入公共产品，阻碍了农村产品的供给。在现行公共产品供给体制下，制度化的供给主体及其职责、供给程序、资金保障等的缺位，导致了即使在政府加大对农业和农村投入的背景下，农村公共产品的供给仍然滞后于农业和农村发展的需求，也滞后于城市公共产品供给的增长速度。

二、社会约束

农村中的道路建设、抗旱和防洪水利、社会治安维护、环境卫生维护、纠纷调解机制等都属于公共品。公共品供给中最关键的问题是“搭便车”[①]。在城市里，公共品几乎全部由国家提供，国家通过税收法律制度来遏制“搭便车”行为。在农村，公共品大部分需要由村庄自身提供，即便在取消农业税之后，国家加大了对农村公共品的投入，许多公共品仍然需要村庄自身提供或者离不开村庄的通力合作。这使得农村公共品供给问题显得格外复杂。

传统熟人社会的“面子机制”遏制了“搭便车”。在传统的熟人社会中，人们对未来有着长远预期，因此注重“面子”等表达性收益，而不会在利益上过于斤斤计较，也不会为了利益那么容易走极端。长远的生活预期决定了人们的社会交往是多次、反复的博弈。“搭便车”可能导致其他村民对自己进行惩罚，这使人们不会肆无忌惮地“搭便车”。在这样的环境下生活，即使是理性计算，也不能只计算一次的收益，而是要从多次博弈的背景下计算收益。因此，“搭便车”是一种愚蠢行为，是一种“杀鸡取卵”的做法。虽然一次“搭便车”可能得到利益，但从长远和实际上这并不符合利益原则。长远的生活预期甚至使人们并不从利益上思考行为的后果，而是习惯于从道义上思考。人们在作出某一行为决策时，首

① 因为每个人总是倾向于自己的利益最大化，不参与公共品的提供而享受公共品的收益。因此公共品供给中要重点解决就是遏制“搭便车”行为。

先关注的是道义上的后果，这样他们会关注自己的行为是否违背了其他村民的期待，是否违背了村庄生活中的“应该如何”，是否符合村庄生活中的习惯做法。这会使人们养成尊重传统、遵守熟人社会行为规范的习惯，在具体行为时就变成了一种身体无意识。这样，熟人社会中利益计算的长远预期和行为的道义倾向，就决定了“搭便车”行为不可能在村庄中频繁发生。

传统村庄的熟人社会能够有效地对付“搭便车”行为。对于那些得寸进尺，总是“搭便车”的人，村民常常会选择切断同他的联系，排斥、孤立他。在熟人社会中，断绝联系和孤立本身就构成了一种惩罚。一个村民如果遭到过多村民的这种排斥和孤立，他的社会交往范围无疑会受到极大限制，与此相关的日常交往、公共合作、生活互助等多方面都会受到限制。村庄主流的抛弃和集体性社会排斥，最终很容易成为村庄的“社会排泄”。孤立意味着被村庄共同体抛弃，这无异于一种“社区性死亡”①。熟人社会的村庄中即使偶尔有“搭便车”者，但大家都将其视之为最没有脸面的人，鄙视他们，因此，“搭便车”行为不会增多，不会影响共同体的存续，不会影响村庄公共品供给的传统机制。

三、村庄变迁

目前，中国农村发生了翻天覆地的变化。只有少数村庄仍然保有较强的传统熟人社会性质，还可以自主进行公共品供给。在大多数农村地区，村庄不再具有这一能力。宗族已经不能在公共品供给中对村民起到强制作用，不能有效抑制村民“搭便车”的冲动；村庄越来越远离熟人社会的理想状态，村庄舆论越来越难以约束村民，村庄惩罚机制日益失效，村庄几乎丧失了对“搭便车”行为的惩罚能力，“面子”的表达性收益不再是人们追求的对象。尽管他们还在乎“面子”，但这种“面子”已经发生了异化，再也无法将人们对现实利益的考量裹胁到长远的村庄生活预期中去。

① 因为在熟人社会中，相对于作为整体、站在道德高位的村庄共同体而言，个人无足轻重，其力量微小而脆弱，根本无法与村庄共同体抗衡。

在现代性的背景下，当前农村社会具有两大重要特点：一是现代性的国家权力已经不可逆转地渗透到农村。二是市场经济所带来的农民行为的理性化。无所不在的市场经济力量，重构了人们生活的意义系统。它通过重新定义人与人之间的关系，建构了一个与市场经济原则相符合的意义体系。前者使得宗族最多只能是一种意识，不可能再合法拥有强制性能力；后者则使农民强烈的地方性感情，以及由此可能产生的人身攻击不再具有合法性。现代性使得村庄社会扁平化、“原子化”，就使“搭便车”的经济算计可以凸显出来。

在当前社会状况下，“集体感情”本身就摇摇欲坠，国家权力对之不予保护，其便会越来越衰落。于是，村庄中再难有压倒性的舆论评价和“面子”机制，“搭便车”的冲动和行为无法再通过村庄集体得以抑制。政策部门和很多学者希望通过“一事一议”①的民主制度来解决村庄公共品供给问题，这显然不合时宜。村民自治、“一事一议”制度“有民主，无集中”，不具有任何强制性后盾，缺乏强制措施。反对公共品供给决策的村民可以轻易拒绝，进而产生扩大效应。而村庄公共品供给中，最终的决议往往需要向村民提取资源，出义务工或筹措资金，那些没有参加决议和反对决议的村民就会找各种理由拒绝出义务工，拒绝交纳分摊的资金，他们的反对往往又很容易导致其他村民的跟进。

第三节　组织基础

乡村组织为农村公共品供给提供了组织基础。在农村公共品供给中，提供服务的组织架构就很重要，乡村组织体系关系着公共品供给项目的成败。在公共品供给过程中，乡村组织体系可以起到动员、解释、说服、奖励、惩罚等作用，承担了一种“类执法”功能，这是市场力量难以做到的。近年来，学者不断强调公

① “一事一议”就是村民代表会议或村民大会就村中公共事务进行讨论决策，在涉及公共品供给问题时常常需要每个农户筹措劳务或资金。

共品供给的市场和社会模式，政府受此影响也不断推进这一模式。然而，现实中这一模式在各地的运转成效各异。在G县的两个公共品供给个案中，市场力量都有所介入，甚至可以说，其就是按照市场模式运行的。两者的区别在于，生活垃圾治理个案中，乡村组织深度参与了；而自来水供给个案中，乡村组织没有参与。个案运行的成败，恰恰与乡村组织的参与程度相关。

一、充分利用乡村组织体系

生活垃圾治理充分利用乡村组织体系，市场力量可以与之有效对接。在充分利用乡村组织体系的基础上，县乡行政体系、企业市场力量、乡村组织体系相互之间能够有效对接，实现了政府行政组织、企业管理组织与乡村治理组织在农村公共品供给中公私协同和多元合作。

G县负责农村生活垃圾处理的部门是供销联社，供销社系统内存在与行政系统同构的组织结构。供销联社是计划经济时代的产物，随着市场经济的兴起，供销联社逐渐边缘、闲置。在全国大多数地方，这个组织体系下的基层供销社是独立法人，自负盈亏，目前仅零星分布于村社并以小卖部的形式存在，基层供销社人员多无工资收入。县级供销社在政府体系内则处于边缘地带，没有核心任务，逐渐转型从事涉农服务。基于社会稳定的考虑，供销社系统虽然处于荒废状态，但没有被撤销，因此留有完整的组织体系，分为县供销联社和乡镇供销社两级。

县政府将生活垃圾治理任务交给供销社，相当于将闲置的组织资源加以利用，减少了人力资源浪费。由于供销社在农村环卫工作中的出色表现，G县政府在2018年将污水治理工作（原本是环保局和水利局的工作）也交给了它。供销社的组织体系，能为作为市场力量的L公司进入农村提供有效渠道，让市场力量更好地与县乡村行政体系对接，这首先体现在L公司的内部组织安排方面。

L公司的内部治理架构，从上至下包括项目经理、分管项目副经理；下设片区经理，各分管全县的四个片区；片区经理之下是负责各个乡镇的主管，直接与村干部对接；主管负责管理若干队长，每个队长负责几个行政村，同时监管保洁员。担任主管的多为原基层供销合作社负责人，他们能力强、人缘广，与乡村两级干部熟悉，便于开展日常工作。保洁员一般是本村村民，优先选用贫困户以及供销社的下岗职工。

L公司的组织管理体系，既解决了供销社职工冗余问题，又能发挥职工作为乡土社会成员的优势。村庄是熟人社会，对陌生人有较强的警惕性，外来企业进入村庄与农户直接对接存在困难。聘用村庄内部人员担任保洁员，就让企业进入乡村内部有途径和渠道，从而嵌入纵向的行政体系。例如，当面对不遵守垃圾治理规范的村民时，如果保洁员是本村人，那么熟人社会的人情和“面子”机制会产生作用。因为此时乱扔垃圾违背的不仅仅是规则，更是给熟悉的人增加工作量。L公司利用了基层组织体系，通过吸纳供销社和村内的人员，实现了市场与政府和村庄的良好合作。正因为如此，在生活垃圾治理过程中，市场提供垃圾治理的技术和经验，政府和村庄共同提供组织体系，由此形成互补关系。

L公司无论是前期工作方案的制定，还是后期具体治理的开展，都需要乡镇和村庄的配合，供销社的组织架构同样有助于工作的实施。在制定方案时，供销社人员要带公司人员到各个乡镇熟悉情况；工作出现矛盾时，需要村委帮助协调处理；相关工作在村民中遇阻，需要村干部帮助做解释说服工作。例如，保洁员私自焚烧垃圾，也需要村干部帮忙监督。乡镇政府和村级组织向农户宣传教育，也比外来企业有成效，垃圾分类到户的工作需要熟悉当地情况的村级组织来实施。

G县的垃圾治理体系，实际上是一种政府和市场的合作模式，垃圾治理按照市场模式由公司运行，公司提供治理技术和经验，政府运用其组织体系进行协助，同时政府委托供销社对乡镇、村庄、社区的协助状况进行考评，对公司的治理工作予以监督。L公司作为市场力量，在内部治理上遵循的是现代管理原则，较为刚性；而在乡村社会的对外运作时又充分利用熟人机制，讲究情感治理。这种垃圾治理体系，将现代公司治理机制和熟人社会的人情机制有机结合，在不同领域发挥不同优势。这种政府与市场相结合的模式，既有市场经济条件下公司治理的规则，也有通过乡村组织面对村民的优势，还有行政动员和考评的优势，不同的主体和机制发挥着不同的作用，承担了相应的功能。

二、缺乏乡村组织体系支持

河南省G县的自来水供给缺乏乡村组织支持，无法克服公共品供给中的各种管理难题。与生活垃圾治理相比，自来水供给项目中乡村组织体系的支持极为缺乏，这是其濒临失败的重要原因之一。在自来水供给中，收费难和管理难等问题一直存在，这直接或间接指向乡村组织体系问题。

W水厂的管理在乡镇和村庄层面主要由水管员承担，而在现实中，没有乡镇组织体系和乡镇干部的介入，水管员几乎没法完成管理和收费，从而导致整个自来水供给体系运转失败。G县的自来水厂鲜有盈利，并都在管理和水费问题上遇到困难。

水管员与村委会之间基本没有联系，水管员在村庄里直接对接村民，遇到困难时很难要求村委会或者村民小组长来帮助进行协商。他们与村民并不熟悉，很难在乡土话语和资源结构中与村民进行有效的对话。由于水管员收取水费的地域范围大，多数缴费村民都是陌生人，许多村民以各种理由拒缴水费。由于水费并未纳入国家政策补助范围，因此接受相关补助的村民对水管员的收缴行为也有争议。有村民为避免水费增加而私引自来水，水管员管理遇阻，村民与水管员之间的矛盾便会增多。数据显示，村庄内缴纳水费的村民比例不超过10%，实缴水费远低于应缴额。

在水管的管理和维修上，水管员更是遭遇挑战。分支管网实际由水管员管理，往往是两三个乡镇水管员负责全乡镇十多个村庄数万米管网，供水点多、面广、线长，地形高低起伏，沿途管网经常遭到人为破坏。由于当地农田水利灌溉系统日益荒废，不少村民故意挖断水管，用于农田灌溉。水管员不是本村人，无法对村民形成道德压力，当地村干部也不会协助水管员。结果就是，水管员垫付高额维修费来维护管道。

由于缺乏乡村组织体系的支持，水管员靠自身个人力量在收费和管理上挣扎，如今进退两难。正因如此，W水厂在向县政府呈送的改革报告中提出“建立水厂、乡镇、村三级管护体制”。第一，明确管理范围和任务。W水厂负责东西两条主管道的日常巡查管理维护，按乡镇分支管网进口计量总表来收取水费；乡镇负责本乡镇辖区内村级以上所有支管网的管理维护，向各村委会收取水费；各村委会负责本村范围内所有支管网和入户管网的管理维护，向用水户收取水费。第二，明确水费单价分配。明确乡镇政府水费单价、村级水费单价与用水村户“两部制”水费价格。针对个别输水成本高的乡村，水价可由乡镇政府与村委会、村民代表协商确定。第三，设立维修养护专项资金。

综上，W水厂的经营之所以困难，缺乏乡村组织体系的支持是重要原因，所以该水厂提出“建立水厂、乡镇、村三级管护体制”“要求乡镇和村级管理均由乡镇政府和村委会管理，原则上不准承包给私人管理”。这一改革建议，与该水厂的实践完全不同，体现了其在惨痛教训之后的醒悟。

在两个公共品供给的案例中，自来水供给项目濒临失败，而生活垃圾处理目前较为成功，其中的原因有多方面。例如，资源投入的总量、公共品供给操作者的专业水平等。与城市相比，农村公共品供给牵涉的地域范围大，由此加大了实施难度。在生活垃圾的处理中，垃圾桶的收集效果几乎与人口密度成正比。相较于城市小区，村庄人口分布不均，数量有限的垃圾桶难以高效配置。因此，在农村地区的公共品供给中，提供服务的组织架构就很重要。

第四节　乡村组织的功能

一、“类执法”功能

在秩序良好的农村公共品供给中，常常是乡村组织提供了组织基础，承担了“类执法”功能，才抑制了公共品供给中的离心力量。公共品在供给过程中，需要受益对象的参与和配合。如果受益对象不配合，就可能有劝说、惩罚、奖励、监督等手段的运用，使之走到正常轨道上。这类问题在城市和农村就可能有所不同。同样是生活垃圾的治理，城市由于人口密度大，设置垃圾桶的成本低，相对于农村的效益更大，在设置足够的垃圾桶数量后，保持定时清运即可；而农村地域范围大，垃圾桶设置成本高，人口密度不可能与城市一样高，在设置垃圾桶后，如何保证垃圾被村民扔进垃圾桶而不是在房前屋后、田间地头乱扔，存在一定挑战。如果村民不配合，保洁员收集难度极大，垃圾治理就很难成功。同时，生活垃圾治理建立在垃圾分类基础上，村民贯彻垃圾分类规则和方法时也存在困难。由此，一方面，需要村干部来教育村民遵循垃圾分类方法；另一方面，保洁员也可以通过熟人社会的道德压力对这些村民施加影响，敦促他们遵守垃圾投放规则。

在生活垃圾治理过程中，村民是最核心的主体，其主体性如何发挥出来至关重要。事实表明，此问题的解决存在诸多挑战：第一，如何让村民实施垃圾分类入桶。尽管垃圾分类方法简单明了，但在实际操作中，村民并不遵守，垃圾分类桶有时成为摆设。村民焚烧垃圾等行为不易执法管理，依靠村组干部提醒和舆论压力，可能更为有效。第二，如何向村民收取卫生费。对卫生费如果逐户征收，则有可能出现缺交。因此，从2018年开始，卫生费与医疗保险费一起“搭车收缴”。收取卫生费，既可以稍微缓解政府在生活垃圾治理方面的财政压力，又可以加强村民的主体性。基层收费问题难以依靠市场组织解决，主要依靠基层组织来完成，由此县政府和乡村组织可以通过体制内的压力机制和奖惩机制来调动积极性。村里和乡镇之所以愿意配合，是因为压力机制和奖励机制发挥了作用。例如，在县里的星级村、文明村评比中，垃圾分类工作是“一票否决”的。可见，村级组织作为最小的治理单元，也是农村事务中要落实的最基础的一个环节，没有村级组织承担责任是难以想象的。

在农村公共品供给中，市场力量可以提供资金，但如何确保公共品供给在乡村社会中得到有效执行，则是市场力量难以解决的问题。生活垃圾处理具有直接性、广泛性、持续性和长期性等特点，这就决定了需要调动全体村民的全面参与，需要垃圾治理在农村有相应的组织体系，而市场力量很难提供这个组织体系，因为市场交易网络很难深入农村并在其中起作用。目前，农村最完整有效的乡村组织体系，是以县乡政府主导、社会（村委会和村民小组）参与的组织体系。乡村组织可以起到的作用很多，包括动员、解释、说服、奖励和惩罚等，这是一种可以被称为“类执法”的功能。例如，农村公共品供给过程中遇到钉子户不配合，需要对之进行“执法”，乡村组织承担这一功能是成本相对低的方式。

村民是生活垃圾问题的制造者，同时是直接的利益相关者。村民天然“在场”的特点决定了他们是农村生活垃圾治理的核心主体，这也是生活垃圾治理的基础。如果不能合理调动村民的主体性和积极性，抑制其与生活垃圾治理背道而驰的行为，他们就可能成为旁观者、被动者甚至对抗者。一旦如此，无论是市场力量，还是政府，在公共品供给中进行“执法”，遏制背离行为的成本都是巨大的。尤其是政府，固然可以通过运动式治理的方式整治农村环境，但如果没有乡村组织的响应和介入，就无法建立长效机制，必然导致农村环境治理成本和背离行为的监督成本大大提高，也使得农村环境治理呈现不可持续性和不稳定性特征，使治理的效果与目标预期产生严重偏差。乡村组织与村民永远都同时“在场”，可以劝说、监督、奖赏、惩罚村民的背离行为。

乡村组织的类执法功能，在自来水供给项目中显得更为迫切。这也是G县自来水项目失败的原因，更是W水厂提出的改革建议中的核心关切。W水厂提出“建立水厂、乡镇、村三级管护体制”，要求明确管理的范围和任务，这一建议本质就是要求乡村组织在自来水供给中提供组织支撑，切实履行管理责任。自来水供给的两大困难——收费难和管理难，都需要类执法功能的发挥，乡村组织在这两个环节可发挥这种功能。

乡村组织的类执法功能如果调动起来，收取水费的压力首先会小很多。第一，村干部毕竟是村庄里的熟人，绝大多数村民会碍于人情和“面子”交水费。第二，村干部毕竟是村民还有所求的对象，绝大多数村民在村庄里生活，需要村干部提供服务和管理，村干部有能力给村民提供良好服务，很多村民不会故意为难村干部。当然，在收取水费上，乡村组织也可能遇到困难，就如农业税时代乡村干部收取农业税会遭遇困难一样。但无论如何，其组织力量是作为个体的水管员所无法相比的。

在自来水管道的管理和维护上，乡村组织更有优势。第一，不会有人敢公开破坏水管以用于农田灌溉。第二，当水管破裂时，村干部会主动联系维修且维修成本相对较低。因为，这更加事关村组自身的利益，村组干部的主动性会更强。乡村组织介入的模式，将村干部和村民变成了管理的主体，而不是收费和管理的对象，更不是自来水供给的旁观者甚至对抗者。显然，乡村组织类执法功能的有效发挥，有助于生活垃圾治理和自来水供给等公共品的有效供给。

二、技术手段的替代

技术手段的有效应用，可能对“类执法”功能构成替代，但只能在电力供应等部分公共品供给中实现，而在农田水利等另外一些公共品供给中，则因技术能力、财政能力缺乏而无法实现。

（一）可替代的公共品供给

技术手段的有效应用，可能对组织的“类执法”功能构成替代。同样是自来水的供给，城市自来水供给就无须某个组织体系专门发挥类执法功能去管理居民。这有两个技术方面的原因：第一，城市自来水管道的技术标准更高。城市自来水设施标准、自来水管质量、安装工程要求和水压标准等，都高于农村。城市自来水管道被混凝土覆盖，破坏或偷水的难度远大于农村。第二，城市自来水的水表技术标准更高。居民绕过水表放水、偷水的可能性非常低。高技术水表在农村也可以应用，但受制于自来水管道技术水平，水表的技术优势无法有效发挥。农村自来水供给所需要的类执法，在城市里就可以因自来水管道和水表的技术水平提高而被规避和替代。

在农村更为凸显的是电力公共品供给，其发展历程正体现了技术手段对乡村组织类执法功能的替代。2016年以来，国家进行农村电网改造升级，按照“布局合理、技术先进、安全可靠、节能环保、抗灾能力强”的新型农网建设要求，全面解决电网安全等问题，使农村居民生活用电得到较好保障，农业生产用电问题基本得到解决。在农村电网改造中，将农村的老旧机械电表换成了先进的智能电表。

第一，降低电价成本，保证用电安全。以前的农村电网较差，由于电路老化，线损大，部分地区损耗率高达40%，浪费了很多电力资源。在传输过程中损失的电力，相应成本会平分到电费中，无疑加大了电力成本。电网升级改造后，减轻了电力损耗，电力成本下降，电费随之下降。电网改造后，保证了人们用电安全与电网安全。在过去，农村电网需要基层干部和电工日常维护，村民搭线偷电的现象较为常见，且不容易发现。现在这种管理环节大大减少，基层干部普遍从管理中退出了。

第二，电费更加透明，方便收取。在过去，在农村电费需要由村干部或电工按月读表收取，增加了矛盾和成本。使用老电表的时候，先读表后交费，村干部或电工的管理空间较大，存在电费加价或平摊等不合理要求。同时，村庄内的偷电行为也难以管理。改造电网后，电力消耗公开透明，上述管理问题被全部解决。统一标价，智能收费，村民可自由用电。在电网改造后，新型电表会更加精准地统计出每家的用电情况，避免了人工抄表不及时、抄错、漏抄的情况，村民可以随时了解家里的用电情况，同时有效防止偷电漏电，让用电数值更加公开化。因为，原来的电表都是计数的，敏感度不够，使用小功率电器电表可能不会转动，而新式电表更加精准，轻微的电量都能被感应到。

相比于自来水费的收取，农村电费的收取就容易得多。因为，在国家电网的项目资金支持下，每户安装了职能预付电表，欠费后自动断电在技术上导致村民无法“搭便车”，这是典型的通过技术手段来替代乡村组织的监督、管理等“类执法”功能。当然，技术手段的替代是需要成本的。如果自来水项目成本不受制约，也可以使用与城市自来水工程相同的技术标准，从而替代乡村组织的类执法功能。然而，这只是假设。由于自来水项目经费拨款有限，无力为村民安装智能水表，智能水表也极容易因管网技术标准不高而被规避，因此很难通过技术手段改进去规范村民的用水行为。

（二）难替代的公共品供给

技术手段难以替代乡村组织的类执法功能，农田水利灌溉是更为典型的农村公共品供给例子。与农村自来水供给相比，农田水利灌溉对乡村组织的要求更高。在水管道铺设完成以后，自来水由水厂供给，乡村组织只需要负责管理和收费并防止管道遭到破坏。而在农田水利灌溉中，需要乡村组织动员村民合作起来，共同去供给水利，还要在此过程中收费、管理，其收费的难度、管理与维护水渠的工作量和难度，都比自来水供给更高，乡村组织的功能更加不可替代。

第一，水利设施的管理与维护。在南方的水稻种植区，平原和低丘陵地形较为常见，水利设施包括水库、电力灌溉站、泵站、机台和堰塘等。低丘陵地带最典型的水利体系呈现“长藤结瓜”的样态，干渠是藤，塘堰、小水库是瓜，大型水库、泵站则是长藤的根。其中的“根”和“瓜”都是水利设施。例如，G县共有一级提灌站有3个，大型水库有2座，中小型水库有200多座，其他诸如中小提灌站、河坝、塘堰等水利设施共20000多处。大中型水利设施往往有专门的管理机构，例如较大的水库会成立水库管理局，较大的电力灌溉站、泵站等也会有相应的管理机构，而较为小型的设施一般由乡镇或村庄管理。这些水利设施大多数都是兴建于20世纪50至70年代，之后虽然几经修补但是很少有翻新重建的，由于多年缺少必要的维护而存在质量差、隐患多等问题。税费改革后，随着乡镇财力的衰减，许多乡镇管理的中小型水利工程处于废置状态，小微型的水利设施则由村庄管理。目前，在全国多数地方，村庄管理的水利设施几乎处于自生自灭的状态。由于缺乏维护资金并且欠缺管理人员，G县很多中小水利设施长期处于年久失修甚至是空库运行的状态。为了改变这种现状，有的地方对中小水利设施实行市场化改革，将中小水利设施的所有权、使用权、经营权、管理权中的部分权利或者全部权利向市场以及私人开放，面向社会进行拍卖、租赁、承包，或鼓励下乡企业对其进行融资与管理，希望通过拓展投资主体的方式来改变目前“有人用，无人管”的难题。这种改革有成功的，但多数是失败的，形成了“市场困局”，原因不在于水利设施的管理，而在于水利设施与村民的对接缺乏足够的组织框架，即乡村组织未能承担起应有的功能。

第二，水渠维护与用水动员。水渠也属于水利设施，有着水利设施维护所面临的相同问题。如果大中型水利设施能够有效运转，大的干渠和支渠的维护大体上也是没有问题的，它们本身就属于大中型水利设施的附属部分。问题在于，在不少地方，大中型水利设施可以提供水利供给，水却无法进入田间地头，村庄的“最后一公里”出现了问题，从而导致大中型水利设施无法与村庄对接，其中的关键在于水渠的维护和用水的动员。水渠维护的意义在于确保水利设施的水可以放到田间地头，用水动员则确保大家能够“一条心”。无论是水渠维护，还是用水动员，其核心都是将有用水需求的农户组织起来。从目前农村的实情看，除了乡村组织之外，没有其他组织能够解决这一难题。税费改革后，一事一议制度几乎成为乡村组织村民自行筹资筹劳供给农村中小水利设施、管理维护水渠的唯一制度内供给方式，这也是村民自治制度在农村公共物品供给问题上的具体体现。但是，随着农村“原子化”程度不断加深，以及《一事一议筹资筹劳管理办法》的不切实际，这一制度几乎毫无用处。因为，动员型民主治理在决策形成后，需要动员所有人筹资筹劳，容易走向因少数人反对而失败的“少数决”。动员所有可能受益的村民进行水渠维修或一起引水灌溉，对所有村民都有利，但是由于每个人可以从中获得的利益并不均衡，由此可能导致争议。这种不均衡在农户与农户之间存在，在村民小组之间也存在，在村与村之间同样存在。如何支付成本会成为争议的核心，这本身就难以计量。此外，还有一些村民可能不想支付任何成本，而指望其他人支付成本后直接“搭便车”。即使口头上达成一致意见，具体实施时能否保证落实同样存在问题。大中型水利设施必须与一定规模的农户对接，不太可能与某一户农户对接，甚至不太可能与几个村民小组对接，因为对接规模过小会导致其运转成本高。这种情况下，如果乡村组织不能强有力地发挥功能，这种动员几乎无法完成。在目前的状况下，农村其他任何组织几乎不可能替代乡村组织来承担这一功能。

第三，用水秩序的维护。如果水利设施正常运转，村民又可以动员起来，水可以灌溉到田间地头，用水秩序的维护本身也离不开乡村组织。灌溉用水体系永远存在上游与下游的关系，上下游所处的位置和水利条件天然地有所差异，它们之间始终存在矛盾，这就是奥斯特罗姆所谓的“非对称性”。在灌溉系统中，上下游因为“非对称性”，会存在对水资源的分配问题，也存在灌溉系统的维持问题。分配涉及当下的用水公平，而是否能维持公平，又会影响灌溉系统的长期维系。上下游关系存在于乡镇之间、村与村之间、小组与小组之间、田块与田块之间、农户与农户之间，因此需要不同层级的组织力量进行协调。乡镇之间的关系需要县级政府来协调，村与村之间的关系需要乡镇来协调，小组之间的关系需要村干部来协调。在税费改革之前，上下游的关系处在政府管理之下，村是水利灌溉的基本利益单位，上下游的矛盾可以由不同村的村干部协商解决，协商不成的则由乡镇干部进行处理。税费改革之后，乡村组织体系有所弱化，参与水利协调事务越来越少，力度越来越弱。在用水秩序中，由于地理位置上的原因，下游必须从上游过水，在良好的秩序下，乡村干部必须保证上游农户不偷水，沿途的水渠不漏水。但是，上游农户天然倾向于利用优势条件“搭便车”，希望渠道漏水，甚至不惜破坏水渠。由于有此优越条件，在灌溉动员中，上游农户就不会倾向于协作买水，而倾向于等待下游农户动员灌溉后“搭便车”，充当“收费站”。如果上游农户总是“搭便车”，下游农户支付的成本过高，或者仅仅因为心里不平衡，而选择退出灌溉系统，那么上游农户早晚也会逐渐变成下游农户，他们不可能再指望充当“收费站”，而单独使用灌溉系统成本越来越高，最终只能逐渐退出灌溉体系。这是各地“小水利”兴起的逻辑，因为乡村组织一定程度的退出，“大水利”设施的协调成本过高而被人们放弃，人们宁愿支出更多的成本来挖井灌溉，因为这不用与其他人协调，是单门独户可以处置的。由此可见，乡村组织在灌溉系统中的位置几乎无可替代。

从理论上讲，农田水利灌溉中，有一种技术可以替代乡村组织的功能，那就是类似于滴灌的技术：用类似于城市自来水系统的高质量工程，将每一块农田通过自来水管与水源相连，以自来水的方式对农田进行灌溉。但这需要耗费巨量的成本，中国的农田灌溉普遍实施类似这种制度不具备现实可能性。

第五节　理论延伸

一、定义与特征

公共物品是指增加一个人对该物品的消费，并不同时减少其他人对该物品消费的那类物品，由美国经济学家萨缪尔森于1954年首次提出来。弗里得曼1986年指出：公共产品一旦被生产出来，生产者就无法决定谁来得到它。“纯公共物品”具备两大特征：（1）非竞争性（主要特征），指某种公共物品一旦被提供，增加一个人的消费并不增加任何额外成本，也就是增加一个人消费的边际供给成本为零。这一特征强调了集体提供公共物品的潜在收益。（2）非排他性（派生特征），指一种公共物品一旦被提供出来，要排除一个额外的消费者在技术上不可行，或者尽管技术上排他是可行的，但这样做的成本过高。这一特征指出了通过市场机制提供公共物品的潜在困难。

公共物品可分三类：第一类是纯公共物品，即同时具有非排他性和非竞争性，如国防、公共安全、消防、政策、制度、法令等。第二类是俱乐部物品，其特点是消费上具有非竞争性，但可较轻易地做到排他，产业集群公共产品最为典型。

第三类是共同资源或公共池塘资源物品，与俱乐部物品刚好相反，即在消费上具有竞争性，但无法有效地排他，如公共草地、公共停车场等。后两者被称为“准公共物品”，不同时具备非排他性和非竞争性。准公共物品到达“拥挤点”后，每增加一个人，将减少原有消费者的效用。

二、类型与性质

农村公共品的范围很广，至少包括道路、农田水利、饮用水、生活环境治理、电力供应、农业技术推广等。这些公共品的性质各有不同，供给的主体和方式多样。哪种最为合适，取决于众多因素。近年来，学界多数学者主张以市场方式解决农村公共品供给问题，也的确影响到了政策实践。从中央到地方相继出台了很多市场化改革的方案，涉及农村公共品供给的不同方面，其中一些改革较为成功，但也有很多改革并不成功。农村公共品供给涉及的范围很广，至少包括道路、农田水利、饮用水、生活环境治理、电力供应和农资农技等。它们具有不同的性质，有的是纯公共品，有的可以成为俱乐部产品，有的是公共资源产品；它们可能以不同的方式供给，有的应该政府供给，有的可以由企业供给，有的需要政府与企业合作供给；不同的供给方式，乡村组织在其中发挥着不同的功能。具体见表5-1所示。

表5-1 农村公共品

公共品名称	公共品类型	公共品性质	有效供给方式	乡村组织功能
道路建设	纯公共品	非排他性、非竞争性	政府项目	动员、类执法
农田水利	公共池塘资源	非排他性、竞争性	组织化供给	类执法
饮用水供给	准公共品	排他性、非竞争性	政府或企业供给	类执法
垃圾治理	纯公共品	非排他性、非竞争性	村庄、政府或企业供给	类执法
电力供应	准公共品	排他性、非竞争性	市场供给	无关
农资农技	俱乐部产品	排他性、非竞争性	市场供给	无关

农村电力供应是准公共品，它按市场化方式供给，这是技术进步的结果。在电力供应中，技术进步使得准确计量的成本降低，也大大降低了公共品的排他成本。准确计量技术的落后会使公共品的排他成本较高，容易产生浪费现象，导致

“公地悲剧”①，因此需要专人监督（电工），而这种监督权力又可能导致腐败（乱收费），人们被迫共同承担更多的成本。采用更加精确的计量工具之后，消费量均可被更准确计算，无须乡村组织进行监督，成本降低，可以交由企业供给。

目前，农资供应和农技推广是俱乐部产品，可以市场化的方式由企业或个体工商户来供给。随着“良种良方”推广任务的完成，国家农业技术服务逐渐从农民农业生产中撤出，仅承担公益性农技、病虫防疫等主体责任，鼓励农业经营主体、农业企业、社会组织等进入农业生产领域，以市场化服务的方式回应经营性农技需求。农资流通遵循市场逻辑，农资供应商品化，农技推广在基层往往只是搭农资买卖的便车。农资购买包括对技术服务的购买，乡村农资经销店成为集农技和农资于一体的打包服务者，农资经销实现农业技术与农民生产者的直接有效对接。从事农资销售时，农资经销商会对种子的使用、化肥的用量、病虫药品的配比等农业技术问题做出详细说明，也会按照农民的具体需求和种植情况提供准确的产品，并做出质量承诺。农资供应和农技推广捆绑，通过市场经营的方式向农村提供公共品供给，是新的历史条件下国家与市场边界的重新划定，其效果不一定是最有效的，但至少对经营性的农资和农技是可以有效运行的。

乡村道路建设，是典型的纯公共品。（1）它具有非竞争性。每个人或车在路上行走或行驶，并不影响其他人和车，大家可以利益共享。（2）它具有非排他性。在乡村内部，任何人不能独占专用，不能排斥其他人和车对道路的使用。（3）它具有不可分割性。一旦公路修成，没有出钱出力的人也可以使用，无法从技术上排斥他们。乡村道路的建设，往往由各级政府通过不同的项目来落实，县乡级以

① 公地悲剧指的是个人为追求利益最大化而过度开发公共资源，最终导致资源被损耗殆尽。公地作为一项公共资源或财产，每一个人都有使用权，但没有权利阻止其他人使用，而每一个人又倾向于过度使用，从而造成资源的枯竭。亚里士多德曾说：“凡是属于最多数人的公共事物常常是最少受人照顾的事物，人们关怀着自己的所有，而忽视公共的事物；对于公共的一切，他至多只留心到其中对他个人多少有些相关的事物。”公共资源指的是非排他性但具有竞争性的部分公共物品，著名的公共资源悲剧问题，即哈定悲剧。该问题是经济学中的经典问题，也是博弈论教科书中必定要讨论的问题。公地悲剧的事例：一群牧民面对向他们开放的草地，每一个牧民都想多养一头牛，因为多养一头牛增加的收益大于其购养成本，是合算的，但是平均草量下降，可能使整个牧区的牛的单位收益下降。每个牧民都可能多增加一头牛，草地将可能被过度放牧，从而不能满足牛的食量，致使所有牧民的牛均饿死。

上的道路直接由政府拨款修建，村级公路大多由上级政府以项目的方式筹资修建，但政府往往不会承担项目的所有支出，而需要村庄按照“谁受益、谁筹资”的原则，以“一事一议”的办法，需要先凑齐部分费用再行立项拨款。因此，在乡村道路建设过程中，需要乡村组织的协助。

乡村组织需要动员村民并收取费用，然后再向政府部门争取项目落地实施。这个过程中，乡村组织需要发挥强有力的作用，需要对所有利益主体进行动员，动员所有的利益相关方愿意筹资。这些工作存在困难，因为村民不再具有高度的同质性，而是发生了很大的分化，不同农户之间在收入水平、利益倾向、生活面向等都存在差异，动员集体行动面临困难，少数人的拒绝可能产生扩大效应，使得集体动员失败。此外，在修路过程中，可能会发生占用村民承包地或宅基地的现象，因此需要乡村干部与村民协商解决。在现实中，总是可能有部分村民，即使可以从道路中受益也不愿意合作。此时，需要村干部说服相关农户，避免其成为“钉子户”，进而清除项目落地障碍。不过，道路建设是一次性的，项目完成之后，几乎无须乡村组织持续发挥作用。当然，如果政府能够足额投放道路建设的项目资金，乡村组织需要发挥作用的空间就会缩小。如果政府修建乡村道路也用土地征收的办法，那就相当于不用村民自治而用法律的方式解决“钉子户”问题，如此就无须乡村组织在其中起作用了。

美好生活环境是一种纯公共品。（1）它不具有竞争性。属于利益共享的产品，不会因消费人口的增加或减少而变化，在给定区域内人口的少量增加也不会影响其成本耗费。（2）它具有非排他性。村庄一旦有了美好生活环境，任何人不可能因为自己享受了就排斥其他人的享受。（3）它具有不可分割性。虽然垃圾的治理是从点到面的，但在一定地域范围内，美好生活环境需要向整体的社会成员提供，同时也是强制一定区域内的人消费。具体到农村生活垃圾治理，可以由村庄自行解决，也可以政府出钱而由企业解决。村庄自行解决，可以通过村民自治的方式将村民动员起来，“人人自扫门前雪”，也可以雇佣专门的清洁人员负责打扫、分类、清运等。政府解决，无非是出钱让企业负责打扫、垃圾分类、清运等。无论如何解决，这个过程都离不开村民的配合。而村民的配合，需要乡村组织的介入，需要乡村干部的教育、说服、协调、奖励、惩罚等。只有把村民的主体性都调动起来，才能降低生活垃圾治理的成本。当然，待村民的文明素质提升了，维护环境卫生的自觉性相当高，完全可以配合企业对垃圾分类、清扫的要求，那时乡村组织可能就不需要发挥此类功能了。

农田水利属于公共池塘资源。（1）它具有非排他性。人们共同使用水利资源系统，包括水利设施和渠道系统，难以分割开来。（2）它具有竞争性，人们分别享受水利资源，每个田块都有自己的用水需求，一旦使用就不可能再给其他田块使用。正如奥斯特罗姆所言："一个资源系统可以由多于一个的人或企业联合提供和（或）生产。占用公共池塘资源单位的实际过程可以由多个占用者同时或依次进行。然而，资源单位却不能共同使用或占用。"况且，"要把资源系统的一个占用者排斥在资源系统本身的改进之外，成本会很高（在一些情况下是不可行的）"。人们需要通过合作来使用资源系统，但具体的资源却是稀缺的，特定资源单位不能共同享有。水利系统与这个特性相同，不能分解水利资源系统，只能在合作维持水利资源系统的基础上，按照一定的规则和顺序使用易于消耗的水利资源。作为公共池塘资源，可以按照"谁受益、谁付费"的市场化原则进行供给。

然而，水利体系自身的特性会使市场化经营受到限制。受地理条件的限制，水利的供给往往不具有竞争性；受气候条件的影响，水利供给的市场需求受到制约而易于变动。更为严重的是，渠道体系的存在和特性，制约了买方和卖方的交易行为。换言之，由于有渠道体系，需要水的农户不一定能够顺利从供给方那买到水。因为，渠道体系的上游有很多有类似需求的农户，他们可能将农户购买的水"截流"，成为潜在的"收费站"，"截流"的原因和方式包括渠道渗漏、悄悄破坏渠道、公然拦截水流等。同时，水利系统的使用还存在动员需求，因为稍大水利资源一般不会直接与单个农户对接，而只能与一定面积的农田的集合组织对接，包括乡村组织、农业经营公司。乡村内部一定面积的田地集合起来与水利资源系统洽谈水资源交易，需要组织者，而乡村组织是最有效率的组织。目前，各地成立的用水协会，在力量上也是合适的组织，但必须是地块内所有农户都加入协会。如果有农户游离于协会之外，用水协会无法实施强制，游离在外的农户很容易瓦解整个水利洽谈的集合体，使得用水的集体动员失败。要避免这类现象发生，就必须在整个渠道和水利体系中加入强大的组织力量，目前只有乡村组织可以承担这一重任，可以促进农户合作维持水利资源系统，维护用水的规则和顺序等。缺乏乡村组织的介入，政府和企业都很难靠自己的力量去解决这类问题。

自来水属于准公共品，目前按照市场化方式，由企业进行供给。在自来水供给中，受农村公共品财政投入的限制，管道建设的技术标准不高，使得公共品的运行成本抬高。从市场经济的角度看，自来水供给的运行成本应当由企业承担，这才符合市场经济的基本原则。然而，完全按照市场经济原则，由于农村自来水运行成本过高，资本和企业可能会逃离这一领域。这也正是农村自来水是政府投资的企业进行经营的原因。为了尽量降低成本，就应当由乡村组织在其中发挥功能，进行监督和管理，从而从总体上降低自来水供给成本，给政府和政府投资的企业减低资金投入压力。如果未来相关的自来水管道材料成本降低，水表计量精确度提高，也许到时候无须乡村组织参与管理，政府支持的企业就可以独立运营。

三、“搭便车”难题

公共品供给中最关键的问题是“搭便车”，因为每个人总是倾向于自己的利益最大化，倾向于不参与公共品的提供而享受公共品的收益。因此，公共品供给中要重点解决的问题就是遏制“搭便车”行为。村庄公共品供给的一致意见如果达成，对村民全体最有利，但“搭便车”对村民个体最有利。如果没有强制力量介入，“搭便车”的冲动和行为便得不到抑制。尤其是在水利供给中，“搭便车”行为虽然给个别村民带来了“小利”，但对于全体村民来说，他们都失去了“大利”。

“搭便车”自古以来就是村庄中需要克服的问题。传统熟人社会通过村庄舆论、社会关系放逐、村庄（宗族）暴力三种惩罚方式，基本解决了这一问题。新中国成立后，国家将组织体系延伸到农村熟人社会的最基层，直接组织村庄进行公共品供给，“搭便车”几乎不构成问题。改革开放以后，乡村治理体制有所转型，国家权力逐渐从农村社会退出，“搭便车”问题逐渐凸显出来。

“搭便车”行为无疑是对村庄共同体的否定，其后果是遭到惩罚。一个极端例子是，巴厘岛上雷瑞格的悲剧，“脱离了协议共同体，就意味着等待死亡”[1]。中国村庄里“搭便车”者的命运虽没有雷瑞格那么悲惨，但他们也会很快成为村里“抬不起头”的边缘人物。这样，从“搭便车”中得来的利益很快在惩罚面前显得得不偿失，惩罚因而可以抑制其他村民的“搭便车”冲动，抑制“搭便车”的连锁效应。

① ［美］克利福德·吉尔兹：《地方性知识：事实与法律的比较透视》，载梁治平编《法律的文化解释》（增订本），生活·读书·新知三联书店1994年版，第85页。

第六章　农田水利建设

在税费改革、水利市场化改革和乡村治理体制改革的综合作用下，G镇陷入了集体“大水利”无法利用的“反公地悲剧”，其后果是个体“小水利”的兴起。现有农田水利治理体制未能充分估计水利体系的特性，未能克服水利体系的“非对称性”和“反公地”特性。农田水利所需的动员型合作在高贴现率社区中本来就难以达成，村庄文化激励和承担协调成本主体的缺失，进一步使水利合作格局崩盘。高收益的水利合作无法达成，高成本的“小水利”最终成为农民走投无路的选择。政府应当提供制度供给，将分散的农户重整为可以协商的利益主体，引导农民走出困局。

第一节　案例介绍

案例

G镇所在的S县地处鄂中腹地、江汉平原西北部，东邻汉江；地表以低丘陵为主；农民主要种植水稻、油菜、棉花，农业生产主要受干旱威胁。S县水源条件很好，水利设施完备，各种水利工程如果有效运行，总灌溉面积是全县耕地总面积的3.5倍。G镇在20世纪80年代初就形成了以漳河水系和大碑湾水系为后盾，中小型水库和电力灌溉站为骨干，小型堰、垱为基础，大、中、小相结合，蓄、引、提相配合的灌溉供水体系。在G镇，大部分耕地既在漳河水库灌区之内，又在国家大（二）型电力网灌站——大碑湾泵站灌区之内。镇政府还在水源条件不太好的X村兴建了泵站，彻底解决了包括X村在内共四村1.2万亩农田的灌溉问题。G镇还修建了4座小（一）型水库，14座小（二）型水库。此外，几乎每个村组还有机台、塘堰等小型设施。整个水利体系呈现“长藤结瓜”的样态，干渠是藤，塘堰、小水库是瓜，大型水库、泵站则是长藤的根。

坐拥如此好的水利条件，大部分农田可以从多处引水灌溉，几乎每个村既可以利用漳河水库、泵站等“大水利”，也可以利用村组内的小型水库、堰塘等“小水利”就近提水。然而，在气候没有大异常的情况下，G镇乃至S县干旱程度逐年加深。农民将“大水利”闲置不用，而热情高涨地修建个体“小水利”。G镇的大部分村庄原本依靠大碑湾泵站，而2003年之后大碑湾泵站陷入“卖水”困境，挣扎了几年之后，终于在2007年停止向农田供水。2010年，全镇还在使用的小（一）型水库仅有4座，小（二）型水库仅有7座，它们的灌溉面积已大大缩小。大中型水利设施利用率极低，甚至出现大中型水库满水而水库大坝之下的农田“望水旱死”的“壮烈”局面；农民无法利用大型水利设施，争相建设小型水利设施，打井抗旱，争夺地下水而任由地表水浪费流失。这些信息表明，S县农田水利已经陷入非常危险的困境。

就大型水利设施而言，大碑湾泵站在2003年即遇到“卖水难”困境；2004年，泵站与灌区内的有些村组达成为期两年的承包抽水协议。这个协议体系甚至没有完全启动就失败了。2004年，协议面积有4万亩，但最后交钱的面积只有2万亩。Y村和H村因未参加协议体系，2005年有2000多亩稻田颗粒无收。经历了两年的“回光返照”后，2006年后大碑湾泵站不再抽水，彻底陷入“反公地悲剧”。X村泵站的情形与此类似。2002年，泵站就陷入“卖水难”困境。2003年，当地发生一场大旱灾，农民损失巨大。2004年，泵站进行了改制实验，由需要用水的各个村组推选出代表，组成泵站民主管理委员会。实验启动之后，泵站有效运行了两年，在2006年也正式宣告“死亡”。

不但跨村的大中型水利设施陷入困局，村组集体的小型水利设施也陷入类似的“反公地悲剧”。那些在使用时需要投入一定成本、需要收取水费的小型水利设施，如小型泵站、机台、收费水库等，其困局与大型水利设施遇到的类似。那些在使用时几乎不需要投入成本、不需要收取水费的小型水利设施，如村组内的公共塘堰、水库等，由于缺乏管理（村民小组长已取消），很快就变得无用。与其无用，不如抢占、瓜分，自发的“私有化”于是开始。村民一哄而上，每人在其中挖一个“小洞”，或筑起小堤，一口塘堰很快就被分成数口，甚至数十口小堰。塘堰被瓜分后，蓄水功能大大弱化。

“大水利”大多陷入“反公地悲剧”。农户必须寻求新的水资源，因此掀起了挖堰打井的高潮。有些农民没有抢到塘堰，就在自己的责任田里挖一个小塘堰。全镇共有堰塘1000多口，仅2006年后就新挖了500多口。从2006年起，市政府开始实行“以奖代补”政策，挖一个万方大堰的农户（大约需要1万元），政府补贴5000元。G镇共挖了50口万方大堰。国家最初的想法是让万方大堰成为集体水源，让水资源在市场中交易。然而，集体水资源在交易中可能遇到的问题，个体水资源同样也会遇到，因此实践中个体农户挖的塘堰最后一般用来养鱼了。

在大中型水利设施崩溃的背景下，堰塘只能通过积蓄雨水起到辅助作用，要解决水源问题，还是必须打井。面对“大水利”的“反公地悲剧”，打井像是农民抓到的“最后一根稻草”。依靠这根稻草，他们暂时让田里有了水。然而，打井灌溉的出现，显然加速了“大水利”体系的崩溃瓦解。农民找到了新的水源，退出原有灌溉体系的决心就更容易下，也更坚决了。过去人们对公共水利设施的维护毫不在意，如今人们则是主动去破坏这些设施，因为它们“没用”了。大水渠被农民加大挖成了小塘堰，小水渠被农民填平用来种庄稼，泵站、机台则被人“偷”去卖废铁。这样，在大旱年景，即使政府将水送到村前，水也流不进田地。

S县已经是“户户打机井，家家有堰塘”，景象颇为“壮观”，G镇共有7000多口机井。如果打井抽取的地下水可以源源不绝、永不断流，那么农田灌溉问题也可以得到一劳永逸的解决。然而，打井陷入恶性竞争，地下水水位持续下降。为了抢占地下水，井越打越深，灌溉成本越来越高，风险也越来越大。一户打了50米深的井，周围40米井就无水可抽；同村里最深的井一抽水，其他的小井就抽不到水。这造成很多水井已报废。位于原有水系末端，最早开始打井灌溉的村庄，几乎都有几十口报废的深井。此外，还有很多深井处于半报废状态，它们一到用水高峰期，就干枯无水。如果打井的势头不能得以控制，再过些年，很难想象G镇还可以继续打井灌溉。在一些地下水资源不好的村庄，深井打了近100米也不见水，农民就只好将水田改作旱地。

国内对农田水利问题的既有研究多从效率着手，认为水利设施的运作效率低下，原因在于产权不明晰，因此主张建立市场化的水利投资与管理机制，对水利设施予以拍卖、租赁、承包，让水利单位成为自负盈亏的市场主体。这种观点一度主导了S县农田水利改革的进行，其理论资源局限于经济学领域中的"公地悲剧"和产权学派的应对观点①。G镇X村泵站的实验措施突破了简单的市场化方案，部分水利设施由资源的共享者通过"自组织"进行自主治理。这些措施的理论资源源于奥斯特罗姆的"自主治理"理论。②"自主治理"模式虽然在一段时间内缓解了水利困境，但并未取得完全成功。"自主治理"模式的适用性及其深层次的问题，需要进一步的讨论。农田水利中不仅仅存在"公地悲剧"，更是存在"反公地悲剧"。产权学派以为，只要创造明晰的产权，所有者就可以在市场交易，将资源转移到价值更高的用途上。然而，被私有化的产权却可能变成难以利用的"反公地资源"。反公地资源中存在许多拥有者，每个拥有者都有正式的或非正式的权力为其他人使用该资源设置障碍，每个拥有者又都无法完全排除其他人的干扰，从而导致资源的闲置或使用不足，于是出现"反公地悲剧"。"反公地悲剧"的发生，是由于产权和政府控制过于零散，难以实现有效整合。G镇的案例揭示了"反公地悲剧"现象在农田水利中的广泛存在。

第二节　现实背景

中国的国情不同于西方。中国的村庄规模，人口数千人，土地数千亩，人均耕地1—2亩，户均10—20亩耕地。这种规模比西方国家一个家庭农场的规模还要小。在西方国家中，家庭农场的水利供给可能属于私人物品问题，而水利供给在中国农村则一定属于公共物品问题。每个中国农户无法独立解决水利问题，水利

① ［美］科斯、阿尔钦、诺斯等:《财产权利与制度变迁——产权学派与新制度学派译文集》，上海三联书店、上海人民出版社1994年版。

② ［美］奥斯特罗姆:《公共事物的治理之道》，余逊达、陈旭东译，上海三联书店2000年版。

问题属于农村经济组织需要面对的核心问题，它依附于集体土地，需要村庄集体统筹和村民合作解决。只要中国村庄的格局不变，中国农户经营规模不变，水利的核心地位就不会动摇。而在农田水利市场化改革后，政府从农田灌溉领域退出，农民用水缺乏统一管理，每个村组、农户都成为独立的利益主体，可以为其他人用水制造障碍，大中型水利设施因此变得无法利用，陷入“反公地悲剧”。困局的出现不仅与市场化改革相关，还与乡村治理体制的变迁密切相关。因此，乡村治理研究是观察农田水利的可行视角。

在人民公社时期，水利工程由政府和公社组织建设，水利供给由公社和水利工程单位共同负责，人民公社、生产大队、生产小队分级管理和协调。从总体上讲，水利供给是高度行政化的。灌区的主干渠道由水利工程单位负责管理，末端渠系由生产大队和生产队分级管理。用水也根据水利工程规模和灌区大小，由人民公社、生产大队、生产小队分级协调，协调既包括与水利工程单位就用水进行沟通，也包括与周边相应公社、生产大队或生产小队进行合作。

改革开放后，逐渐实行水利工程有偿供水制度。1985年，国务院发布了《水利工程水费核订、计收和管理办法》，规定农业水费实行基本水费加计量水费的制度，粮食作物按供水成本核定水费标准。在实践中，灌溉水费一般以“共同生产费”的名义与农业税“搭车”收取，由乡镇收取农业税费时一并收缴，再转交给水利工程单位。水利工程和灌溉渠道的维护，则实行劳动义务工与积累工“两工”制度。县乡村范围内的农田水利工程和设施的兴建、维修、改造、维护等，都由乡村基层组织完成。劳动积累工实行“谁受益谁负担”的原则。具体到渠道的管理，与人民公社时期其实类似，原由生产大队、生产小队管理的渠道，仍由村集体和村民组负责管理。由于有水费和“两工”制度作为基础，水利供给状况良好。

改革开放后很长一段时间，与水利工程单位对接的用水单位都是村组集体，这与人民公社时期的情况基本类似。在灌溉用水时节，乡镇干部会主持用水会议，各村的主要干部在一起协商，决定统筹用水。在村集体范围内，村干部可能召集村民组长开会协商各小组的用水。小组范围内，则由组长与村民协商具体用水安排。村委会根据全村情况收取共同生产费，从中支付灌溉用水费用。水费的收取有的以村集体为标准，有的以村民小组为标准。由于有些村内不同小组水源条件不同，各个村民小组的水费支出可能有所不同。村民小组由人民公社的生产小队演化而来，一直是一个基本的生产单位，地域范围和人口数量不大，水利条件通常较为类似。这一时期，村民之间用水矛盾不突出，但村组之间的矛盾有时候较为突出，主要表现在灌溉系统中上下游村组之间的关系。村组是水利灌溉的基本利益单位，上下游之间的矛盾可以由村组干部协商解决，或在上一级乡村干部的协调下解决。

取消农业税后，过去与农业税“搭车”的各种税费不能再收取，水费也不能再以共同生产费的名义收取，农村集体经济组织统筹农业生产的能力急剧下降。与此同时，土地权利的破碎化，也导致了水利供给系统的破碎化。土地集体所有权一旦虚化，每个农户的土地承包权都具有独立性，一个村组的水利供给就变成了数十、上百甚至成千个农户博弈的事务，在乡村组织退出水利事务的日常管理的背景下，协商成本极高，农户们几乎难以达成一致意见。因为依赖水渠的灌溉体系在上下游之间具有不对称性，灌溉体系上游农户天然地倾向于利用优势条件“搭便车”，下游农户会发现上游每个农户都可能是潜在的“收费站”；又由于村组组织缺乏协调的动力、意愿和能力，下游农民只能不断退出水利公共供给体系，防止“搭便车”，最终导致整个水利供给体系的崩溃。

在此背景下，政策寄希望于甩开村集体经济组织和乡镇政府系统，通过用水合作组织来解决问题。2002年，国务院批准转发的《水利工程管理体制改革实施意见》提出积极培育农民用水合作组织，改进收费办法，减少收费环节，提高缴费率。在之前农民负担重的背景下，这一实施意见对乡村组织收取水费采取防范的态度，提出“严格禁止乡村两级在代收水费中任意加码和截留”。2005年，《关于加强农民用水户协会建设的意见》发布，期待农民用水户协会“以服务协会内农户为己任，谋求其管理的灌排设施发挥最大效益，组织用水户建设、改造和维护其管理的灌排工程，积极开展农田水利基本建设，与供水管理单位签订供用水合同，调解农户之间、协调农户与水管单位之间的用水矛盾，向用水户收取水费并按合同上缴供水管理单位”。2014年，《关于鼓励和支持农民用水合作组织创新发展的指导意见》发布，继续沿袭上述思路。

实践证明，上述思路在农村的实践效果并不好，农户和农村集体无法与水利体系完成对接，农业地区的用水矛盾未能缓解。2002年G镇所在的市试行税费改革后，村一级不能再统筹收取共同生产费，而由各村民小组成立用水用电协会，自主决定共同生产费的收取和使用。水利管理体制也相应改革。2003年初，市政府发布《农业灌溉管理改革试行意见》，“推行小型水利设施产权制度改革，对供水单元较小的渠系、水库、泵站等独立灌区，进行公开承包、租赁或拍卖，将灌区的管理权、使用权移交给水管单位职工或群众。灌区经营权拍卖、租赁或承包后，灌区经营者负责灌区的配套、维护和用水管理，按照市场机制运作，水利、物价等部门对其供水收费情况予以监督”。这标志着基层政府从农田用水领域退出，水利设施单位直接与农民进行用水谈判。然而最后的结果是农田水利陷入“反公地悲剧”。

第三节　成因分析

一、反公地悲剧的客观因素：水利体系特性

（一）水利体系的“非对称性”

在《灌溉系统自主治理与不对称问题的解决》一文中，奥斯特罗姆、加德纳提出水利体系的“非对称性”问题，这体现在上游与下游的关系中。上、下游所处的位置和水利条件天然地有所差异，它们既存在对水资源的分配问题，也存在灌溉系统的维持问题。上游农民可能采取不顾及下游农民的行动，这样，下游的农民也不愿意对灌溉系统进行长期的维护。这会导致产出低于最佳产出，系统也得不到充分维护，上、下游都不愿意这种结果出现。因此，灌溉者有充分的理由摆脱自然状态，并重新构造他们自己的系统，设计需要遵守的规则。

G镇的水利体系显然存在这种“非对称性”，在用水时会遇到上、下游的关系问题，用水顺序、用水量都可能存在争议。税费改革之前，相对于大中型水利设施，基本用水单位是村组集体。泵站、水库及其管理段的水利干部，在用水之前会集中各村村支书开会，商讨用水事宜，决定用水统筹安排。散会之后，

各村支书又会召集村民小组长联席会议，决定各村民小组的放水安排。村委会根据全村实际需要提取共同生产费，由共同生产费统一支付农业生产的用水开支。每年政府要求水利管理部门先放水，待秋后再与各村组算账。这种用水模式下，水利体系的“非对称性”得到了最大程度的克服。但是，有的村质疑，水利条件不同的村不应该承担同样的水费。因此，2001年，市里规定共同生产费不得再以村为单位收取，而必须以村民小组为单位收取，自收自支，多用多收，少用少收。这看起来似乎更合理，实际上却使水利体系的“非对称性”得以凸显。水利灌溉的单位从村变成村民小组，使得水利体系中的利益主体数量一下子变成了原来的十多倍（每个村都有十多个村民小组），水利灌溉过程中的协商成本陡然增加。

税费改革之前，上下游的关系处在政府的管制之下，村是水利灌溉的基本利益单位，上下游的矛盾可以由不同村的村干部协商解决。在G镇，处在大碑湾泵站最末端的村庄，其村支书也只需要与数个村支书协商。税费改革之后，村民小组成为水利市场中的利益主体，这意味着村民小组要从泵站取水，至少要和上游几十个村民小组协商。在政府退出的背景下，其协商成本极高，达成一致意见几乎不可能。下游的村民小组可以从泵站买水，但水的运输要经过渠道，必须保证沿途的小组不偷水，沿途的水渠不漏水。然而，地处上游的村组天然地倾向于利用优势条件“搭便车”，让下游在灌溉之前先免费灌溉上游的农田。上游农民总是想窃取他人已购买正在流经渠道的水，他们甚至希望渠道毁损越严重越好，这样可以省却偷水的环节，让水自然地渗到上游的农田里，他们甚至会为此而故意毁损水渠。这样一来，下游村组从泵站（水资源市场）购买的水，在运输过程中，不断损耗，位于其上游的每个村组都是潜在的“收费站”。下游村组很快会发现，靠自己的力量无论如何也无法面对众多潜在的“收费站”，他们“明智”的选择不是进行保护所购之水的抗争，而是退出灌溉体系。当下游村组逐渐退出灌溉体系，曾经的上游村组不断变成下游，他们不可能再指望充当“收费站”，也只能逐渐退出灌溉体系。下游村组退出灌溉体系的过程一旦启动，就可能加速，因为越来越少的村庄很难独立维持整个灌溉体系。整个灌溉体系因此迅速崩溃，大型水利设施被闲置，造就“反公地悲剧”。

水利体系中，上下游“非对称性”不仅在村组之间存在，在村民小组内部也存在。它不但使村民小组很难以一个同质的利益主体身份出现在水利灌溉体系中，还使村内小型集体水利设施无法利用。税费改革后，水利灌溉必须在村民小组内部以“一事一议”的方式加以解决。村民小组内部，不同田块也存在上游与下游的关系，水利条件有所不同。按亩平均收取水费，水源条件好的农户就不满意；差别收取水费，在技术上又很难达到，且水利条件差的农户会有不公平感，他们会抱怨土地承包时的不公平。最终，村民小组内部为收取水费很难达成协议，大家只好“望水受旱”。也就是说，水系的“非对称性”深入每个细碎的田块中。

（二）水利体系的“反公地”特性

人们一般将水利体系当作公共池塘资源。公共池塘资源具有私有性和非排他性，其资源单位具有可分性，资源系统具有共享性，它是一个自然的或人造的资源系统，这个系统大得足以使排斥因使用资源而获取收益的潜在受益者的成本变得很高。目前的水利体系显然比公共池塘资源更为复杂。农民是水利体系中的独立利益主体，水利体系也是向任何人开放的池塘中的水，谁都可以花钱去买，在交易之后，水就成为私人物品。但是，购买水后的享用却面临重重障碍。产权明确的水必须经由渠道体系运输，但运输过程中会面临众多潜在的“收费站”，明确的产权要得到完全保护，其成本大得使任何人都无法承受。这正是“反公地”特性。当产权和控制过分零散时，困局就会产生，农民在困局中最理性的选择是退出水利体系。在G镇，大碑湾泵站的下游村组退出灌溉体系时，他们会转而打井取水，因此打井可以反映大碑湾水系崩溃、彻底沦为“反公地资源”的过程。

M村处于大碑湾水系最上游，过去从来不愁水利问题，甚至渠道漏的水就够它完成农田灌溉。大碑湾泵站一出水，仅仅经过一个村民小组就到了M村，但是，该村农民居然也彻底退出了大碑湾水系，依靠个体“小水利”灌溉。渠道和相关设施都遭到了毁损。以M村4组为例，2005年至2010年共打井24口。4组的打井时间集中在2006年，它是4组正式脱离大碑湾水系的时间（集中打井年份可以视作各组正式退出“大水利”体系的时间）。M村11个小组按照距离“大水利”的远近，不同村组由远及近、从下游往上游逐次退出水利体系，“反公地悲剧”因此发展加深。

二、反公地悲剧的主观因素：农民合作困境

（一）高贴现率社区的动员型合作

“大水利”陷入“反公地悲剧”，主观方面的原因在于同组村民不能合作起来，不同村组之间缺乏有效协调。在奥斯特罗姆的研究中，阿尔卑斯山草地、日本公用山地、西班牙韦尔塔或菲律宾桑赫拉等，农民都可以实现长期有效合作，实现公共池塘资源的自主治理。传统中国社会也广泛存在社区或跨社区的水利合作体系，这通常被历史学者称为“水利共同体”。在当前中国农村，也有一些地方普遍存在类似的水利合作体系，如江西、福建等地农村。不过，这些合作的案例，与G镇所面临的处境有很大不同。这种不同首先体现为农民的生活预期和生活面向。在奥斯特罗姆的研究中，这是一个“贴现率”问题，它是影响个人是否选择合作行为的重要因素之一。“贴现率”反映了人们对未来与当下的相对重要性的判断。对未来生活的较低预期会导致较高的未来收益贴现率，如果村里有人给予未来较高的贴现率，那么其他人也会这么做。在传统社区中，人们的生活预期长，不太会将暂时的优势立刻贴现为利益，人们更容易牺牲局部利益达成长期合作。在目前中国一些农村地区，这种传统的生活样式还没有被完全打破。但是，G镇已经不是这种传统生活样式。这些村庄社会流动已经加剧，人们的生活预期不断变短，一有机会就会离开村庄。在这种贴现率高的村庄，人们不断受到机会主义的强烈诱惑，很难通过奥斯特罗姆所说的沟通、交往、建立信任和准则来完成新制度供给，从而达成合作。

更为重要的是，两种类型的村庄所面临的合作类型有所不同。贺雪峰曾区分了两种不同的村级治理：分配型村级治理与动员型村级治理，前者主要面临集体资源的分配，后者主要是经济资源的提取。我们可以借鉴这个分类来讨论传统社区与G镇村组所需要的不同合作类型。在传统社区中，水利合作基本都是一种“分配型合作”，它所面临的主要是水资源的分配问题；而在当前G镇村组，水利合作需要的是一种“动员型合作”，它所面临的不仅仅是水资源的分配，更是水

资源的提取。水资源在大型水利单位的管辖之下，农民首先需要合作起来提取，然后才涉及水资源的分配问题。

传统村庄中的水资源，大多处于自然状态或低端人工改造状态，如修建拦水坝拦住从高山流下的水，挖塘堰储存雨水或泉水。水资源工程不是太大，线路不会太长，很容易不受障碍、排他性地使用。农民合作主要面对的问题是如何分配自然资源，是分配型合作，其决策过程可以适用少数服从多数的民主原则，也可能适用弱者服从强者的暴力原则。合作达成的过程中，可能缺乏足够的正义性，也会有一些争议，它们可能影响资源的分配，却不会影响资源的利用。也就是说，分配型合作一般不会导致反公地悲剧。

当前的水资源，大多并不处于自然状态，往往处于较为高端的人工改造状态，处于市场经济主体（泵站、水库）的控制之下，但由于水渠体系的共享性，需要村民合作起来去“购买”并通过渠道运输。单个农户购买水在技术上不可能（泵站不会为个人开机抽水），单个村组购买水从技术上是可行的，但运输上却因损耗太大而不可能。这种情形下的合作，首先面对的问题是购买水资源，然后才是分配问题，需要的是动员型合作，其决策过程需要将所有的村民动员起来，需要适用的是全体一致的原则，而不是少数服从多数原则。少数反对者如果拒绝分摊水费，很快就会引起扩散效应，足以造成合作失败。可以说，动员型合作适用的是少数人决定的原则，少数反对者可以决定合作失败。当然，动员型合作也可能适用弱者服从强者的暴力原则。某些地方有个别村组，强人（村民称之为“好混混”）通过暴力和威胁，可以将村民动员起来开展水利合作。这并不是常态。

税费改革之前，村组可以实现基本有效的合作。这是因为，基层政府以国家强制力为后盾，通过收取农业税费，将农田水利的动员型合作变成了分配型合作。那时，村委会通过在收取农业税时“搭车”收取共同生产费，农民用水的时间和缴纳水费的时间因此有所分离。收取水费的动员型合作过程在税收过程中完成，到用水时就只是分配型合作。这一时期的水利设施是一种社会化财产，它按照政府的要求抽水，村组在政府的协调下用水，用水过程的争议由政府协调解决。这种模式发展到后来，也出现了一些问题，主要是共同生产费的收取日益困难。尽管如此，水利资源却不至于无法利用，水利体系不至于出现反公地悲剧。

（二）无法达成的高收益合作

对于农民来说，达成合作的收益极大，但在现有治理体制下，这种高收益的合作却无法达成。我们以M村4组为对象来分析农户的合作用水收益。个体水利的高成本意味着合作水利的高收益。

M村4组共有27户在家务农，每个农户在水利上的投入通过入户访谈得以详细了解。这27户共有233亩田，户均8.63亩。农户主要依靠机井和塘堰，用潜水泵抽水灌溉。全组共有23口堰塘，其中有18口原属村民小组集体，2003年被拍卖给农户，另有5口是农户在自己的责任田挖的。由于无法精确计算，暂且将老堰塘的成本忽略不计。2006年后全组共打24口井（预期可用10年），总花费100840元，所有的机井一年总折旧10084元，因此每亩田一年花在打井上的成本是43.28元。全组现有潜水泵（300元）48台，预期可用5年，一年所有潜水泵折旧总计2880元，一亩田一年在潜水泵上的成本是12.36元。全组共有电线（100米）73把，预期可用5年，一年所有电线折旧1022元，一亩田一年在电线上的成本是4.39元。全组共有水管（80米）112卷，预期可用3年，一年所有水管折旧3024元，一亩田一年在水管上的成本是12.98元。全组能够了解到电费成本的仅有14户，他们的农田共有129.1亩，一年所用电费为4880元，每亩田一年的电费为37.8元。计算下来，每亩田每年的水利成本110.81元。

表6-1　每亩田一年水利成本

灌溉井	潜水泵	电线	水管	电费	共计
43.28元	12.36元	4.39元	12.98元	37.8元	110.81元

相比于2005年前每亩20元的水费，2006年M村4组的水利成本涨到了原先的5倍多。在G镇，M村4组的灌溉成本算比较低的。U村6组由于存在普遍的挖塘堰现象，土地面积有所减少，少收的水稻也应当计入水利成本。U村6组共有170亩田，挖堰减少了14亩（千平方的大亩）农田。根据产量毛收入扣除成本投入，一亩水稻可以纯赚850元（计算过程略）。挖堰占地相当于每年减少11900元的收

入，这意味着现有156亩田每亩要承担76.28元的损失。因此，U村6组每亩田每年的水利成本高达187.09元。

上述分析潜在地预设所有农户的亩均灌溉成本是相同的。实际情况与此还有所差异。个体水利模式使得所有农户的灌溉成本都大大攀升，但田地少的农户的成本攀升尤其厉害。他们打井挖堰，购买配套设施，成本分担到不多的田亩上，完全可能得不偿失。M村8组的王某种了4亩田，2009年在责任田里挖了一口一亩大小的塘堰，打了一口井。即使如此，原属集体水利系统分水闸处的0.2亩地还是因旱绝收。2009年，王某家因使用个体水利损失了1923元，平均每亩641元（具体计算过程略）。如果用原有的“大水利”系统，他只需要支出每亩15元的水费。

上述灌溉成本的计算，还没有考虑农民所支出的时间成本和心理成本。使用“大水利”抽水，只需要水到渠道时去管理一下，而使用机井和塘堰抽水是一件非常折磨人的苦差事。每次抽水时，需要将水管、电线等设备拖到田块附近并连接好。那些田块距离较远的农户，还需要中转多级提水。如果抽水需要经过别人田里，还需要与其他农户协商。而且，用潜水泵抽水耗时费力，一亩田灌溉一次至少需要三个小时。M村4组的老队长说：“插秧要抽半个月水，后来断断续续要抽水，哪块田干了就抽哪块田。平均两天抽一次水，一共要抽五十多次。”这些都需要四处奔波，劳心费力。我们碰到一个农户，在2009年的冬播中，进行了四级提水，他先把机井的水抽到邻村的一个堰塘里，然后再转抽到一块田里，接着转抽到自家的堰塘里，最后才抽到田里。辛苦、劳累已经难以形容他们的感受，其无奈与辛酸，不亲身经历恐怕难有切肤的体会。

使用“小水利”的灌溉成本如此之大，一个村民小组只要有几户农民愿意吃亏，承担起使用“大水利”的成本，整个村民小组就可以旱涝保收。奥尔森说，在小集团中，个人从集体物品中获得的收益超过提供一定量公共物品的总成本，个人可能从自利出发提供公共物品。他肯定了声望、尊敬、友谊等经济收益之外的文化和心理激励的作用。然而，G镇并没有出现愿意吃亏的农民，村庄缺乏这种激励机制。因为在这种村庄中，公益心高的农户，每次都会成为其他村民期待的对象。他总是付出较大成本，从而在经济上彻底被边缘化，而

“搭便车”者却因受益而成为中心人物。村庄因此确立了一种反向的心理激励机制，村庄文化并不主张人们为了集体利益而去承担成本，合作的困境因此很容易发展为合作格局的崩盘。

在这种情况下，想要达成灌溉水利上的合作，就必然要付出极大的协调成本；甚至由于协调成本过高，村民根本就不愿意去努力以达成合作。缺乏畅通的纠纷调解机制，个人的协调几乎无效，这些所带来的心理痛苦，甚至比承担经济高成本更甚。面对合作的巨高协商成本，农民的理性选择是“单干”，因为“不用再看别人脸色”。也就是说，在小农经济条件下，千家万户的农民很难通过协商达成公共品供给合作。税费改革之前，村组是基本用水单位，农田水利是一个管理问题，而不是协商问题，管理成本由乡村体制承担。这样，农田水利变成了一个管理问题，农户之间的高昂协商成本得以节约。农民重返小农经营状态，协商成本问题又重新凸显出来。

第四节　治理之道

2004年，当全国范围的农村税费改革实验进入第二年时，陈锡文就看到了农田水利建设即将面临的困境，他说：“如果任其自由发展，3—5年内中国的农田水利可能崩溃。”2010年，G镇的水利状况被其言中。税费改革后，村组集体退出共同生产事务，农田灌溉被指望由农民在自治的基础上组成用水协会，通过它在水资源市场上与大型水利设施单位对接。然而，成百上千的农户作为独立利益主体，根本无法形成统一的意志。其结果就是，“大水利”无法与单家独户的农民对接，有水放不出，陷入“反公地悲剧”。尽管S县近年来用于建设、改造各类水利工程的投入很大，但注定收效甚微，未能化解“大水利”的反公地困局，而刺激了农民建设“小水利”的热情，这降低了他们对“大水利”的依赖，进一步将“大水利”“逼死”。

系统地解决农田水利问题，需要从化解“大水利”的“反公地悲剧”着手。赫勒指出，一旦反公地悲剧出现，人们需要引导“单一产权支配格局”的形成，因为唯一的产权人会独自面对财产使用不足的社会成本。这既可以通过市场，也可以通过行政方式来实现，尽管两种方式都有可能失灵。问题的关键不在于水利体系是政府控制或市场运作，而是水利体系如何与千家万户的小农对接。政府应当将千家万户的小农重整为可以协商的利益主体，尽量引导“单一产权支配格局”的形成。制度供给应当最大程度上克服水利体系的“非对称性”和“反公地”特性，并能有效将动员型合作变成分配型合作，从而营造有利于农民采取合作策略的环境。这需要从不同村组之间和村组内部不同农户之间两个层面降低协商成本。具体可以从以下四个方面着手：

第一，将村民小组建设为基本水利单元。G镇“大水利”体系的解体，其核心是村组集体职能取消后，千家万户的小农释放出来成为水利市场中的主体，成为基本水利单元，村民小组作为基本水利单元的地位彻底丧失。税费改革后，为了应对财政压力而取消村民小组长，反而产生了消极的后果。在细碎的土地上，个体农户难以与任何超过农户的水利设施对接。因此，激活“大水利”的基本前提是，恢复村民小组作为基本水利单元。

第二，从回应水利供给需求的角度出发，当前农村的土地制度可能需要做一些调整，才能达到最优状态。其中的核心要素是重建土地集体所有权，并在此基础上对农民进行适度组织，激活村级组织的生产服务功能；与此同时，保障农民的土地承包经营权，却又不让农民的权利固化为妨碍村级组织发挥生产服务功能的消极因素。农民有了土地承包经营权，但并不确定具体地块，村级集体根据需要可以对具体地块予以调整，可以解决土地经营和农业生产中遇到的问题，尤其是可以实现与水利供给体系的有效对接。

第三，建立所有农户都参加的多层次用水协会。在大型灌区，建立以村为基本成员的用水协会，并在村内建立以村民小组为基本成员的用水分协会；在中小型灌区，建立以村民小组为基本成员的用水协会，并选举会长和用水代表。应当规定，所有的农民都必须参加用水协会。奥尔森曾指出，工会必须是强制性的，否则，非工会成员会穿过工会设置的纠察线而使罢工破产。用水协会的情形与此类似，个别农户的单独行动很容易导致整个水利体系合作关系的崩溃。村级用水协会会长可以由村干部充任，灌区用水协会会长可以由灌区单位或政府推荐的官员充任，但需要用水协会选举委任。用水协会应当负责用水日常事务，发挥组织和协调作用，负责辖区内水利纠纷的调解。以乡村组织为基础的用水协会体系得以建立，与大中型水利设施相对接的组织体系就建立起来了。

第四，国家以“水利直补”的形式对用水协会进行资金支持。国家在水利方面的资金投入，除了用在水利设施的建设、维修之外，可以仿照“粮食直补”进行“水利补贴”。中央新增了“农资综合补贴资金”，它不直接兑付给种粮农民，集中用于区域性公共基础设施建设。“水利补贴”可以按照田亩补给村组用水协会，资金应当用来支付水费，维修村组水利设施，剩余部分可以用来支付协会工作人员报酬。“水利补贴”不直接补给农户，而是直接补给村组用水协会，并让乡镇财政所“代管”，水费直接从用水协会账户中扣除，支付给大中型水利设施单位。

第五节　理论延伸

谈论“反公地悲剧”不得不提起“公地悲剧”。“公地悲剧”由哈丁提出，指公共资源具有使用上的竞争性但不具备或者缺乏排他性产权而被过度使用所造成的悲剧。哈丁举了一个具体事例。英国的封建主为了施惠于民，曾在自己的领地中划出一片还未耕作的土地作为牧场，这片牧场（即“公地”）向牧民无偿开放。然而由于可以无偿放牧，每个牧民都过度放牧——养尽可能多的牛羊。最后大大超出了公地牧场的承载量，所有牛羊也随之饿死。受哈丁“公地悲剧”理论的启发，“反公地悲剧”最早于1998年由美国的赫勒教授提出，他在美国产权法研究领域卓有声望。1990—1994年，赫勒曾以世界银行法学顾问的身份实地参与了20世纪90年代初俄罗斯的市场化转型实践。在他看来，虽然“公地悲剧”说明了人们过度利用公共资源的恶果，却忽视了资源未被充分利用的可能性。“反公地悲剧”的可悲之处通常并不表现为对产权标的物（资源）的破坏或者毁灭上，而是过多的排他性所有者所造成的人为阻碍，造成资源使用的最大化价值无法实现。

针对国内农田水利所产生的各种问题，产权学派的观点举足轻重，主张通过明晰产权而克服“公地悲剧”。这种观点一度主导了S县农田水利改革的进行，其思路是推行市场化改革来界定产权。遗憾的是，这种对农田水利问题的认识线条较为单一，现实表明，这种理论指导下的改革并不成功。G镇集体“大水利”无法利用的“反公地悲剧”即为例证。

“反公地悲剧”的提出，是对既有产权理论和制度经济学的创新与发展，具有高度的理论价值。G镇农田水利陷入“反公地悲剧”的现象启发学术界关于农田水利的研究需要更开阔的理论视野，不能仅仅局限于“公地悲剧”。我们需要体察中国实际国情，更深入地进行论证和研究。

第七章 土地收益分配

农村土地收益分配是农民在土地集体所有制基础上，基于集体成员的身份以一定民主化方式对土地增值收益的享有与实现的过程。我国农村实行以家庭承包经营为基础、统分结合的双层经营体制，建立在家庭联产承包责任制基础上的土地利用制度，不仅稳定了村集体与农户之间的集体土地产权关系，也进一步巩固了以土地利益为连接的国家与农民的关系。国家通过这套制度体系保障了农民的基本生活，同时也强化了集体土地之于农民的社会保障功能。但是，随着农村社会生产条件的改进、农业种植结构的调整以及城镇化建设的推进，家庭联产承包责任制在增加农民收入、提高土地利用效率等方面的制度绩效日益减弱，有些深奥。在国家实施农村集体土地“三权分置”政策背景下，如何利用村庄集体土地以及有效分配集体土地收益，不仅涉及农民基本生活的保障，也涉及以集体土地利益作为连接的村集体与农户之间的信任关系塑造。因各地区位条件、资源禀赋的差异，所以集体产权实现形式存在差异，土地收益分配的方式亦存在差异。苏南地区农村“返租倒包”集体土地经营模式，具有一定的典型性，它不仅体现出对国家三权分置政策的灵活运用，也直接反映村集体与农民之间信任关系的强弱高低影响农民的土地收益能否实现，并揭示出土地收益分配形态影响村庄治理形态的构造。

第一节 案例介绍

案例

D村地处苏南，乡镇企业比较发达。其东接苏州，西连苏舍荡，北靠湖镇镇区，距沪宁高速10公里，离无锡机场12公里，交通便利，地理位置十分优越。

2001年，D村是由老D村、苏舍村、联合村三村合并过来，合并时老D村工业基础较强，其他两个村次之。目前，D村下辖13个村民小组、33个自然村，总面积4.2平方公里，人口3420余人，耕地约2000亩，人均耕地约0.6亩。2017年，D村长期流转的户数有732户，长期流转是指在土地承包权期限内的土地完全流转给村集体统一管理。D村农用地的面积有1531.92亩，长期流转的面积为1409.33亩，占农用地总面积的95%以上。从流转土地的经营模式来看，主要采取家庭农场、农业公司以及合作社等方式。其中，有营业执照的家庭农场26家，主要用来种葡萄、梨子等经济作物。农业公司只有1家，土地流转面积772.7亩，主要用来种果树、生态旅游、休闲观光。专业合作社1家，主要用来规模化种植某类果树。2018年预计土地租金590.99万元，其中工业土地和厂房租金收益达353.3548元，农业土地承包租金达237.6418万元。

苏南D村的土地流转是伴随着乡村企业的发展以及城镇化建设而不断扩大和兴起的。早在20世纪90年代，村办企业不断兴起，农村集体土地的利用方式就开始向市场化出租的方向转变。而随着城镇化的推进、乡村企业的发展，村庄大部分劳动力能够在附近就业，村庄的发展逐步融入城市化的发展进程，农民对土地的依赖性日益降低。对于年轻人而言，缺乏种植经验的他们并没有投入足够的精力去关心农业，相反他们却能够在村庄的企业或者附近的开发区企业中找到一份收入不菲的工作；对于年老人而言，年龄偏大带来许多行动的不便，但他们即使不种地也不会闲着，可以在家做一些彩印厂计件类的工作，基本上能够维持自己的生存，还略有结余。农户对土地依赖性越低，农户流转承包地的愿望就越强烈。在2014年村集体统一规划和发包之前，农户私下里流转给外来种植大户的情况就已经很多，流转给外来种植大户主要是种葡萄、西瓜以及蓝莓等经济作物。当时，农户土地流转价格为每亩500—600元，农户流转农地的收入构成农户财产的另外一笔重要收入。

但是，农户私下流转承包地给村庄治理带来以下两个方面影响：一是由于各种经济作物的生长周期以及需水量不一样，并且又是流转给了不同的种植户经营，以致分散的地块给不同的种植户在共享农业基础设施方面出现了协调困难，引发很多矛盾纠纷；二是部分外来种植大户经营不善，出现欠款逃跑的情形，导致土地租赁租金没有正常履行，农户承包权益受损。

为了解决上述问题，村级组织通过村民代表大会做出了《D村关于土地承包经营权确权登记工作方案的决议》（下称《决议》）。《决议》规定，全村土地所有权归D村所有，土地承包经营权确权以自然村组为单位，村民享受集体土地的流转收益，具体收益发放标准按照每年村民代表大会商讨通过后执行。也即，D村的集体土地并不是分散地“确”到每个农户身上，而是通过确权确利的方式落实到每个农户，也即“确权确利不确地”。“确权确利不确地”为村集体返租农民的承包地提供了前提。“确权确利不确地”之后，农户与村集体的土地承包关系没有变，只是村集体用返租合同的方式集中了村集体土地的经营方式，但是村集体返租农户的承包地之后，并不是自己经营而是通过再规划和调整，并通过集体发包的方式流转给市场主体经营。农民把土地经营权流转到集体后，那么分散地块的土地经营权就集中起来，闲置的土地资源将被盘活，扩大了集体土地的市场效益。

当集体土地的利用方式发生转变，与集体土地相关的事项就属于村民自治的范围，应纳入村级治理的事项。而通过村民代表会议的形式讨论和表决，实际上是为了反映农民集体的利益，并通过村民自治推进村级治理更加民主化。D村集体土地的租金收益分配并不是“一刀切”，而是在充分反映村庄农民意见基础上形成的村民代表会议决议，充分体现了土地租金收益分配的民主化。

第二节　实践过程

苏南D村通过“确权确利不确地”的方式把农户分散的经营权确认为一种公共产权，而公共产权土地租赁的交易成本显然要小于分散土地经营权的交易成本。因为外来种植户不需要和每一个分散的农户签订土地返租合同，而只需要和村集体签订土地租赁合同，村集体也能够及时有效地行使集体土地所有权的监督和处分权能，从而有效节约了签订合同的各项成本。这样既避免了每个农户因为地块面积不同而产生矛盾纠纷，也为村集体统一流转集体土地做了铺垫。

在整个过程中，村集体首先需要把农户承包地返租过来，其次才能把集体土地发包过去，这种经营模式在苏南农村比较普遍，通常可以把它称为“反租倒包”的经营模式。“返租倒包”的目的是更加集约化地利用土地，实现农户的土地承包权益，而村集体的组织动员和规划协调，乃至农民的有效参与是实现农民土地承包权益的必备条件。

一、村集体的组织协调

在整个“返祖倒包”过程中，村集体充分发挥了引导和协调功能。它具体表现为两方面，一是村集体统筹和规划农地规模经营所需的基础设施建设。分散的地块需要进行土地整理，才能实现集中连片耕种的效果。但不同农户对农地的收益预期不一样，很难一致协商如何经营土地，而单个农户担心其他农户“搭便车”，也就没有足够的动力去投入。于是，在未进行土地集体发包之前，很多农地出现抛荒状态或“插花”式利用。在农地基本流转到村集体之后，综合考虑村组的未利用耕地面积和可利用面积的分布情况，D村村委会于2013年统一投资了3800万元用于村庄基础设施和农用地基础设施建设，这为农地大规模流转提供了便利。二是，在土地流转过程中，只要有一户甚至几户不愿意流转，就会影响整个土地流转的规模，因此对于那些有顾虑的村民，村干部积极引导、逐步做通工作，在能稳定农户承包权益收益预期的情况下，也与村民签订反租合同，用合同的形式进一步强化和确认农户承包地的权益。

不仅如此，要稳定实现集体土地的收益，还需要村集体具备相应的风险防控能力。也即，村集体要能够采取制度手段减少农地流转的市场风险，稳定土地集体发包的租金收入。这主要表现两个方面：一是租赁合同实行预付租金制，也即土地租赁合同中明确约定了每年年底预交后一年的土地租金。这样相对能够避免经营户因经营不善而拖欠土地租金的行为，从而有效回笼土地租金并及时发放农户承包权益。二是实行村聘法律顾问制。法律顾问主要帮助村集体审查经济合同，代理出庭维权和应诉。早在2006左右，D村便建立了法律顾问制度，规定法律顾问费用由村集体收入统一支付。当出现相关土地租赁法律问题或者其他情形村集体认为需要出具法律意见时，村集体能够充分发挥法律顾问的作用，维护村集体的承包权益。村集体能够利用法律等手段有效维护自己的权益，那么村集体收入才能保证，农户承包权益才会如期实现。

二、农民的积极参与

农户把土地流转到村集体之后，并不意味着农民丧失了对土地经营的知情权。在实践中，农户依然可以通过相关制度渠道监督村集体的发包行为以及土地经营者的行为。D村村民主要是通过村民代表会议的形式来参与。村民代表会议成员由村小组长和村民代表组成，每次开村民代表会议时，D村村委会需要在会上对村集体对外租赁土地情况做出汇报，主要向村民代表说明承租方基本情况、价格以及土地流转面积等信息，农户可以在会上提出不同意见。同样，与承租方解约以及变更合同也需要在村民代表会议上公开说明。在此过程中，村民通过代表会议的形式参与土地集体发包的租赁市场，了解到土地租赁收益情况，实际上强化了农民对村集体组织行使集体土地发包权的监督。

一方面，农民较强的参与性表现在土地租金收益的民主化分配方式上。土地集体发包租金主要用来支付农户的粮食补贴和纯农户收益，而如何分配集体土地租金收益以及调整土地分配标准都需要通过村民代表会议进行决议。这尤其表现为，在确定土地租金和分配收益的过程中，充分尊重村民代表的意见，采用一种浮动收益的分配方式，也即根据市场价格变动来调整土地分配标准。此外，还表现在区分农业用地和工业用地的土地分别定价，在定价的过程中充分调动农民的积极性，让农民参与到土地收益的分配中，使得村集体土地收益分配既照顾家庭人口数量、劳动力强度、年龄，也考虑到不同村组的经济基础、土地增值潜力等因素。

另一方面，农民的强参与还体现在收益与责任并重的原则上。村集体考虑到村庄环境治理的需要，经过村民代表会议决议，对于还属于农业为主的村组，纯农户的400元补贴与村集体对各个小组的环境卫生任务考核勾连在一起，只有完成了村里面的考核任务，才能分配这个标准，这体现了利益与责任共享的治理原则。通常情况下，村组都能完成环境卫生的考核任务，能够拿到这笔权益。以完成环境卫生考核的形式进行奖励，这既是一种激励机制，也将促使农户参与土地承包权益分配，从而推进村级治理更加民主和公开。不过，这建立在村集体具有较强的资金整合能力基础上。只有确保充分的资金资源，才能使农民的土地收益如期实现，让农民感到这是一种激励和责任，调动农民积极参与村庄环境治理的工作。

三、村民自治制度的常规运行

集体土地收益民主分配涉及农民的切身利益，因而这也是农民最为关注的问题。在D村，这个问题解决主要依靠村民自治制度来平衡各方利益关切。村集体统一发包土地产生的租赁收益需要通过一定的民主决策机制进行分配。该村按照《村民委员会组织法》规定，把村务公开和民主管理工作作为村民自治工作的一项重要内容。村集体要求集体土地对外统一发包的情况必须要在村民代表会议上进行公开说明，特别是在决定土地租赁价格、承包权益分配、村集体土地的民主管理、村庄福利分配基准等方面都要通过村民代表会议讨论或者表决通过。村民自治的方式之一是村民代表会议，该村村民代表会议主要议程事项包括以下五类：一是需要通过村民代表会议表决的事项，例如土地收益的分配。二是需要村民讨论的事项，例如村庄环境整治工作、美丽乡村工作，因为这涉及村级费用的支出。三是需要村民讨论后进行表决，例如村民房屋拆旧建新需要村民讨论后进行表决。四是上一阶段主要工作的完成情况以及下一阶段的工作计划。例如，美丽乡村建设是一个持续的过程，每个月都要在村民代表会议上进行动员和汇报。五是会上村民提出的问题，例如弯道拓阔等。这五类事项大都与集体土地有关，由于土地归集体所有，所以村集体土地相关的事项需要村集体统筹解决，其中涉及集体土地收益的分配与发放必须经过村民代表大会表决，并且涉及收益分配和其他财务事项需要形成决议报告。当然，并不是每次会议都会讨论这五类事项，但涉及这些事项时一般都需要经过村民代表会议知晓、支持、表决和形成决议，具体事项是否形成决议主要看该事项是否涉及大多数农民的切身利益。

除了与土地相关的村集体事务基本上需要村民代表会议讨论之外，村级组织还利用村民代表会议的形式让广大农民知晓村级事务，并组织动员农民积极参与村庄公共事务的建设，例如村庄环境整治和美丽乡村建设。此外，村级组织通过采用土地收益与环境考核相并重的原则激励广大农民参与村庄环境治理，这实际上也是通过村民代表会议的形式扩大了村务民主管理的范围。与此同时，村级组织还利用村民代表会议调动村民参与村级事务的治理。例如，本来按照上级政府的政策应该把村庄违建拆除，但考虑到违建户的住房刚性需求，于是村级组织通过调动村民代表参与违建治理，并通过村民代表会议的形式让代表签字同意并形成决议。这不仅让村级组织的行为具有合法性，也调动了农民积极参与村民自治范围内的事务治理，同时纠正了不符合村庄实际的政策实践。

第三节　理论维度

土地作为村庄重要的生产生活资料，不仅是一种可资利用的经济资源，还发挥着重要的社会功能，它是国家与农民关系的连接点，改变村集体土地的产权实现方式，将涉及集体土地收益如何分配的问题，也将重新塑造村集体与农民的关系，进而产生相应的村级治理形态。集体土地利用的核心就是要解决土地收益分配问题。在此过程中，以土地为利益连接纽带的村集体和农户之间会呈现不同的互动关系。不同的集体土地经营模式会塑造不同的村级治理形态。在不同村庄中，村庄事务密集程度、自然资源条件、公共物品供给的范围、农民民主参与的力度、利益分布状况不同，所以也会直接形塑不同的村务民主治理形态。

在中西部地区的一些农村，村集体经济并不发达。然而，近年来随着“空心村”的出现，农民为了增加土地收入，土地流转的现象比较普遍。例如，有的村庄小农联合起来直接对接资本下乡，签订土地流转合同，也有村集体经济组织作为中介引入资本下乡。在这些土地流转的实践中，村集体经济组织（村委会）在不同的土地流转实践中发挥不同的作用，并且农民参与的力度也不一样。理想状态下，村集体经济组织应该代表全体村民管理本集体经济组织范围内的集体土地，并且应动员农民参与集体土地的民主管理，同时在流转集体土地过程中应该以实现农民的承包利益为目的采取手段，降低流转风险。但现实中，中西部地区一些农业型村庄组织体系比较涣散，村级组织动员农民参与集体土地管理的能力较弱，并且农民有时被排斥在村级事务的决策外，因而出现土地流转过程中的利益分配不均问题。

从20世纪80年代开始，苏南地区农村村集体经济组织对集体土地的统一管理就具有较强的组织领导能力，再加上工业化和城镇化建设需要统筹城乡土地的利用，在强大的行政压力下，苏南地区农村主要通过集体经济组织对农村集体土地统一规划和利用，这也就决定了苏南地区农村“返租倒包”的经营模式。不过，农民的土地承包利益并没有因为农村集体经济组织强大的行政能力而受到侵害。也即，工业化和城镇化使得村庄的经济边界在开放，但村庄内部争取农民土地收益的集体行动能力并没有因此减弱，可以说村庄社会边界依然相对封闭。在苏南地区农村集体土地的流转中，农村集体经济组织不仅能够统一对接市场化组织对农地的集约化利用，也能采取有效手段较低土地流转的市场风险并动员农民积极参与农地的民主化管理实践，让集体土地的使用和收益分配“大家一起决定”，从而保障了村集体和农户合作行动的基础，实现了村庄参与式发展和治理。而在农村集体经济组织土地流转的实践中，农民的有效参与构成了农户土地权益实现的重要机制，特别是农民通过民主化的方式分配土地收益直接体现集体土地成员权的身份意识。与此同时，村集体经济组织通过多种手段稳定农户的土地承包收益预期，并通过民主化的方式公开收益来源和使用，这无形当中构建了村集体与农户的信任关系，从而形塑了村级参与式治理形态。

一方面，村民自治制度的常规化运行保障了村民利益表达渠道的畅通。在一个利益密集型村庄里，农户对自己的权益实现十分关注。特别是在各个小组工业基础和农地面积不一样的情况下，保障农户利益的有效表达以及整合不同村小组农户之间利益冲突需要常规的制度建设和制度渠道。这主要分为三个方面：一是村委会将落实村民代表会议制度作为推进村级民主决策的有效抓手，坚持每周一次的村委工作例会以及每月召开一次村民代表会议，将近期的工作进展、相关问题解决方案在村民代表会议上反复征求村民意见后实施。二是及时公布权益信息，让权益信息阳光化。村委会每年到年终都会有预决算报告以及来年的计划报告，报告中明确载明土地租金收支情况。同时，通过网站和橱窗公布每月村民代表大会以及村委例会的讨论主题，尤其是涉及公共财政支出方面的财务信息数据，例如在网站以及现场公共栏里面及时公布村干部的工资、村庄老年人福利的分配以及各小组农户承包权益的分配。三是村干部实行坐班制，并且明确责任包干区。在涉及村民土地利益分配问题时，村民有什么问题可以直接向村干部咨询，村干部可以在每周的工作例会以及每月的村民代表会议上反映工作范围内的问题或者村民反复提出的问题。如此一来，村民利益诉求表达渠道变得畅通。

另一方面，村民利益表达渠道畅通在某种程度上构成实现农户承包权益的一种内生性制度监督力量。当村集体统一发包土地产生的收益缺乏有效的监督时，尤其在涉及对外土地租赁价格方面出现寻租行为时，就会容易产生村干部的腐败现象。通过定期召开村民代表会议，村民代表和村民小组长可以及时了解本集体经济组织的收支运行情况以及土地发包情况，并反映村民的利益诉求和表达，无形当中建构了内部监督机制。也即，构建相关的权力监督机制，能够有效制约村集体经济组织在土地集体发包过程中产生的权力寻租行为。而这种制约关系又是在现有的村民自治制度框架内被建构起来的，因为它的正常运行不仅涉及农地产权利益的实现，也涉及村庄土地资源收益公平分享的问题。农户通过村民代表会议监督村集体在发包土地过程中的行为，在某种层面上讲是为了让村集体经济组织能够规范行使集体土地所有权的权能，而最终目的是实现农户的承包权益。因为如果村集体经济组织没有有效行使村集体所有权，不仅无法实现农户流转给村集体的土地承包预期，也会侵蚀村民自治的制度基础。从这个意义上讲，通过村民代表会议对村集体发包土地的权力制约，不单纯解决了农业生产过程中“谁来种地”的问题，更解决了农民在集体土地管理过程中如何实现自治的问题。

改革土地制度，不仅要回应农地的增值收益和农民的收入问题，也要回应集体土地利用与收益分配的民主化参与问题，后者既是村务民主化治理的需要，也是农民参与村庄政治的重要体现。反过来，农民有效参与村庄政治将为集体土地利用更加规范和有效益提供坚实的治理基础。显然，农村集体土地制度改革不仅是农民和农业的问题，也是农村问题。这些问题相互联系在一起，只有把这些问题联系起来整体看待才能认识到不同土地利用方式的本质及其对村庄治理的影响。从苏南D村的“返租倒包”土地经营模式可以看到，它不仅回应了村庄土地利用效率问题，也解决了村庄“无人种地”以及“地如何种”的问题。与此同时，这在治理层面既巩固了农村集体土地所有制的传统优势，激活了村民自治的经济基础，也使得村民自治制度实体化运行，塑造了参与式治理模式，不断促进村庄走向深度自治。

第四节　理论探讨

在后农业税时期，土地收益民主分配重构了村集体与农民之间的信任关系，反映出村庄社会的生产力所决定的生产关系发生变化，也就是村庄社会的经济基础发生变化，这带来了村庄社会治理形态的变化。按照马克思主义政治经济学原理，经济基础决定上层建筑，当村庄的经济基础发生变化后，作为上层建筑的村庄治理结构也会发生变化。前述苏南D村的土地收益关系分配实践表明，村集体和农户形成的土地收益分配关系建立在村民自治制度实体化运行的基础上，通过村民代表会议整合不同村民的意见表达和利益冲突，一定程度构成了村集体内生性的制度监督力量，能够使村级权力朝着规范运行的方向发展，进而不断夯实村集体与农民之间的信任基础，使农民积极参与村集体土地的民主管理实践，进而推进村务治理更加民主和公开。

在20世纪80年代，我国开始实行村民自治制度，并通过法律的形式确认村民自治的合法性。不过，与西方国家社区治理的基础不同的是，我国农村是在集体土地所有制基础上的村民自治。[①]学者在关注村民自治乃至村庄治理的社会基础时发现，村庄半熟人社会的性质影响到村民自治乃至村级治理，不过，村级治理不仅涉及村民自治的社会基础，也涉及村民自治的经济基础。这种经济基础反映为

① 徐勇：《中国农村村民自治》，华中师范大学出版社1997年版。

农村集体所有制的形式不同，其经济基础及塑造的治理形态也不同。后来，学者还通过具体分析农村土地制度与村民自治的关联性，进一步解释了村民自治的经济基础如何影响村级治理形态，认为农村集体土地具有公共利益属性，它成为激活村民自治运转的经济基础，也是村级治理的重要内容。

农民如何参与集体土地的管理又取决于村集体经济组织是否建立了足够的制度空间。作为一项重要的宪法性法律制度，村民自治制度的实践与村庄集体土地制度存在重要的逻辑关联。村庄集体土地制度构成村民自治的物质基础和经济基础。具体表现为，当村庄集体土地的利用方式和收益分配方式发生转变后，以土地承包关系为基础的村集体与农民之间的信任关系也改变，这就意味着村民自治的经济基础也发生改变，并且会激活村民自治的运作条件。一旦村民自治制度有效运转，也将会产生新的村级治理形态。村民自治制度为农民有效参与集体土地的民主管理实践提供了制度空间，进而重新激活了村民自治制度运作的条件，使得村民自治制度成为村级治理的内生性制度资源。这种制度资源的有效使用，将直接形塑村级治理模式和影响相应的治理绩效。因此，当农民通过村民自治制度参与集体土地的民主管理实践，村集体实际上搭建了农民参与村庄治理的平台，村集体和农民的良性互动将直接增进村集体和农民的信任关系，反过来也形塑参与式治理的形态。

“谁来种地”以及“地如何种”一直是困扰当代中国农村发展的两大难题。解决“谁来种地”以及“地如何种”的问题不仅要回应增加农地增值收益，也要认识到农村土地集体利用与收益分配方式转变对村级治理的影响。农村集体土地利用方式与收益分配方式不同，也将塑造不同村集体和农户的信任关系。构建基于村集体—农户较强的信任关系产生的参与式治理模式，不仅回应了“谁来种地”以及“地如何种”的问题，也激活了村民自治制度运行的经济基础。

第八章　低保资源分配

第一节　案例介绍

案例

家住江苏省W市L村的陈大爷70岁，儿子体弱身矮无法从事正常的体力劳动，儿媳妇在周边工厂打工，孙子初中在读，家庭经济负担较重，生活相对困顿。2016年，陈大爷患上心脏病，一年需住院4—5次，至少需要花费2万元，老伴患有颈椎病。全家人挤在20世纪90年代建造的房屋之中，家庭居住条件也较差。于是，陈大爷便向其所在的村委会申请农村低保政策。村委会的工作人员告诉陈大爷，必须按照申请套表的要求，填写完整的家庭经济状况和财产状况，并且经过电脑审核后初步确立"是否具有申请低保的资格"。这意味着，陈大爷需要回家主动搜集资料，包括确定家庭户口本和身份证信息，确定家庭成员构成、所有家庭成员的银行卡账号信息、共同生活的抚养对象和赡养对象的具体收入情况等。同时，要提供相应的证明材料，包括儿媳所在工厂开具的收入明细、女儿家庭的收入明细、孙子所在初中的学校证明，陈大爷及其老伴的收入明细、陈大爷疾病状况及相关医疗证明、陈大爷住院的病例和花费清单等。

L村中的另一户人家刘奶奶同样也想获得农村低保政策资源。刘奶奶78岁，独自抚养3岁的曾孙子。小孩的母亲离家出走，父亲（刘奶奶的孙子）为外地务工人员，处于失踪状态。孩子的爷爷（刘奶奶的儿子）智力低下，无自理能力，家中没有劳动力。刘奶奶年纪较大，缺乏劳动能力，全家依靠刘奶奶和她儿子两人每月共1660元的失地农民保险维持基本开支，经济较为拮据，难以负担曾孙子的教育开支，且老人年事已高，无力照顾年幼的曾孙子。按照村庄社会的评价标准，刘奶奶的家庭成员可谓“老弱病残”“孤儿寡母”，可以纳入低保政策范围享受基本的生活保障，但村委会和乡镇工作人员却犯了难。刘奶奶和她的曾孙子确实令人同情，但孩子父母健在，不符合孤儿帮扶政策，也无法将孩子送入福利院。按照低保政策中规定的收入标准，曾孙子的父母均在外务工，三口人同在一个户口，父母具备健全的劳动能力，曾孙子也无法获得低保政策资源。现今低保的审核程序越来越严格、规范，即使村镇将刘奶奶和她的曾孙子作为低保政策对象上报到数据库中，信息技术平台根据收入测算的结果也会将两人自动筛除。最终，村镇两级共同协商，决定通过提供在村务工岗位、增加集体经济分红、给予临时性困难救助金等方式为刘奶奶一家解决经济困难。

第二节　现实背景

在乡村社会中，农村低保资源的分配是事关村庄公平正义和治理稳定的“大事”。细致梳理前述案例可以发现，村社内部的民主评议已经不再是现农村低保资源分配的核心程序，通过数字信息技术平台审核是农民获得农村低保政策资源的前提性条件。这种转变意味着农村低保分配具备程序化、标准化，也代表着数字信息技术正在形塑当代中国乡村治理的治理方式和形态。

一、政策背景

农村低保即农村居民最低生活保障，是中国政府针对家庭年人均纯收入低于当地最低生活保障标准的农村居民推出的生活保障制度。自2007年我国全面建立农村低保制度以来，农村低保制度的覆盖范围逐渐扩大，保障标准不断提高。中华人民共和国民政部发布的《2022年民政事业发展统计公报》显示，截至2022年底，全国共有农村低保对象1896.7万户、3349.6万人。全国农村低保平均保障标准每人每月582.1元，比上年增长9.8%，全年支出农村低保资金1463.6亿元。作为社会保障体系的重要组成部分，农村低保制度保障了农村贫困人口的基本生活，也起到了扶贫减贫和维护农村社会稳定的重要作用。农村低保政策资源分配涉及农村社会基本的公平正义，也关系到乡村治理的稳定性和有效性。因此，农村低保资源的精准分配问题始终是理解和认识乡村治理能力的基础性问题。

农村低保政策是兜底性保障政策而非普惠性政策。识别政策对象，将体量庞大的低保政策资源精准投放至乡村社会中的困难群众，实现政策资源与政策需求主体的有效匹配，是农村低保政策规范执行的关键。从2007年农村低保制度建立以来，我国先后建立了民主评议、乡镇审核等农村低保评定制度，希望通过公正的评定程序和评定标准提高农村低保资源分配的制度化、规范化水平。

2007年国务院发布的《关于在全国建立农村最低生活保障制度的通知》第四部分“规范农村最低生活保障管理”采取了“从农村实际出发，简便易行的方法”，将低保评定和审核的程序主要放置于行政村层面，即规定“受乡（镇）人民政府委托，在村党组织的领导下，村民委员会对申请人开展家庭经济状况调查、组织村民会议或村民代表会议民主评选后提出初步意见，报乡（镇）人民政府；乡（镇）人民政府审核后，报县级人民政府审批”。以上政策文本表明，农村低保资源分配的实质性程序主要由村两委主导民主评议并决定，而乡镇人民政府的审核、县级人民政府的审批只具有形式意义。

2010年，民政部《关于进一步规范农村最低生活保障工作的指导意见》进一步将农村低保政策的目标从“解决温饱问题”上升为“解决基本生活问题”，并且全面强化了乡镇人民政府对于低保资源分配的审核职责。乡镇人民政府被要求对低保申请户开展全覆盖式的家庭经济状况调查；同时，规定村级民主评议需要由乡镇人民政府统一组织并列席参加。更重要的是，该文件还专门强调“村级民主评议不是批准程序”，以改变《关于在全国建立农村最低生活保障制度的通知》政策执行中出现的村干部决定低保救助资源分配的乱象。

2012年国务院《关于进一步加强和改进最低生活保障工作的意见》《最低生活保障审核审批办法（试行）》更为鲜明地确立了“乡镇人民政府是审核最低生活保障申请的责任主体”，并且将低保审核程序的重心由村级民主评议变更为乡镇审核，确定了村级民主评议的核心功能在于核定来自乡镇人民政府的家庭经济状况调查结果的真实有效性。这不仅强化了乡镇人民政府在低保审核上的行政主体责任，也借助村级民主评议来获取正式行政实践的社会确认，以提高低保政策执行的公正性和合法性。

为进一步科学核查农村申请低保家庭的经济状况，准确认定低保对象，合理确定救助金额，及时发放救助资金，加强对农村低保的规范管理、确保农村低保制度持续稳定健康发展，2015年，民政部、国家统计局下发了《关于进一步加强农村最低生活保障申请家庭经济状况核查工作的意见》，该意见提出了对农村低保申请人及其家庭成员进行“信息核对”的程序性要求，并将“信息核对”结果作为确定申请人家庭经济状况的重要依据之一。自2015年起，“信息核对”成为农村低保政策执行的关键环节，数字技术和技术化行政手段普遍应用于农村低保政策对象的评定过程中，目的是保证农村低保政策执行的规范性和精准度。

二、基层治理背景

除政策要求的变化外，依托信息技术平台瞄准农村低保政策对象和分配农村低保资源也是基层治理规范化的客观需求。长期以来，我国农村低保政策资源分配存在着政策对象识别不精准、分配程序去民主化、低保腐败等问题，国家的低保政策目标在基层治理实践中出现执行偏差。随着村庄社会流动性不断增强，村级组织对农村社会成员的身份财产信息乃至行为信息都无法准确掌握，再加上公民个人的身份信息、财产信息以及行为信息散见于不同信息系统之中，对于低保申请对象家庭收入情况的精准确认存在现实困难。更为重要的是，随着农村低保政策资源投入的增加，低保救助覆盖率在中西部大部分地区已经超出了实际的农村低保救助需要，加之一些专项的社会救助政策常常与低保政策“叠加”或“衔接”，低保政策的性质已经从“底线救助”转向“高位福利”。即便不考虑基础性的政策对象瞄准偏差，也总有非贫困人口因为希望享有叠加在低保政策资源之上的其他政策资源而主动申请低保。剩余低保救助资源需要采取相对公平的方式分配下去，于是乡土社会的平均主义观念影响低保救助资源的配置，共同生活的家庭成员中的残疾人、患重大疾病者和高龄老人，成为农民家庭争取低保政策的核心动力和重要依据。上述执行偏差客观上引起了农民对于农村低保政策资源分配方式的不满，也增加了基层治理的难度和挑战，应从低保审核程序和低保分配规则方面加以规制。

第三节 一般模式

农村低保政策资源分配的关键是精准识别政策对象。长期以来，农村低保政策资源主要通过村民民主评议的方式瞄准政策对象。随着农村低保资源投入的增大，村社内部的评议方式已经难以适应村庄治理规范化的要求。于是，本章案例中的江苏省W市于2017年建立了覆盖全市的社会救助电子系统，通过数据技术和信息平台厘清农民家庭收入、财产状况，严格审核、识别、认证和管理农村低保政策对象。社会救助电子系统建立后，在W市的农村低保资源分配中，基层政府和村级组织不仅要了解申请人及其家庭成员的收入情况，也要审核申请人家庭财产总量和生活水平。

随着经济的发展，农民生产经营和财产积累的方式十分多样，农民家庭收入渠道包括务农、务工、经商等。在家庭财产方面，除在村不动产外，经济条件较好的农民家庭还持有商品房、自建厂房、商铺、股份等各类财产。村级组织和村庄社会并不能清晰掌握农民家庭财产的全部信息。因此，在W市的农村低保资源分配中，基层政府和村级组织主要依靠信息入网和经济信息对比两个环节审核农村低保申请人的家庭经济情况。

信息入网是农民获取低保政策资源的首要条件。在农村低保申请中，具有实际困难的申请人由户主或者其委托人向户籍所在地街道办事处（镇人民政府）或者居民委员会（社区事务工作站）、村民委员会（社区服务中心）提出书面申请。书面申请需填写信息采集套表，申请人必须如实上报家庭人口、收入、财产、医疗记录、残疾鉴定等信息。信息采集后由村级组织初步审核并录入社会救助的网络台账，形成完整的数据备案。录入后，具备权限的工作人员即可在系统内查看、审核、提取、对比申请人信息。信息的填写、审核和入网是获得农村低保申请资格的前提，申请人主动上报的信息，还需要附带权威性、中立性和公立性的组织单位（如医院、残疾鉴定部门等）提供的有效证明。

信息入网虽然能够低成本地获取低保申请人的家庭收入和财产信息，但无法把握信息的真实性。因此，审批部门还必须经过经济对比技术平台核验信息。在大数据信息技术的支持下，经济对比平台将房产管理部门、银行系统、车辆登记系统等板块的信息汇总共享，并根据低保要求有针对性地核查信息。申请人向村级组织提出低保申请的同时必须签订授权许可，允许平台审核对其户籍、营运、车辆、住房、银行、债券等十四项信息。一旦出现政策规定的十二种不准享受低保的情况（如拥有汽车和大型农具、商品房、存在高消费等），对比系统将自动标红申请人并显示不合格事项。申请人无法通过经济对比，则会被社会救助平台识别和剔除。依据技术平台的筛选结果，乡镇（街道）形成低保政策对象名单。

按照W市农村低保动态管理流程，确认政策对象后需进行常态化监管。在低保的动态管理中，复核和检查两套系统能够及时筛查政策对象的家庭经济变化，并实现动态调整。低保复核是动态监测农村低保政策对象家庭情况变化的有效方式。农村低保家庭有责任定期向村级组织报告家庭人口、收入、财产变化。村镇两级也需对农村低保家庭定期复核。复核期限主要依据低保对象家庭收入变化程度确立。其中，村级组织主要负责入户调查和邻里走访，重新核查申请材料，确认已获得农村低保政策资源的家庭有无重大的经济情况变化，并将该家庭的信息报入经济对比平台。乡镇政府则依据村级复核工作和经济对比的结果，对农村低保户进行抽查和确认，并按照考核要求（每季度必须汇总一份变动数据）上报台账。

除低保复核外，农村低保动态监测还依赖于频繁的、多层级的检查工作。在全年开展的农村低保检查工作中，第一层级的检查为乡镇自查，街道（乡镇）在现有政策对象中分别按照30%和20%的比例抽取农村低保户，进行资格审核和动态复核。第二层级的检查为交叉检查，全市抽取专职从事低保审核的工作人员组成交叉检查小组，抽查各街道（乡镇）低保政策执行情况。各区上交明细台账、数据，检查小组对台账和数据进行核查、对比，并现场提问低保审核工作人员。第三层层级的检查为全省的低保专项治理抽查，由省低保督查小组随机抽取乡镇，对农村低保户资料、农村低保办理流程备案情况等数据台账审查，同时在低保数据系统中随机抽取家庭入户核查。此外，纪检监察部门也会定期核查农村低保数据，防止出现死人保、关系保、人情保、治理保等问题。

可以说，数字技术的加入彻底改变了W市的农村低保资源分配方式，农村低保资源分配的规范性得到了有效保证。一方面，在精准核查收入和财产的基础上，农村低保政策执行的弹性和随意性被大大压缩，实现了低保政策对象的有效瞄准。另一方面，村民对于农村低保资源的分配结果较为认可，虽然申请低保的程序更为严格，但低保资源基本能够覆盖村庄内部的绝对贫困人口。规范的低保资源分配方式一定程度上减少了基层政府的治理难度，低保政策对象识别不准、低保腐败等问题已经获得了极大改善。

第四节　社会基础

W市的农村低保资源分配方式转型并不是“无根之木、无源之水”。技术化、规范化的低保审核程序不能在真空中运行，而是需要相应的社会基础。只有当基层社会的形态能够与规范化的程序要求相适配，规范程序才能直接影响低保政策资源分配的实质性效果。在本章的案例中，对比中西部地区的县市，W市之所以能够率先响应中央规范低保审核程序的政策要求并且主动调整农村低保资源分配方式，将信息技术主动嵌入低保审核之中，主要取决于W市在村级治理方式、社会利益、政策保障体系建设等方面相对规整。

一、村级治理行政化

江苏省苏南集体经济发展模式为基层政权保留了一定的土地资源调控权和村庄经济管理权，乡村两级的治理能力相对较强。经济、社会的高水平发展也对基层政权的治理水平和治理规范化程度提出了更高的要求。为更好地实现基层治理，苏南地区将村级组织的财权和人员配置权整合进体系内部，并通过行政化的方式管理村庄事务。

既有理论认为，在治理能力的限制下，村级组织内部并不存在专业精细的职能分工，主要通过综合性治理、运动式治理的方式推动工作。而在村级治理行政化程度较高的L村，村干部专人专责承接乡镇的各项业务，形成了权责分明的职责体系。[①]同时，村干部的职业化程度相对较高，工资福利保障相对完备，职业预期较为稳定，有较大的向上流动空间。在干部构成上，L村的干部主要包括定员干部（村书记、主任和副主任）和村聘干部两种类型。定员干部由乡镇统一管理，可在乡镇内的各条线和各村级组织内任职。村聘干部主要负责各村具体条线事务，由乡镇统一招聘考试录用，工资标准在乡镇核定后由村级集体资产支付，部分表现较为优秀的村聘干部即可流动至乡镇政府从事具体的业务工作。[②]在工作内容和方式上，村级组织呈现着规范型治理的特点，乡镇（街道）常常通过台账和信息报送的方式，严格控制和监管村级组织的日常管理和政策执行。

乡镇对村级组织的整合与吸纳，使得村干部的行为方式受到工作程式的引导和规范。在政策执行中，行政化的村干部不能精确提供社区内部农民家庭的具体信息并直接通过村社内部民主评议瞄准低保政策对象。在行政规范的约束下，村干部主动抽离与从村庄社会内部的人情关系，选择挂靠在信息核对平台之上，承担信息录入和资料审核的功能。

依靠信息技术瞄准农村低保政策对象和依靠村民民主评议瞄准农村低保政策对象代表着基层治理的两个面向。当基层治理主体被权责分明地整合进体系后，其行政化程度增加的同时，与村庄社区内部的利益关联程度也在不断降低。村干部会主动应低保分配程序的规范化要求，利用信息技术平台来完成低保申请资料的审核，并按规定分配政策资源。因而，村级治理行政化为农村低保资源分配规范化提供了重要的组织条件。

① 村干部的分工直接对照乡镇分工，主要分为党群、综治、会计、城建、计生、民政、武装、农办、团委、宣传、社事、安监12个条线的业务工作，其中书记不承担业务工作，剩余9名工作人员协商分配12项业务工作，并直接接受乡镇的业务指导。分工形成后，每名村干部只需负责其对应条线的工作，并不需要综合应对其他条线的事务。

② 定员干部可在乡镇的拆迁、物管等部门任职，也可在镇内的村级组织任职。如L村的村书记原本为乡镇派出所的安保队大队长，后被选派到L村担任村书记。

二、资源分配对象规则化

低保分配中的“信息对比”技术因大数据基础和科学程序设计而具有较好的形式理性。但技术处于基层社会的微观治理场景时，需要与具体的政策对象紧密衔接，才能实现政策标准与基层社会生活层面的勾连，保证政策执行能够更好地贴合社会需求。否则对技术形式理性的依赖就会损耗其在基层治理中的实质合理性。依托信息技术瞄准低保政策对象的效果实现与政策对象的形态高度相关。一方面，通过信息技术瞄准政策对象的前提是信息技术能够有效测量政策对象。当政策对象形态较为规则化时，技术则能较好地操作为相应指标，并准确反映和描绘出政策对象的具体形象，将庞杂的社会事实转换为“可读”的数据。另一方面，信息技术必须能够与政策对象所处的乡村社会结构、农民生活方式等相契合。当村民和村庄社会较为规则时，村民间的利益冲突和特殊诉求较少，大部分社会情形能被理性的信息技术治理运行规则所囊括。

在本章的案例中，相对于中西部地区，L村因为地处工业区，村民早在20世纪90年代就已经实现了就地工业化，村庄中的社会利益呈现出相对规则化的特征。因而在低保资源分配中，“信息对比”整合的数据资源基本能够覆盖农民家庭经济生活的各个方面，能够较好地评估政策对象的家庭经济水平和财产情况。

一是农民家庭收入较易计算。自20世纪80年代起，苏南地区集体经济兴起，农民逐步从农业生产中退出并进入本地中小企业谋生。伴随着产业升级转型，当地形成了能够容纳各年龄阶段劳动力的完备工业体系。一般而言，年轻人在外资或合资企业从事生产、管理工作，收入为每月3000—4000元；中年人在乡镇小企业或小作坊从事传统工业，收入为每月2000—3000元；老年人从事保安、保洁等轻体力劳动，收入为每月1000-2000元。同时，大规模征地拆迁安置使得村民有机会分享级差地租，将土地转换为社保或失地养老保险。整体上看，村民的收入主要为工资报酬和保障性收入，此种收入形态已与难以精准计量的半工半耕收入结构有了较大差异。

二是村庄结构相对稳定。依据村民的收入和财产情况，虽然村民之间存在经济差异，但中间收入的农民仍构成村庄的主体部分。在L村，较为富裕的村民一般是小老板或工厂主，年收入为几十万到几百万不等；贫弱农户主要是家庭成员不具备劳动力或身患重大疾病的农户，其年收入小于5万；90%的家庭有3至4个劳动力进入工厂务工，家庭年收入一般能有5—10万元。总体上看，由于中间收入的农民所占比例较大，村庄仍能维持较为一致的生活模式和行为规范，社会形态也较为稳定。

三是村庄利益诉求表达有序。受工业化程度较高的影响，大部分农民在生产上已与乡村社会发生分离。在城镇化的推进下，大部分农民也搬进了小区，生活空间也基本转移到城市。村庄社会不再是农民的利益聚集地。村级治理的职能更偏重于维持分配民主，普惠地向村民提供公共物品、公共服务和政策资源。同时，村庄内部利益群体的构成也较为单一，大多数村民通过生产收入和保障收入能够维持较为体面的生活水平。在村庄内部良好的公共服务和基础建设的加持下，农民生活质量相对优越。仅少数贫弱群体或特殊群体有一定的利益诉求，且基本能够在政策资源体系内得到回应。因而，村庄利益诉求的表达相对平和，利益秩序也较为规则。

“信息对比”作为相对理性的农村低保资源分配程序需以规则的农村社会形态为基础。苏南地区城镇化水平较高，村庄内部分化较为合理，可分享的公共资源也相对充足。工业化的家庭生产方式使得“信息对比”能够通过家庭劳动力情况、银行存款、固定资产、疾病治疗支出等指标精准地测量和评判政策对象；稳定的村庄结构使得大部分村民对政策资源分配结果的认可程度较高；有序的利益诉求使得村民利益分配秩序较为稳定，村庄资源争夺激烈程度得到缓解。因此，规则化的政策申请对象和村庄社会形态能够较好地接纳低保“信息对比”携带的程序规则。

三、社会保障政策体系逐步健全

治理体系和治理能力是国家制度安排及其执行能力的集中体现，两者相辅相成并构成有机整体。好的国家治理体系能够提高治理能力，而治理能力的充分发挥也能推进治理体系的效能。因而，在通过数字信息技术提高低保政策执行精准性的情况下，也必须建立完备的资源分配体系，保证基层政府的政策资源分配环境，提升基层治理的效能。

从农村社会保障政策体系的构建来看，每个政策都具有相应的功能和定位，目的是保证政策对象能够有效获取政策资源。政策执行得越是精准，政策的模糊地带就越是狭窄，政策覆盖范围也会被相应收缩。然而，基层社会存在着纷繁复杂的社会需求。在政策资源较为匮乏时，基层政策执行者常常弹性使用或变通利用政策模糊地带，以容纳更多的社会情形和利益诉求。这意味着，提升低保政策资源分配精准度的同时也必须提高农村社会保障资源的供给能力，建立更为完备的政策体系，才能包裹和覆盖基层社会的各类复杂保障需求。

因此，健全的社会保障政策体系也是低保政策资源分配精准化和规范化的重要条件。在中西部地区政策资源分配的实践经验中，因政策资源不足，基层政府常常面临施策困境：一是政策需求主体存在合理诉求，但无法在政策体系内寻找到可利用的资源，只能在政策执行中利用非常规化、非正式化的方式来满足其需求；二是政策需求主体的需求可以在政策体系内满足，但政策设计本身嵌套交织，基层无法精准施策或福利资源集中叠加在某一类人群身上。上述情况会降低资源分配的有效性，使得部分群体无法通过合法有效的途径获得政策资源，或是部分群体成为资源集中输入的汇集地，引发公平性和正义性问题。

低保政策资源分配的精准化、规范化必然要建立在供给能力强且分配规范的资源体系之上，这种资源分配体系能够保证基层政府的施策环境，实现政策资源的可用性、容纳度和精准性。不管发生任何社会情况，基层政府都可以依靠政策组合，在政策体系内激活相应资源，以回应复杂的社会需求。以苏南地区的社会保障政策体系为例，围绕着低收入人群、特困人员、特殊人群等人群建立了包括基本生活、医疗、就学、住房、失业、灾害、意外事件等多种情形的政策。同时，除国家的社会保障政策资源外，苏南地区的农村集体经济发展较好，镇村两级具备在村社内部提供补充性保障资源的能力。在低保资源分配规范化的基础上，基层政府通过有效的方式识别和筛选出各类困境人群，按照具体情形将其分类投放到分属的保障政策中，并依据政策标准提供相应的救助措施，以达到很好的施政效果。

第五节　理论延伸

在本章的案例中，W市农村低保资源分配方式的技术化和规范化是国家治理逻辑转变的一个缩影。它意味着国家开始在行政成本和治理精准性的权衡中倾向于后者。作为国家管理职能的实现方式，规范的资源分配方式最终要指向基层社会。因此，对本章的案例可以从国家治理能力、基层治理程式化、数字技术工具有效应用三个维度进行理论延伸。

一、国家治理能力的维度

国家能力指的是“国家作为一个重要行动者，更进一步说，就是要解释国家在执行政策目标的能力，特别是国家在面临实际或潜在的社会团体势力或者身处艰难的社会经济环境之中执行政策目标的能力”。低保资源分配中展现出的国家认证能力、整合能力是国家能力的重要组成部分。中国长期是超大规模社会，国家体制调动治理资源的能力相对有限，无法完成对社会的深度调控。在经济社会大转型背景下，基层治理对象的体量、流动速度和碎片化程度也相对增加。这进一步地增加了国家有效治理的难度，也对治理的渗入性、规范性、精准度提出了更高的要求。

从我国的组织体系来看，国家的认证能力和整合能力存在天然弱势。一方面，国家在政策执行和事务管理过程中，既要依靠纵向条线部门实现具体职能，也要依靠横向地方政府完成属地范围内的信息获取和组织服务工作。在实践中，条块常常需要交错结合，条线部门虽能完成公共服务的政策制定和资源供给，但其组织力量并不能完全落地。在政策执行方面，“块块”依然发挥着提供信息、接受申请、完成审批的重要作用。这种工作机制要求基层行政组织必须能够与多个平行独立的条线部门有效对接。然而，在各自为政的行政逻辑下，条线内部信息具有相对封闭性，行政组织存在着信息孤岛现象。这使得基层政权难以形成“总览全局”的认证能力和社会统合能力。另一方面，国家对治理对象的认证和整合主要依靠基层政权。乡、村两级虽具有熟人社会的信息优势，但其提取信息的能力存在限度，尤其是社会形态愈加复杂的情况下，部分隐藏和沉淀在社会系统内的信息难以被有效采集和纳入国家视野。在信息不对称的情况下，国家难以对地方社会进行有效管理，治理的内在统一性和政治效果也大打折扣。此外，当国家治理目标与地方治理目标存在冲突时，基层社会往往也会选择性地执行国家政策。

随着数字信息技术的发展，各类技术平台成为建设国家治理能力的良好切口和重要载体。从苏南地区低保资源分配实践看，在信息对比平台运行的过程中，国家整合能力和认证能力不断提高，散落在各条线内的碎片化行政资源、信息被有效整合。体制内部实现了互动联合，且共同服务于国家政策目标。国家通过数字信息技术也可以强化对基层代理人的监控，进而打破信息不对称困境，提高地方政策执行的透明度，降低政策执行的偏差。同时，数字信息技术能够清晰地勾勒出政策对象的具体形象，以精准施政的方式保证个人具体权利。因而，以数字信息技术为载体的治理方式更具直接治理特征，其能够实现国家权力与基层社会的贯通。

当然，在本章的案例中也显现出了数字信息技术并非万能工具，其对国家认证能力的提升仍然是有限的。就认证的事实层面而言，随着乡村社会结构的不断转型，乡村社会的流动性不断加大，社会成员的信息也无法被统一的认证体系完全识别。加之村庄社会成员的事实信息散见于不同数据体系中，仅依靠数字信息系统实际上难以完成国家福利的统一认证。而社会事实的整合程度越低，数字信息系统的识别难度就越大，国家认证能力也越低，低保资源的精准化分配就越难实现。同时，理性的技术工具也常常难以回应复杂的社会事实，尽管在政策文件中设定了明确的低保申领标准、程序等，但是政策标准总是与变动中的社会事实存在差异，无法涵盖复杂的社会事实，因此才会出现本章案例中刘奶奶的“尴尬”处境。而数字信息系统对低保政策对象的审核与筛选实际上排斥和限制了基层工作人员分配低保资源的弹性空间和灵活性，因而也难以完全精准地识别潜在的政策对象并反馈到国家统一的认证体系中，这也会影响国家认证能力的发挥，进而引发农村低保资源的分配困境。

二、基层治理程式化的维度

本章的案例不仅展现出了数字信息技术对农村低保资源分配程序和分配方式的重塑，也表明了基层治理正朝向着更加程式化和规范化的方向改变。从治理主体上看，数字信息技术不断应用，并改变着执行政策的方式。国家以此扭转信息劣势，并有效监督和考核政策执行过程。这种政策执行要求必然会影响基层政府的行为方式。一方面，基层政府需要适应规范治理的需求，提高在制度框架下完成国家治理目标的能力；另一方面，基层政府也需构建较为完善的资源分配体系，以回应社会需求，解决理性规则与复杂社会碰撞下产生的不能被规则体系容纳的具体治理问题。一旦基层组织适应了数字信息技术带来的政策执行逻辑和资源分配方式的变化，组织内部就会产生规范理性的组织文化和职业准则，这也会促进政策执行者的施政行为朝向规范化的方向发展。

从治理对象上看，基层治理中的“简约治理”模式使得正式规则与村庄内生规范长期并行，乡村社会存在大量的“人治”空间。在资源分配中，基层政府以严格贯彻政策规则的方式完成资格认证。这种方式打破了乡土社会中以人情关系为基础的低保资源分配逻辑。理性化的技术带来的规范治理方式会促使村民按照法治规则行事。村民若想通过政策资格的认证，就要按照国家设定的公共规则来调整自身行为，并不断调整自身认知，提高规则意识，以符合规则的行为方式获取资源。

三、数字技术工具有效应用维度

在本章的案例中，数字信息技术的应用是实现低保资源分配精准化、规范化的重要基础。数字信息技术在基层治理中的有效应用受到组织结构形态和社会程式化程度的影响，同时也与地方治理能力、资源条件紧密相关。如果不加调试地将这种高度程式化的治理工具和治理方式简单推行到社会形态并不规则的地区，则会增加技术嵌入乡村社会的难度，两者可能会产生互动困境，进而损耗技术运行的效用，甚至陷入片面依赖技术的形式主义困境。同时，技术的运行必须配套相应的信息数据和物质载体，需要国家和基层行政组织投入大量的资源，这会给大部分财政能力较弱的基层组织带来沉重的治理负担。

从理论上讲，依托数字信息技术精准分配低保资源必须具备一定的基础设施，如果缺乏这些基础设施，即使数字技术工具再精密，体现国家意志的低保资源也将难以精准有效地渗透到村庄社会中。国家在农村输入各种资源时，为保障国家资源分配能够精准有效地落实到村庄社会，并在整体上形塑农民对国家的认同，需要配套建立和完善相关的基础设施，这些基础设施主要包括村级组织的专业化数字信息技术人才的培养、数字信息系统的建立与完善、流动人员身份财产信息的监测与整合以及专业化的执行等。如果没有健全和完善这些适应数字信息技术应用的基础设施，而只是片面强调数字信息技术的理性或是源源不断地向乡村社会输入福利资源，乡村社会仍然难以建立有效的福利资源分配规则和长效机制。

第三部分

矛盾纠纷化解

第九章　乡土纠纷性质

第一节　案例介绍

任何社会都会出现纠纷，乡土纠纷是发生于乡村社会中各类纠纷的总称。这里提供两个来自我国中部某省农村的纠纷社会文本。这两起乡土纠纷发生在同一个村庄，并且在纠纷内容上具有一定的相似性。本章将从呈现乡土纠纷的事实开始，从乡土纠纷的事实结构中引申出乡土纠纷解决的现实需求，分析纠纷解决面临难题的原因，以加深对乡土纠纷性质的理解。

案例

2015年某日清晨，村民王贵春（女）正在放养家里的羊群，其中的两只小羊跑到村民“青楞”家的花生地里。当时花生已经基本收割完成，小羊吃了“青楞”地里的几斤花生。“青楞”发现后，当着王贵春的面对小羊拳打脚踢，将小羊的头捏在手里相互对撞，并最终将小羊打死。紧接着，“青楞”便开始殴打王贵春，并破口大骂，指责王贵春的丈夫胡光宝去年没有给其使用堰塘的水。王贵春回来后非常生气，但并未对丈夫胡光宝讲述自己的遭遇。到了中午，吃过饭后，王贵春对丈夫说：“你赶紧睡觉，我要去地里收花生。”胡光宝睡下几分钟后接到女婿打来的电话，女婿说王贵春不久前打来电话，嘱咐了存折和家里的各种事情，担心王贵春心里有事想不开。胡光宝立即起床在家里寻找妻子，发现妻子在家中的存储室里自杀了。后来，王贵春立即被送往医院抢救，幸亏抢救及时才脱离生命危险。[①]

① 后文称“羊吃花生”案。

当地乡镇派出所民警回忆，当时胡光宝在纠纷发生后曾来派出所。但是，由于对王贵春的自杀与这起纠纷的关联性难以界定，民警只能建议胡光宝向律师咨询或委托熟人打听相关法律规定。根据胡光宝的回忆，在纠纷发生的当日上午，“青楞”曾过来赔礼道歉，当时胡光宝并不知道小羊羔被打死和妻子被打骂的事实，便接受了“青楞”的道歉。王贵春被抢救过来后，依然“气得不行”，觉得“青楞”当着自己的面打死小羊并骂人，是对自己家莫大的侮辱。听了妻子的一番诉苦，胡光宝这才知晓事情的原委。

在这起纠纷事实中，“青楞”之所以打死小羊并咒骂、殴打王贵春，主要是因为“青楞”和胡光宝之间发生过用水纠纷。原来，胡光宝承包了“青楞”所在村民小组的两处堰塘养鱼，这两处堰塘高低相连，其中地势较高的堰塘专门用来养鱼。这个堰塘所存储的水需要经过从地势较低的堰塘里提灌，而地势较低的堰塘不仅用于养鱼还用于农业生产灌溉。在纠纷发生前，“青楞”曾向胡光宝提出用水要求并明确表示要用地势高的那口堰塘，胡光宝觉得“青楞”属于无理要求遂并未答应，“青楞”便一直怀恨在心。于是，“青楞”偶然发现王贵春放羊，便抓住小羊羔侵入自己花生地的机会对胡光宝进行报复。可见，“羊吃花生”案发生的原因并不简单。这起纠纷并不是简单的牲畜侵害庄稼的纠纷，而是“青楞”借着此事故意实施的报复行为。在乡村社会生活中，社会纠纷发生的原因具有很强的延伸性，纠纷发生的原因很可能是其他事情，引发某些纠纷的事情有可能是很久以前发生的。这就使得一些纠纷在本质上并不是表面的利益纷争，由牲畜侵害庄稼产生的纠纷实际上包含着一起农田水利的纷争，正是农业生产用水的纠纷引发了人身伤亡的纠纷。

后来，通过对村庄纠纷历史的回溯，发现原来多年前也发生过类似的纠纷：

“青楞”特别喜欢欺负村里的老实人，自己喂养的牛经常跑到村民家的农地里，不知道吃了别人家多少庄稼。令人气愤的是，每次这种事情发生后，“青楞”还总是死不认账。2004年某日下午，“青楞”家喂养的狗咬死了张新富的羊，张新富前去讲理，结果“青楞”死活不承认狗是自己的。为了证明自己没有诬陷“青楞”，一把年纪的张新富跪立在“青楞”家门前“赌咒”，“青楞”不仅不予理睬，反而坐在自家房间里与儿子喝酒聊天。烈日当头，不料张新富突发脑出血身亡。

村干部多次调解无果，为了及时解决纠纷，防止“门头”[①]闹事，村干部请来派出所的民警调解纠纷，“青楞”最终向张新富的家属赔偿了3000元。[②]

在“狗咬羊”案中，“青楞”不仅有责任在先，而且在纠纷解决过程中不断欺负张新富，以致张新富意外死亡。在村民眼中，就是“青楞”的耍赖将老实的张新富活活气死。按照乡土逻辑，“青楞”的行为和张新富的死亡具有乡土伦理上的因果关联性。在乡村社会的语境中，这无疑是一起难以化解的纠纷，其疑难之处在于，“青楞”是村庄社会中的边缘人，对于普通人适用的乡村规范通常很难在“青楞”身上发挥作用，而通过暴力方式对其惩罚又无法解决问题。

这两起都是牲畜侵害庄稼而引发的纠纷，而且“青楞”都是当事人之一。“狗咬羊”案中，“青楞”不仅没有承认错误，反而导致受害人意外死亡；而“羊吃花生”案中的“青楞”在保护自己的庄稼时显然行为过于激烈，违反了牲畜侵害庄稼纠纷解决的乡土规范，不仅构成了对王贵春的侵犯并引发了王贵春的自杀行为。后文从纠纷主体的社会地位、纠纷解决的主体、纠纷结果等方面，对上述两起乡土纠纷予以比较。

（一）受害方社会地位差异悬殊

“狗咬羊”案中，张新富是村里典型的老实人，老实人在熟人社会里向来循规蹈矩、做事低调，遇到不公平的事情大多忍气吞声。“青楞”明明欺负了自己，却只能采用“赌咒”的方式来主张公道。“羊吃花生”案中，王贵春一家属于村里的“门头”大户，而且是经济能人，却受了“青楞”的“大气”，差点家破人亡。

（二）纠纷解决主体构成的反差

“狗咬羊”案中，纠纷解决主体呈现出多元化，“门头”权威、村干部、警察都参与到纠纷解决之中。正是纠纷解决资源的丰富和纠纷解决主体的多元，才使得在当时看来颇为困难的纠纷最终得以解决。最后纠纷解决的结果，总体上是符

① 北方农村社会内按照血缘关系形成的农民认同与行动单位，通常是由同姓的兄弟、堂兄弟家庭构成，一般在20—30户。

② 后文称“狗咬羊”案。

合乡村社会的秩序预期的，即对“青楞”进行了处罚，也为老实人张新富出了气；而在“羊吃花生”案中，“门头”权威不仅没有出面，村干部的调解流于表象，派出所则选择坚持依法行事，对于不在职权范围内的纠纷坚决不予立案，这些常规的纠纷解决主体均难以发挥作用。

（三）纠纷解决结果大相径庭

“狗咬羊”案中，“青楞”尽管没有获得身体上的惩罚，但赔偿给死者家属的3000元钱也许更能解决实际问题；而“羊吃花生”案中，王贵春虽然最终被抢救了过来，但从情理上讲，王贵春因“青楞”而自杀，抢救花费不少，“青楞”却始终没有以实际行动来表示歉意。如果胡光保自己咽不下这口气，而选择以暴力的方式解决问题，最终胡光宝反而需要因此承担相应的法律责任；如果胡光保选择司法救济，法院可能按照简易程序进行司法调解或判决，即便是最后的结果有利于胡光保，但王贵春能否咽下自己的那口气也很难估计，而且对于“青楞”，法院的裁决在执行过程中也会遇到不小的阻碍。

表9-1　两起纠纷对照情况

发生时间	纠纷名称	实质过错方	纠纷后的延伸事实	纠纷解决主体	受害方	调解策略	调解结果
2004年	“狗咬羊”案	“青楞”	张新富意外死亡	村干部、亲戚、熟人、派出所	老实人	威胁、说理、劝和	赔偿3000元
2015年	“羊吃花生”案	“青楞”	王贵春自杀（未遂）	村干部	“门头”大户	说理	未果

第二节　现实背景

乡土纠纷在解决中遇到难题，主要是因为乡土纠纷解决体系无法回应纠纷解决的需求。乡土纠纷解决体系是指能够为村民主张乡土利益、促进纠纷解决的社会控制系统，大体包含民间权威、村级组织和乡镇机关，其中民间权威和村级组织可以称为纠纷解决的内生权威，而乡镇机关解决纠纷的主体在广义上包括了乡镇党委政府、派出所、司法所等国家政权在基层的各种组织载体。从本章所讨论的纠纷案例看，乡土纠纷解决的难题主要体现在以下三个方面。

一、乡村社会民间权威的式微

乡村社会内一直存在着内生权威，民间权威和具有体制性身份的村组干部都是内生权威的典型代表。乡村社会内的纠纷，很长时间以来主要依靠内生权威来解决。例如，在华北农村，“门头”本身就是重要的社会控制单位。这意味着，当“门头”内或“门头”之间发生了纠纷，“门头”中的权威人物是需要出面来化解纠纷的。村民之所以服膺于民间权威，很重要的原因是村民的日常生活离不开民间权威。民间权威属于乡村社会中土生土长的精英，他们在日常的农业生产生活中依靠自己的血缘身份、劳动能力和生活经验来参与村庄公共生活，为村民提供便利和帮助。这个过程中，民间权威不断累积“面子”和人情，逐渐在村民心中形成权威，进而形成自己化解乡土纠纷的能力。民间权威的纠纷解决能力在乡土纠纷解决中有时发挥重要的辅助作用。在“狗咬羊”案中，民间权威积极参与其中，便为纠纷的顺利解决提供一臂之力。现在，乡村社会关系发生松动，民间权威有所式微，“门头”内精英的脸面也仅限于自己个人的能力上，很难转化为具有治理公共性的解纷资源。于是，即便是“门头”内出现了纠纷，原有的民间权威也不乐意出面解决纠纷，即便出面也很难有效化解纠纷。

二、村级组织治权的不足

村干部在纠纷解决中的权威很大程度上来源于国家赋予的体制性身份。农业税费时期，村干部能够利用体制性身份解决农业生产的公共品供给问题，进而对农民形成一定的支配性权力。如此，当农民之间发生纠纷时，村干部就能够居中调解。农业税取消后，村干部开始向公共服务者转型，村干部在村庄社会中的权威开始快速下降，昔日解决纠纷的能力逐步减弱。纠纷解决中村级组织表现出的治权不足源于基层治理形态的结构性变化。当前，村级组织的运作在很大程度上是围绕着乡镇的行政工作目标来完成的，即便村干部想和村民保持更多的联系和互动，但是为了完成行政化的治理事务，没有太多时间深入乡村社会的日常生活。如此，一旦面对纠纷，村干部就很有可能基于行政负担或是自己的事务而无心解决纠纷，村干部解决纠纷的积极性、能动性变弱。乡村治理形态的变化已经使得乡土纠纷的解决成为村级组织的专门业务工作，而不是嵌入在乡村治理之中的综合性工作，这反而使得村级组织的纠纷解决越来越脱嵌于乡村社会生活。

三、警察总体性权威在纠纷解决中的弱化

在乡土纠纷解决中，派出所通常能够发挥很大的作用。警察之所以能够在纠纷解决中发挥作用，依靠的主要是警察的总体性权威。警察的总体性权威是指警察不需要通过行使具体的职权而对农民所形成的威慑力。但随着警务改革的深化，警察权力运作越来越规范化。面对乡村社会中的纠纷，警察参与调解逐步从权威型调解向合意型调解演变。警察调解的法律实践显示，警察调解制度的规范化在一定程度上弱化了派出所解决某些乡土纠纷的能力。当前，警察执法在乡村社会中的重点是乡村治安，解决纠纷是派出所开展治安工作的一部分。在“羊吃花生”案中，派出所严格依法办事，很难在职权范围内开展调解工作。因为乡土纠纷具有明显的延伸性特征，高度专业化的警察权力难以介入格式化程度很低的具体纠纷事实中去。在接到报警后，警察即便进入纠纷现场，他们能够做的是让正在发生的纠纷不至于立即演化为刑事案件，而无法真正调解纠纷背后复杂的社会关系。

第三节　一般模式

一、纠纷事实的展开

在乡村社会中，日常生活中的纠纷是极为常见的，邻居之间的口角、家庭成员之间的矛盾，都是乡土纠纷的具体形态。如果细致了解纠纷发生的前因后果，会发现乡土纠纷并不简单，而是包含乡村社会秩序方面的大量信息。这些与纠纷

直接相关的社会秩序方面的信息可以被称为纠纷事实。后文将结合前述纠纷案例，对乡土纠纷的事实展开经验分析，以呈现纠纷事实所包含的社会规范、纠纷起因和纠纷当事人的利益诉求。

（一）牲畜越界问题处置的社会规范

从上述纠纷社会文本来看，两起纠纷的发生均源于牲畜对庄稼的侵害。这种纠纷属于乡村社会中经常会发生的一种纠纷。乡村社会中总是存在一定的容忍度，只要不触犯底线，大家便可相安无事。如果村民发现牲畜侵害了自己的庄稼，大多数情况下都不会有过激行为。通常的解决办法是找到牲畜的主人，并要求一定的赔偿。即便是经济社会高度发达的美国，牧民在解决牲畜的越界纠纷时也大体如此，“邻人之间要合作”构成了这类纠纷化解的主导性规范。也就是说，牲畜侵害庄稼纠纷的主流解决方式是容忍和协商，即便是在损害较大的情况下，也不会直接采取暴力手段。可是，从本章的纠纷案例来看，无论是“青楞”在“狗咬羊”案中置之不理的耍赖行为，还是在“羊吃花生”案中打死小羊羔的行为，均违反了牲畜越界问题处置的社会规范，均属于熟人社会中的走极端行为。那么，对比两个纠纷案例可以发现，同样是“青楞”在乡村社会中的不守规矩的行为，最后的结果却大相径庭，这说明乡土纠纷解决的社会规范已经发生了重要变化。

（二）村庄秩序的强弱法则

在村庄社会中，强弱法则是情、理、法之外的另一种秩序规则。尤其是在中国北方村庄，门户林立，大户意味着人多、力量大、不可欺；反之，小门小户更加容易受欺负。不过，村庄秩序中的平衡法则是大户不能任意欺负小户，小户则要守规矩，不要挑战大户的权威而且需攀附大户。通常情况下，大户与小户沾亲带故，强弱关系也就没那么显现。不过，乡村干部一般都在大户中产生，从大户中成长起来的乡村体制精英需要在公共层面主持乡土正义，而不能一味偏袒自己人。

费孝通的“差序格局”所指的主要是以传统伦理为基础、以个人为中心向四周差等有序地扩展开的“圈子”。[①]当代中国农村的社会结构的变化在于，传

① 费孝通：《乡土中国·生育制度》，北京大学出版社1998年版，第24—30页。

统的公共性规则逐渐被个体居主导地位的新规则所取代，乡村社会呈现出立体的“中心—边缘”秩序。“青楞”无疑是村庄社会中的边缘人，他在社会身份上的特殊之处在于其属于不参与村庄社会生活的“绝交户”，这种门户早已进入“社区性死亡”。“青楞”独门独户，一家父子二人，平时行为怪诞，与村民几乎绝交，不仅不走动人情，而且时常主动干扰他人生产生活甚至是侵害他人利益。

“青楞”在“狗咬羊”案中对所应该承担的责任极力推脱，是典型的欺负老实人的举动。村干部无奈之下只能借助国家权力来恢复乡村秩序。在“羊吃花生”案中，“青楞”挑战乡村社会的主流秩序。在王贵春做出了自杀的举动后，村庄舆论一时议论纷纷，村民都觉得要对“青楞”予以严惩，但谁都知道“谁动手谁坐牢”的规矩。村庄社会中的强弱法则和“中心—边缘”秩序具有根本性，边缘人的崛起对乡村秩序的颠覆效益是巨大的。“羊吃花生”案发生后，王贵春的自杀行为已经将这种乡村秩序的变动演化为公共事件，一旦“青楞”最终“逍遥法外”，那么村庄秩序结构只会更加松动。

（三）生活“奔头”与农民因“气”自缢

因为日常生活中琐碎的纠纷而直接自杀，听起来让人觉得不可思议。王贵春的自杀与乡村日常生活中的“气”紧密相关。“气”是人们在村庄生活中，未能获得期待的“常识性的正义衡平感觉”时，针对相关人和事所生发的一种激烈情感。从纠纷发生的经过来看，王贵春的“气”首先源于“青楞”对小羊羔所采取的残忍处理方式。这种侵害行为具有很强的仪式性，小羊羔在侵犯现场成为王贵春全家的“替身”，而“青楞”在纠纷现场对王贵春的打骂，事实上就是对自己全家人的无情进攻。因而，在村庄语境中，“青楞”的行为构成了侵害程度极高的复仇行为。通过语言和身体上的暴力侵害，“青楞”引发出王贵春“正义衡平感”的严重缺失。在乡村社会的语境中，“活着憋屈”就意味着生活没了“奔头”。在王贵春看来，作为边缘人的“青楞”居然敢于挑战胡家在乡村社会中的地位，“活着憋屈，不如死了有志气”。作为村中大户，受到“青楞”的欺负而无法找回乡土正义，王贵春深刻地体验到生活“奔头”落空之后的失败感和面对纠纷化解中的无力所带来的挫折感。

二、纠纷解决的需求

乡土利益的特性往往形塑了乡土纠纷解决中的独特需求。本章的纠纷案例具有明显的乡土特性，纠纷事实中王贵春遭遇了一系列乡村社会层面的利益损害，比如脸面、“门头”地位等。重要的是，这些社会利益是无法格式化为法律权益的。对于难以转化为现代法律权利的纠纷利益，解决的办法并不是某种绝对意义上的是非之断，而是需要在乡土社会关系中形成某种利益平衡。如果是按照既往的乡土逻辑，可能采用现代法律眼光看来明显是违法的行为，比如采用暴力的方式来对不守规矩的人加以制裁，就能够起到某种利益恢复的效果。按照乡村秩序的一贯逻辑，“青楞”是边缘人而王贵春一家是大户，“青楞”一般不会挑战大户。如果大户受到了“青楞”的挑战，比较直接而有效的方式是通过暴力来予以惩罚，以获得“常识性的正义衡平感觉”。这可以视为村庄社会自身的一种秩序平衡机制。

如果能将“青楞”“暴打”一顿，王贵春的“气”其实也就消了，村庄的强弱法则与“中心—边缘”秩序也得到了维持。但是，动手打人肯定是要承担法律责任的。纠纷案例中的王贵春也知道，如果丈夫动手打人，将会负法律责任，“万一打出问题，丈夫甚至有可能被判刑”。另外一种可能是，王贵春的丈夫如果打了人，万一“青楞”狠心伺机报复，向鱼塘里下毒，家里的经济也会遭到巨大损失。从这个角度看，王贵春并非对法律知识毫不知晓，而主要是无法使心中的“气”按照常规的方式排泄出来，于是“气不过”，激动之下便只好选择自杀。

按照传统乡土社会行动的逻辑，“气”是“中国人在人情社会中摆脱生活困境，追求社会尊严和实现道德人格的社会行动的根本促动力”。其中“以忍御气”（即相互容忍）是主流行为，而“以气立人”（即忍无可忍）情形下“为承认而斗争”的“活气的逻辑”属于补充行为。[①]以此来看，本章所讨论的纠纷案例中，

① 应星：《“气”与中国乡土本色的社会行动——一项基于民间谚语与传统戏曲的社会学探索》，《社会学研究》2010年第5期。

对于王贵春来说，如果“青楞”欺负到自己家头上来，以后真是没法在村里活，“路越活越窄”，这才是王贵春生“气”的根源。王贵春的自杀显然将“青楞”的行为提升到村庄社会的公共舆论平台上，村民自然会将自杀行为和“青楞”的侵害行为结合起来。尽管王贵春的自杀无法为自己伸张正义，但自杀行为实际上就是一种“气”的迸发，在村庄语境中属于“有志气”的表现。无论纠纷解决的结果如何，王春贵都通过对乡村社会中“承认的政治”的追求，为自己的家庭挽回了颜面。

在纠纷案例中，王贵春的“气”与“自杀”除了能够从本土社会行为理论中获得解释，还可以放置于社会文化变迁的结构中获得理解。美国社会学家奥格本最早提出“文化堕距”的概念，用以说明社会变迁中社会各部分变化不一致而产生的种种问题。他发现，物质文化与非物质文化发生变迁时，物质文化的变迁更快，于是会产生差距。一般来说，制度首先会发生变迁或变迁的速度稍快，其次是民风民德的变迁，最慢的是价值观念的变迁。[①]王贵春的自杀行为包含对生活利益的理性衡量。显然，王贵春并非不知国家法律为何，自己的丈夫在知晓纠纷真相后以私暴力惩罚“青楞”而需要担负法律责任的可能性，成为她最初向丈夫隐匿纠纷事实的主要原因。但是，王贵春无法真正在内心接受的，其实是“青楞”对自己家庭在村庄社会地位中的侵犯；尤其是，作为家庭女性成员的王贵春在这个过程中感受到了巨大的情感冲击，感觉自己几乎无法在村庄里有尊严地生活下去。

在乡土纠纷中，纠纷当事人所遭受到的利益侵害并非严格意义上的法律权利。“气”首先是一种正义受损的社会表达机制，“气”是正义丧失后的心理情感状态，客观上是一种正常的社会情绪。“气”和乡土正义互为表里，“气”的发生可能是由于乡土正义的丧失，而乡土正义的恢复则伴随着“气”的消解。在纠纷解决中，“气”只有得到排解和宣泄，正义才算获得伸张。这意味着，即便是乡村社会发生了巨大的变化，农民作为一个社会人所具备的那些底层的价值观念依然是极为牢固的。正是在乡村社会中存在着很强的“文化堕距”，才使得王贵春在原有生气

① ［美］奥格本：《社会变迁：关于文化和先天的本质》，王晓毅、陈育国译，浙江人民出版社1997年版，第76页。

的层次上累积了更多难以排解的“气”。

在乡村社会中，一些纠纷的出现本身意味着社会秩序结构发生了变动，这也使得纠纷很难按照原有的方式来获得解决。乡村社会中的很多纠纷不仅涉及物质利益损害的赔偿，还牵扯到大量以脸面为核心的乡土利益。当这些以乡土利益为核心的纠纷解决需求无法得到满足时，纠纷当事人就可能会通过非常规的方式来促进纠纷的化解，这在本章所提供的案例中就体现为农民自杀的方式。由此，值得进一步需要讨论的问题是，针对类似的乡土纠纷，其他常规性的纠纷解决方式为何曾经发挥了作用，能够为乡村社会中乡土利益的受损者主张正义，而现在却在纠纷解决中表现的无能为力，甚至是出现了纠纷解决主体在治理责任上的推诿。这说明，面对乡村社会转型所带来的一些纠纷，原有的纠纷解决方式存在着一定的局限性。

第四节　理论延伸

基于本章所呈现、分析的乡土纠纷案例，在对纠纷性质的整体把握的基础上，可以暂且将乡土正义界定为以社会强弱关系结构为基础、以中心—边缘秩序为底线、以正义衡平感为社会意识形态的地方性正义。乡土正义本质上是建立于人情、“面子”、势力等本土生活情境之中的微观正义。区别于格式化的通过司法实现的正义，乡土正义所主张的是乡土社会中以社会关系网络、生存结构为基础的本土利益，这种利益具有在地化、模糊化、非标准化的特征。

在“乡土中国”的理想型中，乡土正义被表达为“差序格局”，即在“生于斯、长于斯”的乡土社会中，人与人之间并不存在绝对的利益张力，社会秩序单元按照伦理、人情、脸面、势力结构来运作。乡土正义代表村庄社会关系网络和生存结构中各种特定利益的集合，人情法则、“脸面”机制、乡土权威构成了配置、平衡这些特定利益的社会控制机制。因此，乡土正义大多被理解为与现代法律正义相对应的本土利益诉求的集合。

尽管乡土正义不如司法正义那般可以转译为法律条文，但对于村民来说，乡土正义不仅真实，而且其往往意味着比法律正义更重要的特殊“权利”。本章的纠纷社会文本展示出的是处于嬗变阶段的乡土正义面貌。嬗变中的乡土正义包含两个层面的特征：一是乡土正义具有现代性。乡土正义的现代性是指在乡土正义的整合结构中，现代司法正义的规则价值已经融入原有的传统乡土正义的内核之中，现代规则开始逐步占据主导地位。这在很大程度上表现为农民对于法律有了基本的认知，对现代法治系统的熟悉程度开始增加。二是乡土正义具有混融性。乡土利益和现代规则体系下的纠纷利益被共同整合进乡土正义中。从这方面来看，社会转型期的乡土正义本身是一种混合型正义观。这意味着，乡土正义的现代性并不意味着传统乡土正义观的彻底退场，"羊吃花生"纠纷中王贵春的行为足以表明，乡土正义中的传统性还尚为顽强，乡土利益与司法规则之间的文化竞合也说明了此类问题。只是，随着社会转型的深化，乡土正义中的传统性将逐步被加以改造，直至碎片化地消散在村庄社会的角落地带。

乡土正义的复杂结构是深度转型中的乡土社会所展露出来的独特秩序面向，通过对乡土正义的追究，可以获取解读乡村社会秩序变迁的钥匙。罗尔斯有言："一个社会，当它不仅旨在推进它的成员的利益，而且也有效地受着一种公共的正义观调节时，它就是一个良序（well-ordered）的社会。……一种公共的正义观构成了一个良序的人类联合体的基本宪章。"[①]在传统时期，乡土社会固然是良序的：乡土正义本身蕴含着一套社会规范体系，具有乡村社会范围内的本土公共性，构成了一个良序的村落共同体的基本宪章。如果说改革开放初期乡村社会中的本土正义观及其社会规范体系尚且具有鲜明的传统面向，而现今的乡土正义已经开始向法律规范体系不断靠近，原有的乡村正义衡平感被不断打破，而正义的恢复机制显然并未建立。在社会秩序结构层面，乡土利益很难通过本土的社会控制机制得以维护。

社会结构转型所带来的村庄社会的巨变，使得原有的乡土正义系统趋于瓦解，乡土正义嬗变所带来的秩序变动将产出诸多不良社会后果：第一，社会生活预期缩短。村民的生活预期的长短是测量乡村秩序结构的基础性社会指标，社会生活预期的缩短将改变村民对生活利益的态度，进而影响到生活行为的选择。第二，

① ［美］罗尔斯：《正义论》，何怀宏、何包钢、廖申白译，中国社会科学出版社2009年版，第4页。

部分社会群体利益受损。社会边缘力量对中心秩序的冲击，会导致部分社会群体利益无法获得正义保障。随着社会转型期的完成，传统乡土正义体系中的某些特定利益将遭到摒弃，这个过程将成为不可避免的乡土正义嬗变之痛。第三，乡村秩序的波动不安。乡村社会的秩序需求同时具有本土秩序和现代秩序两重性。一旦乡土秩序兼具本土、现代等多重面向，实际的社会秩序可能会波动不安。

第十章　基层综合治理

第一节　案例介绍

案例

江西省中部Y县T乡的Z村，是一个宗族性村庄，有不同的房头之分。周某胜和周某兴是该村村民，却不属于同一个房头。两个房头在村里面都联系着十多户"自家人"，每个房头有100多号人，势力相当。两个房头之间因为田地、山林之间的纠纷历来斗争厉害，相互间暗自较劲，有时甚至一触即发。两个房头的摩擦最早源于退耕还林补助款的发放事宜。那是在2006年，当时周某兴任Z村支部书记，在落实退耕还林政策时违规操作，以权谋私。后来，周某胜经过省长热线进行信访。信访函转到县里面后，县委副书记组织县林业局、综治办以及乡镇党委政府进行联合调查。调查发现，周某兴不按县里文件要求，没有经过招投标手续，直接承包了周某胜所在小组的退耕还林项目，导致林地承包户的租金没有完全落实。周某胜抓住这一点不放，接连以周某兴送礼行贿、不收周某兴自己房头人的计划生育罚款以及牛被周某兴毒死等理由多次通过省长、市长手机信访热线反映。后来经过乡政府组织多方核实，周某胜举报的情况完全不实。然而，事情没有完全结束。周某胜始终认为，周某兴在村里面横行霸道，仗着自己宗族人多、权势以及关系，经常侵占村民财产。2010年，县林业局把村民的林业证发放到了周某兴手中，周某兴并没有发给村民。周某胜认为，林权证被周某兴卡住了，于是又通过省长、市长热线信访，反映周某兴林权证被扣事宜，借此打击周某兴的房头势力。

信访转到乡政府后，政府主要领导对此很重视。由于这个事牵涉到村民与村干部之间的矛盾以及村庄内部宗族力量的对抗，乡党委书记专门组织常委会听取相关驻村干部汇报，研究解决方案。会后，乡党委书记决定专门成立调处小组，由乡党委副书记兼纪委书记任组长，人大常委会副主任、综治专干为副组长，相关蹲村干部及综治干部为成员，协调处理此事。经他们调查得知，20世纪90年代，响应县里号召，村民在山上植树造林，发展山林经济，但当时并没有确权到农户。林改政策下来后，村民以为可以拿到林权证，但由于果园山地的产权已确认给了村集体，所以村民需要和村集体签订承包合同才能拿到林权证。后来，经过乡村两级协调，并通过村民代表大会决定解决方案，即如果村民想继续承包山林，则应该交100元承包费给村里，并签订山林承包合同，才可以换发林权证。但是，村民代表大会决定后，依然有100多户村民没有交这项费用，这其中主要是周某胜那边的房头农户。周某胜等村民认为，这个树是村民私人栽种的，不应该交费用，而且周某兴不发林权证是想欺负他们那个房头，为此两个房头经常吵架。事后，由于这部分村民迟迟没有交钱，也没有拿到林权证，林权证一直在周某兴手中。周某胜和周某兴之间的矛盾也日益演化为村庄内部房头力量的对抗，于是只能由乡政府出面协调解决。

事实调查清楚后，乡协调小组成员主要做了三方面的工作：一是建议乡党委免除周某兴的村支部书记职务，以缓解Z村两个房头之间的矛盾；二是上报县政府主管领导，请求协调县林业局和司法局的同志下乡给农民讲解林改的相关政策；三是要求Z村的乡里蹲村干部密切关注村民的思想动态，以防止群体性事件的发生。尽管如此，周某胜还在不停地上访反映此事，但基本上每次上访的结果都一样。乡党委政府在信访答复意见中指出："经与Z村干部协商，为解决相关村民的山林流转和林权证的发放问题，将重新召开全体党员、群众代表大会，按照相关政策讨论研究集体山林流转及林权证问题。"乡政府并没有明确地给出具体处理意见，只是在调查事实的基础上，提出了解决建议。每次答复意见收到后，周某胜总是不满意，总是通过省长热线信访。对此乡综治专干认为："他多次上访也没有办法，我们还是这样答复。只要不打架闹事。"随着时间推移，与周某胜不是同一个房头的村民开始交承包费换林权证。而周某胜本人虽然减少了上访的频次，但最终还是没有交承包费给村集体，并且随着他在县城找到了工作，也不再关心村里面的事情，两个房头的摩擦也逐渐减少，久而久之终于恢复了往日平静。

第二节　社会背景

乡村纠纷的综合治理是乡村社会治理的重要组成部分。伴随着转型期乡村社会复杂性、紧急性的综治纠纷越来越多，乡村纠纷的综治解决将成为乡镇政府的常规实践。从整体上看，乡镇政府的活动嵌入乡村社会生活的生产与再生产中，乡镇政府协调各方力量解决和化解矛盾纠纷总是受到乡村社会的结构性制约。就乡村纠纷的综治解决而言，这种结构性制约需要围绕纠纷解决的主体力量、纠纷解决的资源可及性以及乡村社会纠纷固有的特性等方面去分析。

一、维护地方社会稳定的压力

从纠纷解决的主导力量来说，乡村纠纷的综治解决需要乡镇政府综治部门牵头处理，综治部门处理乡村矛盾纠纷是乡镇综治工作的重要组成部分。和经济发展一样，综治维稳工作是地方政府的中心工作，也即地方政府不仅要追求经济发展，更要维护地方社会的稳定。按照综治工作的“属地管理”原则，乡镇政府对本地区涉及社会稳定的事件都要进行处理。这是因为，区域性社会稳定是一个有明确责任主体的政治问题，所以作为最低一级的国家政权组织，中央要求基层乡镇党委政府对本地区的社会稳定负总揽全局的责任。很多社会矛盾的发源地大多来源于基层社会，基层乡镇党委政府也是最先接触到矛盾纠纷信息的主体。因此，维护本行政区域内的社会稳定是乡镇党委政府的重要使命。为了落实综治维稳工作，县级以上综治部门通常会设置相应的考核指标和“一票否决”事项来考核乡镇的综治维稳工作。现实中，上访人次及其影响程度是考核基层乡镇党委政府综治维稳工作的重要指标。如果群体性上访、有组织的上访、越级上访或者进京上访的人数和次数超过一定的限度，那么基层乡镇的综治工作很可能会是“一票否决”。为了减少当事人上访，乡镇主要领导会给乡镇干部施加压力。不仅如此，综治工作还有来自当事人的压力。这主要表现为，这种压力直接来源于当事人一方对调解结果的不认可，在这种情况下只能通过反复做工作，说服当事人接受调解结果，做到“息事宁人”。可以说，乡镇综治维稳工作既有来自上级综治部门考核的压力，更有来自把纠纷调解到当事人满意为止的压力。

在“压力型体制”下，为了有效应对来自不同方面的压力，实现乡镇综合治理的目标，乡镇政府通常将这些压力传导到每一个基层单位和基层干部身上。对于乡镇范围内的医院、学校、工厂以及下属的行政村，基层乡镇政府每年都会与他们签订目标责任书。责任书里面涵盖了本年度综治工作的主要任务和要点、相应责任追究制度以及惩罚措施。通过签订责任书的形式，各基层单位的主要负责人可以认识到综治工作的重要性。与此同时，基层乡镇要求各基层单位主要负责人在遇到重大事故或者突发事件时及时上报，防止基层单位无法处理好一些重大事故或者突发事件而导致事态扩大，进而影响到本行政区域范围的社会稳定。对于乡镇基层干部而言，基层乡镇党委政府则通过信访“包保责任制”或者目标责任状的形式，把信访稳定责任落实到每一个基层干部身上，这进一步明确了乡镇干部在维护社会稳定中的重要职责。在“压力型体制”面前，综治工作以层层分解、任务发包的形式落实到了乡镇区域内每一个村社、单位和部门，乃至每一个乡镇干部，其中各村社、单位部门的主要负责人是综治工作的第一责任人，对各单位综治工作的考评主要在于考评各单位主要领导的责任。这种压力分解的方式促使各单位、村社都高度重视综治工作，并在行动中体现到各种机构干部身上，通过每个机构的干部协同参与而产生作用和发挥功能。因此，当压力传导到每个干部的身上时，各单位、部门、村社将配合乡镇政府开展行动，通过多种方式参与综治纠纷的化解，纠纷解决呈现综治模式。

二、用法律手段解决纠纷功效不足

有些乡村纠纷本可以通过正常的法律途径解决，但为什么一些农民还是找到政府来解决呢?有学者认为，在乡村社会中，国家法律、制度、政策等资源并没有进入农民的观念结构中。在农民的观念中，法律资源不具有可及性，法制的资源还是以模糊的、陌生的印象存在。在基层社会中，很多农民对诉讼程序、诉讼规则以及举证要求缺乏一定的了解，加之走诉讼程序所耗成本使普通村民无法承担，因此通常会绕开法律规定的解纷途径，而直接找到乡镇政府。甚至在农民看来，法律规定的诉讼程序太烦琐，诉讼时间成本较高，而且依据法律判决的结果不具有可预见性。在一些农民的观念中，无论是对事关争议标的的实体性法律，还是对有关纠纷解决的程序性法律，都只有大概的了解，法律规定在农民心中总体上存在模糊性。有时，农民会基于对法律规定的模糊性认识，甚至片面地理解法律规则，把法律当作争取自身利益合法性的依据而提出利益请求，要求乡镇政府化解纠纷。但实践中，乡镇政府不可能完全依照法律的规定来处理，常常需要协调多方力量和资源解决。

当很多纠纷本身超出了当地的人情和风俗习惯制约范围时，在国家法律规定不具体的情况下，有学者提出后农业税时代乡村纠纷解决需要“迎法下乡”。[①]“迎法下乡”并不是说依靠现代司法途径解决村庄矛盾纠纷，而是借助国家的权威力量重新塑造村庄权威。当政府权威介入乡村纠纷解决的时候，往往并非一个部门或单位能够解决，也并非完全按照法律规则解决，而是需要联合多个部门、多方力量参与才能有效化解纠纷。在纠纷解决过程中，有时候法律并没有明确规定权利义务关系，但基层干部考虑到纠纷本身的特殊性及其可能引发的社会后果，不得不协调相关力量进行解决，以防止事态扩大或者引发农民集体上访。基层干部并不会因为法律没有规定或者规定得不明确而不解决纠纷，纠纷解决本身往往依靠法律技术层面的手段比较少，而是涉及系列微观权力的整合。特别是在一些纠纷涉及一定的历史传统时，法律上并没有详细规定该如何处理历史遗留问题，即使有较为详细的规定，农民也不知道如何按照法律的规定进行举证。再加上，村庄中的很多纠纷缺少证据，有时乡村社会纠纷本身也存在很大的“模糊性”，因此，国家及国家权力代理人贯彻执行具有内在矛盾的法律规则和制度时产生一种解释法律制度的自由空间，从而采用一种“模糊治理术”。这种“模糊治理术”在纠纷化解过程中，表现为乡村干部的身份存在“半干部半农民”的混合角色。因此在综治纠纷的化解过程中，基层干部在运用法律手段时，总是与其他手段结合在一起，考虑纠纷解决的场域空间，

① 董磊明、陈柏峰、聂良波:《结构混乱与迎法下乡》,《中国社会科学》2008年第5期。

“依赖日常生活中的社会经验和解决纠纷的种种权力技术，关乎现实利益和社会效果”。

三、纠纷个案本身具有复杂的社会关联

纠纷个案的乡土性是就纠纷本身所固有的特性而言的。乡村社会纠纷的产生本身是在乡村社会的历史逻辑和现实生活中产生的，因此必须置身于其特定的场域分析其隐秘的逻辑。乡村社会纠纷的乡土性，决定了处理乡村纠纷时要考虑个案的延伸性。个案的延伸性是指，纠纷个案的产生具有一定历史原因和社会背景，其解决应该全面把握与纠纷相联系的各个方面，不能片面地看待纠纷产生的原因或者忽视纠纷解决的实际后果。这也就意味着，乡镇干部不能简单依纠纷发生的现实条件或者法律规定去处理具体个案，而应该考虑纠纷个案产生的历史背景，结合纠纷未来发展的情况以及纠纷解决的社会效果，综合考虑多方面的因素之后，有效化解矛盾纠纷。正如有学者指出，涉及纠纷个案的延伸性，基层干部在处理具体个案时，“不仅要收集和调查个案本身，而且要将个案产生的社会脉络或情景也纳入考查的范围。其中特别需要注意的是个案的‘前历史’（prehistory）以及个案平息的社会后果”[①]。在基层社会中，有些纠纷个案不仅反映着纠纷当事人的关系状况，还反映了该地的社会风俗、村庄势力乃至社会结构的历时性变迁。综治部门协调各种力量解决纠纷时，常常要依据纠纷个案的延伸性强弱，做出有关决策，目的是避免在纠纷解决过程中引发更多的纠纷。随着村庄发展面貌的变迁，农民市场经济理性化程度越来越高，村内有关财产性侵权的纠纷越来越多。这个时候，如果不解决纠纷，长期积压下去，会导致村庄与村庄之间以及村民与村民之间的关系越来越僵，村庄生活关系也将日趋紧张，甚至有可能酿成群体性事件。在这种情况下，乡镇综治部门通常要出面协调解决，通过联合民政、水利、国土、档案、公安等相关部门力量，既考虑到纠纷发生的历史背景，也考虑到纠纷发生的现实条件，同时又要不违反国家法律的强制性规定综合解决。

---

① 朱晓阳:《语言混乱与法律人类学的整体论进路》,《中国社会科学》2007年第2期。

纠纷发生的乡土性决定了基层干部在化解矛盾纠纷时也常常要运用“地方性知识”[①]。“地方性知识”既是一种乡土逻辑，更是当地村民的文化传统所系。在纠纷化解过程中，基层干部的工作经验以及村干部向综治干部反馈的信息是熟悉“地方性知识”的重要途径。基层干部在当地生活多年，对当地的风土人情也比较熟悉。即便是刚调过来的综治干部，在长期与村干部打交道和私人交往中，也能够逐渐熟悉本地的生活习惯、社会风俗、历史传统等，进而形成总体性的“地方性知识”。综治干部通常要借用乡村社会的“地方性知识”去化解争议，这些地方性知识包括很多地方性风俗习惯、规则以及地方传统，这些构成综治干部妥善化解各类矛盾纠纷的经验基础。这些经验基础可以成为综治干部有效化解矛盾纠纷的前提，但是具体如何化解矛盾纠纷，还需要基层干部深入纠纷的本质，了解纠纷发生的方方面面。而在地方性知识难以化解矛盾纠纷时，基层干部再考虑是否借助法律手段解决以及法律手段在解决乡土纠纷时的限制程度等。除此之外，综治干部还常常要深入纠纷发生的地点，进行实地调研，坚持领导与群众相结合的办法，寻找解决当事人纠纷的综合手段和办法。如果需要引入与纠纷当事人有关的社会力量参与进来，或者需要相关部门和干部配合的，还需要协调村干部以及乡镇各部门综合解决。

第三节　政策与制度背景

一、政策背景

“综合治理”工作最早在1991年2月19日提出，中共中央、国务院做出《关于加强社会治安综合治理的决定》，明确了社会治安综合治理的指导思想、基本原则、主要任务和工作措施。同年3月21日，中央决定成立中央社会治安综合治理委员会，作为协助党中央、国务院领导全国社会治安综合治理工作的常设机构，下设办公室，负责综治工作日常事宜。2018年3月，中央进行机构改革，不再设

① ［美］克利福德·格尔茨:《地方知识：阐释人类学论文集》，杨德睿译，商务印书馆2016年版。

立中央社会治安综合治理委员会及其办公室，其有关职责交由中央政法委员会承担。在中央层面，可以看出政法和综治工作已经合二为一。但在最底层的乡镇一级政权，其直面基层社会多元化和复杂化的矛盾纠纷，政法综治工作仍是一项系统全面的工作，其覆盖面比较大，不仅包括乡镇机关部门和社会团体，还包括企业、医院、学校、农村、社区等单位的综治工作。

二、制度背景

基层政府能够充分发挥党政体制的优势调适维稳的目标考核压力。党政体制内嵌于基层政府的人事安排中，并在基层矛盾纠纷综合治理的实践机制中发挥作用。在重大矛盾纠纷解决中，发挥基层党委总揽全局、协调各方的作用，有利于调动和整合多方资源开展矛盾纠纷的综合治理。在基层社会中，乡镇党委领导一切，包括完成上级党委政府的中心工作和非中心工作。乡镇党委的领导体系会嵌于政府的日常工作中，并在日常工作中体现党委的领导意志，从而形成党政同一的日常工作格局和制度体系。

从基层政府的治理资源角度看，党政体制的嵌入为综合治理工作提供了制度性资源。一般而言，基层政府的治理资源常常涉及人、财、物等方面的常规性资源，越往基层，这些常规性资源配置得越少，进而影响到基层政府的能力。构成基层政府权力运转的资源分为配置性资源和权威性资源。在基层，虽然人、财、物等配置性资源有限，但是权威性资源却是稳定和客观存在的，二者共同构成了基层政府权力运行的条件。资源是权力得以实施的媒介，是行为在社会再生产中具体体现的例行要素。从某种程度上说，也可以认为是党政体制为基层政府开展综合治理提供了制度体制优势，使得基层政府能够组织和协调相关力量通过多种手段和方式解决矛盾纠纷，从而构成了一种基层政府的权威性资源，实现了基层政府的权力构造，这为国家权力解决基层社会矛盾纠纷提供了前提。党政体制的权威性资源构成了基层政府权责不对等、常规性治理资源不足的重要补充。

第四节　运行模式

乡镇政府出面协调各个部门、单位，综合运用各种政治、法律、教育等手段解决一些综治纠纷，目的是妥善解决当事人的诉求，维护社会的稳定，实现社会治理目标。中国法治建设模式的价值目标在于“治”，而具体实现这一目标的手段在于“综治”。从现实层面来讲，为了应对一些突发事件、群体性事件以及处理一些复杂性矛盾纠纷，基层乡镇大都成立了社会治安综合治理委员会，社会治安综合治理委员会下设办公室（又称综治办）具体负责协调各部门及社会力量参与解决一些矛盾纠纷。全国不少乡镇都成立了社会矛盾纠纷调解中心，这个中心主要由司法所、民政所、派出所以及派出法庭等单位派驻的人员组成，目的是应对一些突发性、群体性的综治纠纷。乡镇政府综治部门是组织协调机构，具体负责中心的日常建设。从整体上看，乡镇综合治理是一项重要的社会系统工程，乡村纠纷的综治解决一般是领导挂帅、综治牵头、部门联动、社会参与的模式。

一、领导注意力传递

如果纠纷引发群体性事件或者当事人上访的概率比较大，基层干部会向乡镇主要领导汇报，并在乡镇主要领导的指示下，积极主动介入纠纷的解决。甚至在纠纷当事人看来，只有找到政府的主要领导，事情才能有效解决。某起纠纷化解得到领导的重视，意味着该起纠纷解决具有急迫性，甚至直接关系到基层社会的稳定。在这种情况下，乡镇各个单位、部门的资源就容易调动，进而汇集在一起集中应付纠纷的化解。一旦纠纷受到镇里主要领导的重视，分管政法工作的领导就会主抓，纠纷的解决开始进入综治解决模式的“领导挂帅”阶段。有学者认为，党政一把手在社会治安综合治理的作用主要有：运筹全局，组织协调，解决突出矛盾，政策落实保障，带头表率等。“领导挂帅”解决矛盾纠纷，给乡镇综治办和各个部门释放了某起纠纷解决的紧迫性信号，这时，乡镇综治办也会根据纠纷解决的紧急程度将之排上政府决策议程。通过“领导挂帅”这种模式达到整合乡镇各相关单位资源的目的，减少了纠纷化解过程信息不畅的现象，从而及时有效地化解矛盾纠纷。可以说，对部门的资源整合度高不高，关键还是要看是否有“领导挂帅”。“领导挂帅”能够能总揽全局、协调各方，进而为综治部门整合各个部门的资源提供前提。

在组织形式上，“领导挂帅”通过一定的组织机构来实现，也即通过召开综治委成员单位会议或者综治工作领导小组会议，部署相关任务和制定日程安排。这个机构为乡镇主要领导干预纠纷解决提供了制度渠道。一位主管政法工作的副镇长这样说：“有了这个组织机构，出了事情，有领导全方面调度，战线都是‘条条’的，领导小组结合‘条块’深入各个领域。这相当于一个网，手面一提，全部都起来。”在乡镇政府组织结构中，大部分乡镇的综治委主任由乡镇书记或镇长担任，而综治办主任由主管乡镇政法工作的副书记或者副镇长担任，具体协调各部门推进纠纷解决。

二、综治办组织协调

从综治纠纷解决的一般情形来看，流向乡镇政府的纠纷大都由乡镇综治部门牵头解决。乡镇综治办是具体负责纠纷解决的机构，具体对接纠纷当事人的诉求以及协调乡镇各个部门，这也就意味着“领导挂帅”之后，纠纷解决进入“综治牵头”的阶段。在此过程中，乡镇综治部门起到了组织协调的功能。综治部门受乡镇党委政府直接领导，对各部门起着组织协调作用，其权威直接来源于乡镇党委政府，这种权威使得各单位、部门能够组织起来，共同化解矛盾纠纷。任何团体和个人只有组织起来才有更大的力量办成事，乡村纠纷的解决亦如此。在具体化解矛盾纠纷过程中，组织协调功能表现为信息对接和资源配置两个方面：一方面，综治部门与乡镇各个部门、单位以及村级组织进行及时有效的信息对接。纠纷进入乡镇政府处理之前，有一个发生过程和首次处理结果，这些都已经自动生成了历史信息，所以需要综治部门从乡镇各单位或者村级组织去了解，进而找出纠纷当事人的核心诉求，掌控纠纷当事人的情绪，这样才能“一把钥匙开一把锁”。综治干部只有及时了解有关纠纷当事人的信息并通告有关单位或者相关村级组织，才能防止出现纠纷处理过程中信息不对称的难题，才能有效发挥综治部门在纠纷处理过程中的牵头作用。另一方面，在掌握了纠纷起因之后，综治部门的组织协调功能就表现在对资源配置上。例如，有些纠纷的解决并不是用金钱救济、办理低保等民政方面的手段就能够完全解决的，还涉及村级组织利用乡土社会关系网络去说服当事人接受纠纷调解结果。当被调动的部门资源和村级资源汇在一起时，综治部门就需要对各有关单位的优势资源进行协调配置，需要根据纠纷解决过程中的实际情况加以合理配置，使得各类资源的使用能够同时发力，尽快化解矛盾纠纷。

三、各单位和部门配合

综治办牵头之后，乡镇相关部门需要联动，这样可以避免单个部门“单打独斗”局面。有些矛盾纠纷并不是政法部门靠法律手段能够单独解决的，而是需要综治办牵头各个部门协同行动。例如，乡镇民政所本来主要负责办理农村社保、低保事宜，但由于民政所掌握了较多的财力资源，因此在化解矛盾纠纷时经常被调动起来和政法部门联合行动，民政部门被称为乡村社会综合治理的第二张安全网。那么各个部门配合综治部门的动力来自何处呢?首先，配合乡镇政府工作是乡镇各个部门的兜底职责。由综治部门牵头处理的矛盾纠纷往往涉及地方维稳的中心工作，尽管有些部门的日常业务中不含化解矛盾纠纷的职责，但由于涉及地方政府的中心工作，乡镇各个部门也会配合。在配合地方政府搞好中心工作方面，乡镇政府对各站所的考核评价占有很大的比重。这些中心工作包括综治维稳、招商引资以及精准扶贫等。例如，乡镇工商所是县级工商局的派出机构，在业务上受县局的领导，但是还要承担乡镇党委政府的精准扶贫和综治维稳工作，因为这些工作都是乡镇政府考评的重要事项。其次，基层乡镇政府各个部门一般是双重领导，各个部门虽然会受“条”上的业务领导，但又免不了受乡镇政府“块”上的领导。乡镇各个部门之所以受到“块”上的制约，从某种程度上说，是因为县级各个部门与乡镇政府之间存在某种非制度化的权力半径。如此一来，乡镇政府在非制度化的权力半径围内，会影响乡镇站所的行动范围。因而，有些站所在制度上名义受上级业务部门的领导，但实际上受到乡镇政府非制度化的权力影响。

尤其是政法各部门的派出机构，按照综治工作的“属地管理”原则要求，其都要服务于地方政府综治维稳工作。最后，综治工作是一项系统和全面的工作，各个部门既是综治委成员单位，同时本单位也有综治任务的考核要求。在乡镇一级范围内，不仅乡镇各站所有综治工作的考核要求，而且在中小学校、企业、医院以及各村社也有综治考核的任务要求。也即，综治工作不仅是乡镇综治部门的事，也是各个部门、单位和村社之事。正如一位乡镇副镇长兼综治办主任所说：“‘条’‘块’都是社会治理的细胞，综治办作为社会综合治理的管理部门，能够深入各个部门。各个部门都是综治工作的主体也是综治办考核的对象。”在乡镇范围内，大部分部门和单位都有综合治理任务，而乡镇综治办是考核各个单位、部门综治工作的组织机构，配合综治部门搞好综治工作是综治考评的重要内容，因此，无论纠纷是否出自本部门或本单位，各单位和部门之间都会配合综治办处理矛盾纠纷。

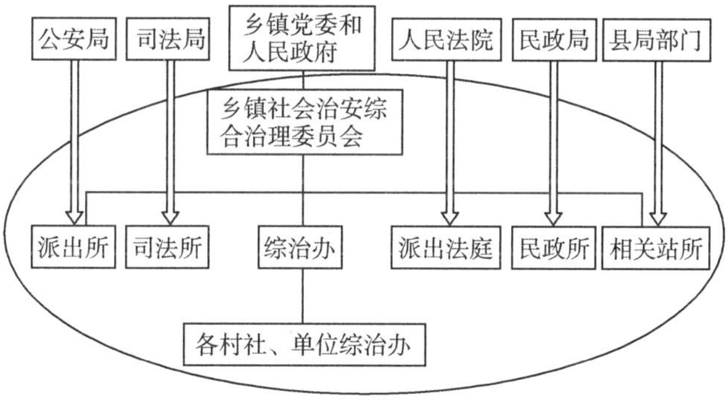

图10-1　乡镇综合治理组织领导关系示意图

四、吸纳社会力量参与

这里的社会参与是相对于国家权威力量而言的。综合治理不仅需要政府的力量去介入纠纷，还需要社会力量的参与。就乡村纠纷的综治解决而言，社会参与通常是就纠纷当事人所处的权力文化网络来讲的。发生矛盾纠纷后，一方面可能需要综治部门积极回应，另一方面也需要与纠纷当事人有关的社会力量积极参与进来。通常表现为，与纠纷当事人有关的亲戚、朋友以及有关社会组织介入，从心理情绪疏导以及生活未来预期等方面做工作，发挥纠纷化解的情感修复功能。尤其是当事人不太理解国家法律和政策规定时，需要一定的法律社会工作者介入。

从乡村社会本身的生产逻辑讲，这些社会工作者往往比较了解当事人的想法，会从讲人情、给面子、顾感情等方面去说服当事人尽快达成调解协议。这些“社会工作者”的介入能够尽快化解矛盾纠纷，以防当事人去政府闹事。“社会工作者”之所以加入纠纷矛盾中，一方面是基层干部利用自己的乡村社会网络关系邀请他们进来，而他们基于给面子和讲人情的乡土逻辑也会愿意尝试用自己的能力和资源去劝导。“乡土社会的人际关系和思维方式是人情和感情导向的，生活在乡土社会的乡村干部对此当然有着深刻的把握，因此他们就必须在人情和感情上做文章。”另一方面是乡镇综治部门会协调村级组织，让其找到纠纷当事人中比较正派的人，通过他来疏导纠纷当事人，使当事人接受纠纷调解结果。纠纷解决的突破口可能不在于法律角度，而在于从乡土社会中的人情、关系。因为，人情、“面子”在纠纷解决过程中发挥了力量，充当了乡土社会中生产与再生产的功能。基层干部在化解矛盾纠纷时，十分清醒地认识到这一点，因此特别重视融合权力、“面子”和关系资源到纠纷化解之中，并对其进行整合，从而实现社会治理的目标。

第五节　理论延伸

协同治理理论是一种新兴理论，它是自然科学中的协同论和社会科学中协同论和社会科学中的治理理论的交叉理论。协同治理理论对于解释社会系统协同发展有较强解释力。协同治理理论强调的是社会治理主体多元化，各子系统的协同性、自组织间的协同以及共同规则的制定。

首先，协同治理的前提就是治理主体多元化。不同的组织和行为体具有不同的价值判断和利益需求，也拥有不同的社会资源。在社会系统中，它们之间保持着竞争和合作两种关系，因为在现代社会没有任何一个组织或者行为体具有能够单独实现目标的知识和资源。同时，随着而来的是治理权威的多元化。协同治理需要权威，但是打破了以政府为核心的权威，其他社会主体在一定范围内都可以在社会公共事务治理中发挥和体现其权威性。

其次，各子系统的协同性。在现代社会系统中，由于知识和资源被不同组织掌握，采取集体行动的组织必须要依靠其他组织，而且这些组织之间存在着谈判协商和资源的交换，这种交换和谈判是否能够顺利进行，除了取决于各个参与者的资源之外，还取决于参与者是否共同遵守的规则以及交换的环境。因此，在协同治理过程中，强调各个主体之间的自愿平等与协作。

再次，自组织间的协同。自组织是协同治理过程中的重要行为体。由于政府能力受到了诸多的限制，其中既有缺乏合法性的影响，也有相关制度的多样性和复杂性等诸多原因，政府成为影响社会系统中事情进程的行动者之一。而其他社会组织则要求实现自主控制，这样自主的体系就有更大程度上实现自我治理的自由。在这个过程中，政府的作用举足轻重。政府作为嵌入社会的重要行为体，在集体行动的规划、目标制定方面发挥着不可替代的作用。

最后，共同规则的制定。协同治理是一种集体行为，在某种程度上说，协同治理过程也就是各种行为体都认可的行为规则的制定过程。在协同治理过程中，信任与合作是良好治理的基础。

第十一章　警察调解纠纷

第一节　案例介绍

案例一

老顾（浙江省S市公安局S区分局B派出所的民警），是一名有着17年基层一线“作战”经验的“老兵”。他在访谈中讲“如今虽已年逾半百，但我依然深爱着我的岗位，用心用情守护着辖区的每一个群众”。老顾在夏季治安打击整治“百日行动”中更是与辖区群众建立起了坚实的信任关系，成了纠纷发生时他们口中“非他不可”的调解员。老顾讲：“在‘百日行动’期间，身为社区民警的我积极响应‘百万警进千万家’活动，一有时间就下社区，通过倾听群众声音，提前发现风险隐患，把握矛盾关键，理顺问题脉络，将‘病灶’一个个从根源上彻底清除。其中成功化解的一起持续时间长达一年的矛盾纠纷，让我记忆犹新。”

老顾回忆：“2021年8月，辖区内一小区的业委会因为历史遗留问题彻底停摆，业委会成员纷纷提出辞职，物业更是陷入瘫痪状态。当时小区内外墙失修、维护资金缺失、消防设施老化等种种问题让小区居民怨声载道。其间，小区居民曾经自治了一段时间，但一直没有成效。在掌握该情况后，我会同街道领导、社区工作人员走访业主群体，了解到小区业主在该届业委会管理期间，对小区内的物业服务、公共设施、基建维修等方面均有很大意见，选举新一届业委会的意愿也比较强烈。在摸清业主的想法后，我会同街道、社区工作人员主动开展谈话，尝试组织业委会方和业主代表会谈，在组织十余次的会谈后，终于在2022年6月底完成了新一届业委会的选举。但在工作交接时，老业委会与新业委会又出现了问题，此时双方不约而同想到的就是求助我，他们说就是爱听我讲道理，信得过我。于是我继续从中协调双方，针对交接中的问题不断沟通，争取双方达到相互认同的程度。最终，2022年8月31日晚，在街道、社区的共同见证下，这场为期一年的纠纷画上了句号。”

案例二

“化解讨薪引起的纠纷，却被溅了一身尿。尽管当时觉得很晦气，但为当事人讨回1.3万元的工程款，化解了一起矛盾纠纷，想想也值了。”广西壮族自治区H市公安局B派出所副所长老谭接受记者采访时深有感触。某日9时许，B派出所接到村民梁某报警：有人要在她家的新楼房上跳楼。老谭立即带领辅警赶到现场，只见一名妇女站在梁某家刚建成的楼顶上扬言要跳楼，“还我血汗钱”的白色横幅分外醒目，引来不少村民围观。

经了解，要跳楼的夏某与丈夫承建了梁某的楼房，可房子建好后，梁某却拒付部分工程款1.3万元，夏某与丈夫数次讨要无果。了解纠纷的起因后，老谭通知村委会和镇综治办派人到现场协助调解。事发当日21时许，在老谭的主持下，双方当事人达成了口头和解协议。谁也没想到，剧情突然发生逆转：梁某想到自家的新房被人挂了白布，一时情绪失控，冲夏某泼了一瓢尿水。夏某不甘示弱，也提着半桶尿向梁某冲去。为防止事态恶化，老谭连忙上前制止，不顾警服被尿水弄得臭烘烘，当即将梁某、夏某带回派出所。

次日20时许，经过民警两天一夜的耐心教育和调解，双方终于达成书面和解协议：梁某立即支付拖欠的1.3万元工程款，并附带赔偿夏某688元精神损失费；按照当地风俗，夏某买一块红布和两串鞭炮，给房主梁某“挂红”。

第二节　现实背景

在当前基层社会纠纷解决格局中，警察发挥了“主力军”的作用。基层社会的大量纠纷矛盾主要由警察调解，纠纷调解成为基层公安部门的重要工作。这与多种因素相关。一方面，诉诸非公安部门的权利救济成本较高，部门纠纷调解能力不足，这会导致大量矛盾纠纷涌入公安部门。例如，通过法院解决纠纷，时间成本、信息成本高，法院判决也面临“执行难”问题。另一方面，为防止矛盾激化出现违法行为，公安部门也积极参与纠纷化解。

警察的纠纷调解具体包括两个方面：一是治安调解，公安机关对民间纠纷打架斗殴或者损毁他人财物等违反治安管理行为，情节较轻的调解处理。经公安机关调解达成协议则不予处罚。未达成协议，或协议达成拒不履行，公安机关依法对违法行为责任人给予处罚。二是一般民事纠纷调解。《人民警察法》第二十一条规定：“对公民提出的解决纠纷要求，应当给予帮助。”当前公安机关所推行的社区警务战略将治安、防控作为基层公安工作的核心目标，将矛盾化解、纠纷调解作为群众工作的主要内容，要求基层民警“为群众办实事、好事，以争得民心”。因而，警察也大量参与一般民间纠纷的调解。

总体来说，警察在调解纠纷矛盾、维护社会秩序方面发挥出越来越重要的作用。当前，警察在调解纠纷过程中还面临一系列难题，这增加了调解难度。

一、基层纠纷的复杂化

基层社会的生产生活模式具有非正规性特征，这导致基层社会的纠纷矛盾具有较强的复杂性。这给警察调解纠纷带来了很大挑战。

首先，纠纷事实难以充分还原。受到多种因素的影响，不少纠纷的事实难以充分还原。很多纠纷发生时，只有双方当事人在场，缺乏证据，民警只能从当事人口中还原事实。但是，大多数当事人也倾向于提供对自己有利的信息，针对其他情况避而不谈。警察主动调查需要投入一定的时间和经济成本。例如，在侵犯类纠纷与产品质量类纠纷中，要确定侵权责任，首先要通过特定机关鉴定伤情、产品质量。鉴定需要预先一些费用，这些费用甚至可能会大于诉求标的的价值。

其次，当事人的诉求具有多样性。当事人会提出法律诉求，同时也会提出非法律诉求。在很多纠纷中，法律诉求与非法律诉求相互嵌套。例如，不少当事人不仅指向权利救济，更希望借此恢复受损的社会关系，恢复原初的关系“和谐状态”。当事人的诉求不仅指向当下，而且指向过去与未来。很多纠纷矛盾是日常生活的一部分，也是社会互动的一个环节。在日常生活和交往过程中，一方当事人无法占据优势，因而产生过激行为，把事情放大，引入外部力量，以平衡双方的力量关系。警察调解纠纷不仅要消弭冲突，更要满足背后当事人的各种诉求。民警只有对人情世故具备丰富的体察和感悟，才能听懂当事人的“弦外之音”，从而抓住“主要矛盾”。这时，丰富的调解经验往往比法律知识更为重要，善于抓住“主要矛盾”比依照法定程序更为关键。

最后，部分纠纷涉及政策遗留问题。化解这类纠纷的前提是解决政策遗留问题，但这超出了公安部门的职能范围，甚至也超出了地方党委政府的职能范围。在这种情况下，警察只能尽力平息矛盾，确保矛盾不升级。

二、调解空间的开放性

调解在特定的社会空间内进行，空间的具体形态、空间内各方的力量态势等都会影响调解活动。警察纠纷主要发生在社区空间和街头空间。其中，社区空间是公民自治领域，公民拥有充分的控制权与自主权。社区空间内，警察调解纠纷，不仅需要援引法律，同时需要参照社区非正式规范，社区是纠纷当事人的“主场”、警察的“客场”，当事人拥有较强的自主权与控制权。调解过程中，警察需要谨言慎行，以防授人以柄，使自己陷于被动。另外，街头空间具有开放性、流动性和不确定性。调解纠纷时，警察不仅要面对当事人，而且要面对众多围观群众，以及不确定的潜在参与者。潜在参与者的进入会增加不确定性。面对突如其来的第三方，警察可能缺乏应对时间，难以控制局面。

为了避免社区空间和街头空间的不利影响，警察倾向于在办案场所内调解纠纷。办案场所实际是一种“窗口空间”。在这个空间内，警察拥有一定的控制权，可以有效维控现场秩序，主导调解工作的进展，当事人则处于受支配的地位。在社区、街头空间内，警察与纠纷当事人的关系格局发生对调。因此，空间转换策略在警察纠纷调解实践中得到广泛运用。

三、“警力不足”难题及信息不对称难题

基层治安形势日趋复杂，治安案件增加，派出所工作转向服务，社会治安、

纠纷调解成为民警主要工作，民警工作量呈几何级增加，正式警力捉襟见肘。为化解这一难题，公安部门广泛吸收多种力量参与纠纷调解，这包括积极扩大协警队伍，吸纳基层村社干部、社会力量等。

基层公安部门注重发挥基层村社干部的协助作用，包括矛盾纠纷隐患排查、信息及时上报、纠纷先期处理等。相关举措包括招聘基层干部担任户警，或者设立联合调解制度，由基层司法干部、乡村（街道社区）干部共同参与调解；也包括以非正式的互惠方式提高基层干部支持、协助纠纷调解工作的积极性。此外，吸收非正式人员，弥补了正式体制制度能力不足。非正式人员对辖区社会环境十分了解，在辖区内拥有广泛、深厚的社会关联。他们既可利用社区信息传输机制低成本地获取纠纷信息，也可利用社会关联辅助调解，成为警察与当事人间的桥梁。

在法治建设背景下，基层民警纠纷调解的规范化水平得到有效提升。其中，现有法律就公安民警、纠纷当事人在纠纷调解中的权利义务，以及调解程序、次数都进行了明确规定。各级公安部门也制定相应的内部政策以及完备的考核制度，确保法律得以落地。例如，上级公安部门将调解转化为群众满意率、投诉率、上访率等指标，以此来考核民警。这极大地增强了民警的调解责任，提高了民警调解纠纷的积极性，压缩了民警各类不规范调解行为的空间。不过，上、下级部门之间存在信息不对称，这会制约和妨碍监督和考核制度的运行。

第三节　运行模式

在法治建设背景下，警察纠纷调解的规范化水平不断提升，调解效果也变得越来越好。不过，在调解实践中，仍有部分当事人会采取各种博弈策略，警察也会采取空间转换、压服等策略。这都会给纠纷的实质化解带来不利影响。

一、当事人的行动策略

为了实现自身诉求，维护自身利益，当事人会采取多种策略。当事人会以灵活、实用和有效为原则，使用法律、道德话语。当事人所具有多重身份赋予他们使用话语资源的机会和空间。这些话语系统所蕴含的身份是多样性的，涉及个体与国家的关系，指向国家对个体的职责与义务。当事人借助话语资源，利用话语系统中国家与个体的关系来定义其与警察的关系，从而拓宽警察的职责和义务范围。在话语系统内，警察不仅具有法定义务，而且承担了伦理义务与政治义务。在话语资源面前，警察相对被动。他们很难从其中寻找依据，也很难对当事人形成有效制约，从而处于“失语”的状态，只能借助抽象的社会话语，诸如“以和为贵”“退一步海阔天空”等来劝说当事人让步和妥协。

另外，“闹大”是当事人采取的另一种策略，包括威胁使用暴力，上访，诉诸媒体，造成公共舆论声势等。“闹大”策略包括多个方面。一是将纠纷事务纳入警察职责范围。在实践中，针对不存在治安违法行为的民间纠纷，民警大多不予受理。为促成民警受理纠纷，当事人威胁使用暴力，或者直接使用暴力，使纠纷事务进入警察的职责范围。二是对警察形成压力，换取警察对自身诉求的支持，促成警察向对方施压，最终使调解协议有利于自身。诉诸媒体是另一种“闹大”策略。通过媒体进行曝光，纠纷事务成为公共事件，被公开在外部视野之下。借助媒体，当事人分享维权故事，可以引起广泛第三方的情感共鸣，形成强大的舆论声势，对政府部门形成压力，借助压力型体制渠道传导至纠纷调解一线的基层公安民警。

目前，当事人的博弈策略越来越丰富，传媒介入是重要原因。借助传媒，各类博弈策略的传播速度加快，形成一种跨区域的交流和传输机制。当事人的博弈策略具有语境性，嵌入纠纷事务中，是纠纷事务的行为表达。而媒体介入的加深导致博弈策略逐渐脱离纠纷语境，异化了传媒监督的法治功能，调解空间内的不对称性加强，对调解活动产生负面影响。从宏观层面讲，脱离现实语境的宣传使观众难以理解纠纷事件与调解实践的复杂性；夸大其词的宣传策略可能无助于共识形成，反而会进一步撕裂社会。

二、警察的应对策略

在调解实践中，警察会采取诸多应对措施，主要包括空间转移和处罚。转换空间是民警经常使用的一种调解策略。在调解实践中，除非纠纷比较简单，可以当场处理，或是比较特殊、紧急，必须及时处理，民警大多倾向于在公安场所内处理纠纷，将纠纷处理场所从村庄公共空间、私人空间转移至公安场所，尤其是在面临较为复杂的纠纷时。在公安场所内，民警可以掌握主动权，占据力量优势，可以较为从容采取各种策略。而且，处于公安场所这样一个陌生环境中，当事人无法知悉并掌控事件的进展，民警便掌握了主动权。

此外，治安调解中，如果当事人难以达成协议或者达成协议之后拒不履行，警察可依照法律对当事人的违法行为进行处罚。但忽略纠纷，单独处理违法行为可能会进一步加剧对立关系，不利于矛盾纠纷的化解，难以实现纠纷解决法律效果、社会效果和政治效果的统一。

总体上说，在互动各方的博弈之下，纠纷调解成为一种讨价还价过程，调解过程内部嵌入议价机制。在议价机制下，警察综合权衡双方诉求，兼顾各种利益，制定协议，并说服当事人接受。较强的制造同意能力是调解成功的关键因素；争议当事人采取各种策略，提高自身谈判能力，对警察与对方当事人形成压力，换取让步，使自己利益最大化。议价机制下的调解互动形成互惠、牵制、博弈、施压、妥协、抗争的混杂状态。各方的行为都指向提升谈判能力与制造同意能力这一最终目标。议价机制不仅反映出警察的主动性，反映出调解实践对协商、合意、自治性特征的偏离，同时也概括出互动各方的行为逻辑。

三、矛盾激化的风险

在警察所调解的大量民间纠纷中，都蕴含了当事人的相互攻击行为。相互攻击实际上是双方情绪的一种激烈释放，是日常社会互动的意外结果。作为基层社会秩序的维持者，警察的主要职责在于制止暴力，并根据暴力所产生的后果对行为人进行处罚。同时，警察也可以根据法律的相关规定，尊重当事人的意愿，进行调解。不过，受到多种因素的影响，在调解过程中，矛盾有可能反而激化。这主要表现为两个方面：

第一，群体性纠纷容易发生矛盾激化。在调解过程中，第三方有可能进入调解现场，警察的控场能力可能随之下降。警察与当事人之间沟通交流不畅，双方出现误解和不满，这有可能导致现场态势升级，矛盾也可能随之激化。此外，在一些争议标的较高的纠纷中，当事人有可能借助第三方攻击对方当事人。这也可能导致矛盾激化。

第二，发生在街头和社区的纠纷容易出现矛盾激化。大量纠纷发生在街头和社区，而街头和社区空间具有开放性，警察对空间的控制力低，难以排除第三方的参与和干预。在街头和社区空间内，警察的纠纷调解行为往往难以获得肯定性评价，警察在舆论中处于不利地位。基于对当事人的同情，以及对当事人维权故事的认可，第三方有可能介入，大大增加了矛盾激化的风险。在矛盾激化之后，警察只能调集警力，控制现场态势。

第四节 理论阐释

一、纠纷调解理论阐释

纠纷调解是一种三方争议解决活动。在理想语境下，调解人处于中立地位，争议双方基于自愿原则，平等协商达成合意解决纠纷。调解各方的互动具有协商与合意的特征。国家权力介入纠纷调解，调解人不再处于中立地位，而是主动制定协议，强迫争议双方接受。调解各方的互动具有强制性与屈从性。“压制一屈从”模式与“协商一合意”模式相对立，是纠纷调解互动的两个极端。除上述两类模式之外，还存在一种“说理一心服”模式。在这种模式下，调解活动的最终目标在于实现价值观的内化，输入特定的意识形态，利益划分、权利安排只是次要目标。“说理一心服”模式以深厚的社会性控制以及强大的意识形态动员能力为前提。在传统乡土社会，社区价值具有笼罩性影响。例如，费孝通先生提出乡土社会下所谓调解其实是一种教育过程。调解主体需要考虑道德问题、伦理观念，通过调解来教化人。[①]

① 费孝通:《乡土中国·生育制度》，北京大学出版社1998年版，第56页。

二、"博弈—应对"模式

当前已有的对于纠纷调解的理论阐释难以充分概括警察纠纷调解的实践。在警察纠纷调解实践中，各方的行为具有较强的策略性，利益博弈成为主要的行为逻辑，法律规范、社会价值、身体暴力都可能被转化为各类资源，以提高自身谈判能力和议价能力。当事人以自身利益最大化为目标，采取各种策略，塑造自己在互动博弈中的优势，换取对方的让步。在特定条件下，纠纷调解的不确定性加强，潜在的暴力契机被激发，互动失败导致相互攻击的发生。警察使用各类应对策略，旨在提高自身"制造同意"的能力。制造同意的能力是指警察促成争议当事人在一定范围内相互妥协，最终达成协议的能力。制造同意的过程包含了当事人的自愿和公共权威微妙的压制相结合的博弈过程。制造同意发生在博弈过程中，互动各方形成控制与反控制的格局。

因此，可以用"博弈一应对"模式来概括警察纠纷调解的实践。在这一模式之下，纠纷当事人以机会主义方式获取最大利益，采取各种策略，塑造自己在互动博弈中的优势，换取对方的让步。警察则以多种方式摆平理顺，他们充当场面控制者、冲突缓冲者、情绪疏导者、沟通协调者、调解规则制定者，采取各类策略，控制、缓冲和协调。警察纠纷调解实践之所以遵循"博弈一应对"模式，与多个因素相关。首先，调解活动发生在法律世界与生活世界的过渡地带，不可避免面临法律逻辑与生活逻辑之间的巨大张力。为在非规则化的基层社会最大限度完成国家所设定的各项目标，调解实践可能在一种非规范化的状态下运作。其次，警察纠纷调解能力不足。一方面，在基层社会，法律价值在民众中的内化程度还不够深入，当事人以及相关主体缺乏配合与支持警察的内在动力；另一方面，街头和社区空间的开放性和不确定性会制约警察的控场能力，调解过程中的误解和不满也容易发酵，进而导致矛盾激化、事态升级。

规范警察的调解行为，改善调解的实际效果，关键是要改变"博弈一应对"模式。这具体可以从以下几个方面着手：一是提升警察的纠纷调解能力。既要完善法律规范，强化公安组织内对警察行为的管控，压缩警察策略行为的机会空间；还需要提高警察纠纷调解的能力，包括增加警力、强化个人对法律规则的遵从和对法律行为的配合。二是增强法律价值的内化。在法治建设过程中，不仅需要重视相关法律规范的制定与执行，更需要注重法律价值的内化，以实现个体对法律价值的信仰、对法律权威的服膺。在法治建设过程中，实现外在行为与内在心灵的契合，才能最终促成平等主体间协商格局的形成。三是兼顾法治与治理的双重目标。纠纷调解不仅是基层法治建设的组成部分，而且也是基层社会治理的重要一环。推动调解规范化既是为了形成对警察的有效制约，促进调解实践的规范运行，同时也是为了提高调解活动的治理功效。在纠纷调解的各个环节，包括制度设计、行为规制等方面，都需要在法治目标与治理目标之间兼顾平衡。

第四部分

治理机制和模式

第十二章 党建引领机制

第一节 案例介绍

党建引领不仅仅是宏观的、抽象的政策话语，而且被凝练为一种极具中国特色、彰显中国智慧的基层治理机制与治理模式。围绕党建引领这一政策话语，各地不断创新党建引领基层社会治理的实践载体，如城市社区治理场域中的“社区党建”“区域化党建”“小区党建”以及“楼宇党建”等，乡村治理场域中的“党建引领三治融合”“党建引领农村集体经济发展”等。诸多“党建+”“党建引领+”的创新载体进一步深化了党建引领基层社会治理的理论内涵。进一步挖掘基层治理场域中“党建+”“党建引领+”的创新载体，总结党建引领基层社会治理的新经验，是全面完善党建引领基层社会治理机制的应有之义和必要举措。

“红色物业”作为物业管理领域的特色模式，不仅仅是物业管理内涵的扩展，更是党建引领城市基层社会治理的创新载体。其本质是“党建+物业”，即党建嵌入物业管理领域的产物。“红色物业”的上述特质，使得其一方面具有提升物业管理、社区治理效能的实践意义，另一方面具备延展讨论党建引领基层社会治理的理论意涵：为观察基层治理中的“党建引领”机制提供重要窗口和切入点，并且有助于深入揭示党建引领基层社会治理的运作实践、运作效果以及党建引领基层社会治理的一般性机制，进而凝练出具有中国本土化特色的治理之道。

案例一

“红色物业”最初发源于武汉。2017年武汉市第十三次党代会提出和实施“红色引擎工程”，目的在于加浓基层党组织的政治色彩，凸显党组织的地位和作用。

“红色物业”即“红色引擎工程”的创新性举措之一，其着眼于构建“党建引领、行业指导、基层主抓”的物业管理服务新模式，以健全党的组织体系为基础，以加强行业指导监管和保障支撑为抓手，以构建基层党组织领导下的联动服务机制为重点，以有序的小区治理促进社区治理，全面提升小区物业管理服务水平。

武汉“红色物业”的成功实践，为全国各地提供了鲜活的创新经验和创新灵感，各地纷纷积极开展“红色物业”创新试点活动。如北京市人大常委会2020年通过的《北京市物业管理条例》，即积极开展党建引领下社区治理与物业管理融合共进的尝试。在服务和治理实践中，北京市多个辖区秉持“党建也是生产力，抓好党建添活力”的理念，积极探索党建引领物管行业健康发展，推动社会治理和服务重心向基层下移，尝试打破“看得见的管不着，管得着的看不见”这一困局。上海市闵行区则以党建领航基层治理创新，推进城市基层党建工作向社区全面渗透、全域探索，构建起以居民区党组织为核心、业委会和物业服务企业共同参与的“党建领航·红色物业”新格局，破解了一批群众反映强烈的突出问题，为城市基层党建与社区治理提供了可借鉴、可复制、可推广的经验。再如河北石家庄市委组织部、市住建局等部门会同街道社区党组织，探索建立完善物业企业党组织，打造“红色物业”。在此基础上让“红色”成为物业企业的底色，让物业管理与社区治理融为一体，让物业企业与社区党组织成了“一家人”，让更多的“‘口袋党员’‘隐形党员’找到了回家的路”，打通了党员政治引领和联系服务群众的“最后100米”。

从上述创新实践来看，“红色物业”始终以党建引领为鲜明主线，彰显“红”的特色，体现“治”的成效。而为了实现红色物业“红”与“治”的目标，各地主要围绕完善基层党组织体系和提升社区治理效能两个方面积极推进红色物业创新活动。

案例二

在河南省S市B街道Q社区，“红色物业”亦是作为化解物业管理、小区治理难题的创新举措。

Q社区的小区多“位于市中心老旧区域，居民人口多，租房户多，卫生管理跟不上，外墙脱皮、漏水，消防瘫痪、没有监控”，其中G小区物业经理用“问题重重，压力很大”来形容该小区问题之“难”。2021年5月，S市住建局红色物业办领导、B街道办事处、Q社区领导调研考察小区后，决心把小区打造成红色物业试点，进而探索党建助力小区治理的模式。“红色物业”创建后，G小区形成“街道党工委—社区党总支—小区党支部（功能型党支部）—楼栋党小组（功能型党小组）”四级党建网络。并通过双向进入、交叉任职，不断为“红色物业”注入“红色活力”，形成了“街道整合力量统筹抓、社区属地管理直接抓、物业协调联动兜底抓、网格因地制宜直接抓”的四级联动机制。在此基础上，由社区党组织牵头，组建红色物业党建联席会。以党建引领，社区居委会、业主委员会（业主代表）、物业公司联动，多方参与（因需而设，街道党工委协调相关部门参与），通过定期召开党建联席会议，着力解决小区难点问题和群众集中反映的突出问题。除了搭建四级党建网络、组建红色物业党建联席会之外，社区党总支委员指导物业党支部开展“党员亮身份”活动，充分发挥党员个体的作用，进而把党组织的触角延伸到小区网格中，将业主党员、物业企业党员、“双报到”党员全部纳入小区党支部，划分党员责任区，设置党员示范岗，让党支部成为群众的“主心骨”，党员成为小区治理的“先锋军”。经过不断探索和努力，B街道大大提升了物业服务水平和社区治理水平，并逐步探索实现辖区内红色物业全覆盖，形成“红色物业”服务体系，实现“人物”和谐，让群众时刻能感受到“红色在哪里、服务就在哪里”，不断提升群众的获得感、幸福感、安全感。

从上述“红色物业”的运作过程来看，其既凸显了提升小区居民幸福指数、服务小区治理与社区治理的定位和目标，又指明了实现这一目标所需的标准化要素：组织体系健全、运行机制科学、党员作用彰显、党建阵地规范、管理服务高效、民主监督有力。概言之，围绕党建引领基层社会治理这一目标，深化“红色党建”引领“物业革命”，构建基层党组织体系和基层治理体系双轨运行体系，全力破解小区治理、社区治理难题，畅通基层治理“最后100米”，切实提升群众的获得感和幸福感。那么，在具体的运行过程中，党建如何嵌入物业，形成运作顺畅、运行高效的“红色物业”运行机制，进而实现红色物业的服务目标呢？

第二节　运作机制

一、组织体系嵌入

红色物业的本质，是“党建+物业”，核心在于物业的“红色”性。更确切地说，是“物业+党建”，是在原有物业的管理、服务体系内嵌入党的组织体系和党员个体。党建嵌入物业，主要包括党的组织体系、组织架构的嵌入和党员个体的嵌入双重面向。

党的组织体系、组织架构嵌入物业管理体系，是党建引领红色物业的第一重面向。而嵌入的关键在于物业领域党组织的设立。党组织，是党的组织体系、组织架构向各领域社会组织延伸和扩展的载体。红色物业党支部，即是党建引领物业领域的载体和平台，是基层党建工作与社区物业有机结合的产物。小区层面物业党支部的设立，重构了对物业的管理体系：将以往基层治理主体对市场化主体（物业）的管理转变为对市场化主体的管理与对基层党组织、党员个体的管理相结合的管理形式。其基于红色物业党支部，通过诸多嵌入举措或机制，将党组织的管理体系嵌入小区层面的治理体系中。

其一，属地管理和行业管理的双重管理机制。前者指的是街道、社区对物业的属地管理。这体现在物业的主管部门是房管或住建部门，但是其服务项目地处该街道或社区管辖范围。后者指的是加强党建的行业领导，具体表现为区市政建设局作为物业管理行业主管部门，组建区行业物业党委。基于红色物业党支部这一平台，社区的属地管理和区物业办、街道物业办的行业主管，转变为了社区党总支和区行业物业党委对下级党组织的管理。

其二，物业党支部人员结构的调适。从横向层面来看，表现为双向交叉任职制度。如果说物业党支部的设立是组织体系和治理架构的搭建，那么，双向交叉任职制度则着眼于上级党组织对这一组织体系的人员调控。这一制度是通过双向交叉任职：物业人员可以兼任社区党总支委员，社区委员可以兼任物业党支部委员，一方面增加物业对小区治理或社区治理工作体系和治理任务的参与；另一方面，实现社区对物业参与治理的动员、管理和监督指导。在纵向维度，表现为党建指导员制度。即街道社区或上级党组织选派党员干部担任项目（小区物业）党建指导员，因地制宜采取多种形式开展党建工作。

其三，党建下沉机制。如果说党建向物业领域的扩展，是党的组织体系、组织架构在横向层面的扩展，那么，党建向小区层级的延伸，则是党建下沉的表现。在小区这一治理单元、治理层级，党的组织体系嵌入物业管理服务体系。这在纵向层面形成了四级党建网格：街道党工委—非公企业党总支（社区党总支）—物业党支部—楼栋党小组。之所以称之为网格，因为在纵向层面，红色物业党支部，将党的组织架构延伸至小区这一治理层级；在横向层面，其将所有的小区联结进党的组织体系，将其化约为更加基层的党组织。是以，围绕红色物业党支部，在街道、社区、小区层面搭建了四级网格化的党建系统。

二、党员个体嵌入

党建引领红色物业，不仅仅体现在党组织架构、组织体系对小区物业管理体系的嵌入，还彰显于党员个体参与到小区服务、管理事务。党员个体的再组织化，党建平台、党建阵地的搭建，党员服务作用的发挥是党员嵌入的三个步骤。

（一）党员个体的再组织化

基层党建的政治整合作用，不仅仅彰显于其对分散或分化社会力量的组织功能，还表现在其动员社会力量、引导其参与政治生活的过程。党员个体的再组织化，是党员参与服务、治理的前提性基础和条件。在社区、小区治理中，党员发挥着多重作用：（1）先锋模范作用。“党员带头”“党员以身作则”，是这一作用的话语表现。（2）辅助性治理的作用。在社区、居民的互动链条中，党员可以起到上传下达的作用：向下收集居民信息、向上反映民众需求。（3）扩充治理层级、治理架构。党员是治理单元下沉、治理层级下移的实践载体。（4）扩充治理力量。党员作为个体，具有弥散性。这一弥散性特征，将党的组织体系和治理力量延伸至社区、小区、楼栋，甚至是单元。在此意义上，党员即是“行走在社区、小区中的党建力量”。

党员作用的发挥，取决于其组织化程度和基层党组织体系、架构的完善程度。党建引领并非空洞的口号宣传，而需要附着于具体化的组织架构和实践载体。党对社会的领导“一方面体现为党成为整个社会的核心，另一方面体现为社会在党的组织和整合下凝聚成为一个有机的整体”。[①]组织体系、组织架构，是社会个体再组织化的基础性载体和平台。有关基层党建的诸多创新实践，如功能性党支部、楼栋党小组、红色物业、楼宇党建等，都是搭建组织体系、治理架构，将党员嵌入治理体系的创新举措，进而实现党员的再组织化。在城市社区的治理实践中，其主要通过以下方式实现党员个体的再组织化：

一是实施党员“双服务、双报到”机制。即党员不仅仅需要在党员关系所在单位报到，亦需要在属地社区党组织报到。这一机制的核心机理在于实现对社区中党员的在地化、属地化管理，以便动员其参与到小区管理、服务活动中。党员个体的党员关系所在地与日常居住地的不一致，往往导致其脱离了社区的属地化管理。这就使得党员处于“隐身”的状态，社区群众无法感受党员和党组织的存在。而“双服务、双报到”机制，将弥散于社区、小区中的党员再组织化，进而动员其参与所属社区的志愿服务、管理事务。然而，这一动员机制亦存在局限之处，如党员的流动性与属地化管理之间存在张力，约束机制缺位等问题。

二是组建“红色志愿队伍”。如上所述，未被再组织化的党员，弥散于社区中的小区，是个体化的存在。而组建以党员为主体的“红色物业”党员志愿服务队，亦是将党员再组织化的举措之一。与此同时，在党员志愿服务与居民认同的双向互动中，党员对志愿队伍的认同感增加，进一步提升这一组织的凝聚力和向心力。

三是设置功能性党支部。功能性党支部，是组织架构和组织体系搭建的探索性机制。如果说红色物业是党建嵌入市场化主体的尝试，那么功能性党支部则着眼于搭建更加基层化的组织架构和组织体系，实现了对党员个体的再组织化。一方面，党建下沉或者党建嵌入，重构了小区治理的组织架构体系；另一方面，这些组织体系和组织架构，更好地服务于社区治理、小区治理事务的推进。

---

① 林尚立：《中国共产党与国家建设》，天津人民出版社2017年版，第225页。

（二）党建活动平台的搭建

党员个体的再组织化，着眼于提升“隐身”党员的组织化程度；而党建活动平台的搭建，则旨在为党员参与物业管理、服务提供阵地和平台。

一是开展党建活动的平台。如红色物业党支部或者小区功能性党支部严格执行“三会一课”等基本制度，积极开展主题党日、党员责任区、党员示范岗等创建活动，组织党支部会议、党小组会议等活动。

二是密切党员和居民联系、互动的平台。这一平台的搭建，不仅为党员参与到物业管理、服务中提供平台和阵地，而且密切了党员与小区居民的联系与互动。在治理实践中，部分社区探索出“党员亮身份”这一制度设计，来实现居民对党员的监督约束和党员对居民的服务。

三是红色物业党建平台。主要通过设置楼栋党小组公示牌、楼栋党员公示牌等“红色物业”相关标识，在业主休闲场所、公共通道等重点区域建设智能便民服务商亭、智慧党建驿站等，张贴政治鲜明的党建标语，彰显形象生动的党建元素和党建引领红色物业治理、服务的特色内容，营造浓厚的“红色”氛围。红色物业党建平台的搭建，一方面是将党员个体纳入红色物业党支部的行为策略；另一方面，是红色物业服务活动开展的活动载体和阵地。

（三）党员个体的扩散与服务

如果说党员个体的再组织化、党建活动平台和阵地的打造，是“将党员组织起来”，那么，党员的“红色服务”则是“将党员扩散出去”。更确切地说，“将党员组织起来”，是为了更好地“将党员扩散出去”。党员的再组织化之前，党员是相对零散的个体；组织化之后，党员犹如“行走的党组织”，呈现出在小区、楼栋等城市社区治理单元中扩散的情境。

一方面，党员是零散的个体，需要通过管理、动员形式，将其再组织化；另一方面，党员零散的个体，也决定了其弥散于治理区域、治理空间的每一处角落。通过组织党员联系、服务群众，不仅可以将党的组织体系嵌入社区、小区的治理体系中，还可以将党员嵌入治理对象身边。具体来说，其一方面嵌入物业、网格、小区楼栋等治理单元和治理层级中，发挥党员在基层治理、社区基层治理中的作用；另一方面，组织党员去社区服务，构建其与辖区内小区内部居民的联系和关联，形成一种事实上的党员联系群众。从事实状态上来看，党员不仅是基层党组织中的成员，更是小区、物业服务中的业主。在此基础上，党员成为联结街道、社区之间的“红色桥梁”，打通了党组织与社会民众互动的“最后100米”。

物业的本质在于服务，而“红色”的本质在于发挥党员的作用。“红色物业”的核心机理在于“红色”和“服务”的统合，即发挥党员在物业管理、服务中的作用。

第三节　运作效果

一、基层党建维度

“红色物业”之所以被贴上“红色”的标签，主要是因为其以红色物业党支部为载体，创新了诸多基层社区物业党建的载体，推动基层党建的长效发展。

其一，创新党建引领的新载体，实现党的组织体系在横向广度和纵向层级的延展。党建引领不仅仅是宏观层面的政治话语或口号宣传，而且需要付诸基层治理实践。红色物业党支部的设立，是基层党组织向物业服务领域的延伸和扩展，是党建引领的又一创新载体。其创新之处表现在：基层党组织在横向层面的扩展——扩展至物业行业领域；在纵向层面的下沉——下沉到更加基层的小区层级。与此同时，围绕红色物业党支部，在党的组织架构和组织体系维度，基层场域架构了四级党建网格网络；在党员个体维度，为其搭建了多样化的服务平台和服务载体，党员得以再组织化，参与到小区的服务和管理事务中。

其二，契合政党基层化的现实需求，推动纵向维度的党建下沉。基层党组织，是党的肌体的“神经末梢”，是党在基层治理中的“桥头堡”。政党基层化或党建下沉是契合这一政治话语的具体实践。红色物业党支部的设立，在纵向层面实现了基层党组织的层级下移：由社区层面下移到小区层面，打通了社区党建的“最后100米”。其契合了横向维度扩展领域和纵向维度基层化的党建需求，即向物业这一市场化主体扩展，向小区这一治理层级扩展。在此基础上，将党组织嵌入小区层面的治理体系中，形成了“街道党工委—社区党总支—物业党支部—

楼栋党小组”四级党建的组织架构和治理体系。

其三，党建引领嵌入物业服务、管理体系，形成物业行业领域的治理“双轨制”。如果说原物业服务、管理体系是小区层面治理体系的有机组成部分，那么，党建引领下的红色物业服务、管理体系，则在此基础上嵌入了党建的组织架构、组织体系。具体来说，既往的治理体系是街道—社区（网格）—物业—小区居民；而基于红色物业党支部的“双轨制”体系，既包括原治理体系，又嵌入了党的组织体系，即街道（党工委）—社区（党总支）—物业（红色物业党支部）—党员—小区居民。

二、物业管理维度

如果说红色物业的“红”强调的是党建引领的维度，那么“治”则着眼于物业服务、管理和社区治理的维度。其中，物业服务、管理是社区治理的有机组成部分，是社区治理的重要内容。需要注意的是，“红色物业”范畴下的“治”，并非仅仅是物业公司这一市场化主体作用的产物，而亦强调了基于党建引领的“治”。

其一，围绕红色物业党支部的设立，创新了物业服务的类别和内容。“双服务、双报到”“党员亮身份”“智慧党建驿站”等创新化的党建平台和阵地，为党员参与小区自治事务提供了平台和契机。就服务的主体而言，这些平台、阵地，将零散化的党员个体再组织化，党员成为小区服务的重要主体；就服务的事项来看，其不仅包括对小区治理的建言献策，还包括对小区居民直接的服务性活动。基于红色物业的服务活动，其不同之处就在于：发挥小区党员的余热，推进党建引领下的服务活动，本质是小区中的流动党员参与到社区服务过程中。

其二，基于红色物业党支部，通过多元主体共治化解小区服务困境或难题。联席会议制度是这一效用发挥的具体载体。其主要形式是街道或社区党组织牵头，与社区、业委会、物业公司一同协调解决小区的治理难题，如老旧小区的电梯、消防设施更换或重新规划车位，即是这一制度运作实效的彰显。基于联席会议制度，通过行业主管部门、职能部门、街道、社区、物业公司、业委会、居民代表等多方主体的协调、沟通、共治，讨论解决小区面临的实际难题，是“共建共治共享”在小区层面的具体呈现。

其三，党建引领嵌入物业服务、管理，缓和物业公司和小区居民关系的张力。物业公司与居民的关系，存在天然的张力与紧张状态。按照法律定性，二者基于合同建构的是服务性法律关系，物业公司是小区居民的服务者，小区居民是服务的享受者。然而，在物业管理的运作实践中，为了更好地服务，管理者亦是物业公司的角色。是以，物业公司具有服务者和管理者的双重身份。然而，这双重身份却存在背离。红色物业下的党建引领，着眼于“服务”这一旨趣，通过为小区居民提供服务，解决居民实际难题，营造“服务换支持/认同”的氛围，起到润滑剂的功效。

三、社区治理维度

“红色物业”具有双重治理绩效：基层党建建设和优化基层治理。“党建”也并不只是简单停留于党组织和党员的发展，更重要的是将党的领导方式、党的建设方式与基层社会治理进行有效连接。“红色物业”的运作过程，既实现了扩充治理力量的功能，又推进了治理单元、治理层级的下沉。

一方面，通过党建嵌入物业服务、管理体系，推动物业的管理转变为“管理物业+管理下级党组织（红色物业党支部）”，动员物业参与到社区治理的过程。社区自治是城市基层自治的具体内容，而小区自治又是社区自治的具体实践形式。作为小区服务者、管理者的物业公司，在小区治理、社区治理中发挥着多重作用：其一，提供信息，缓解社区与居民之间的信息不对称问题。物业公司管理的小区，往往规模较大、人员结构复杂和异质性强。相比于社区，物业公司往往掌握诸多小区居民的个人信息。其二，辅助性治理，完成治理性任务。正是因为小区服务性或管理性事项与社区治理事项的部分重合，物业公司辅助完成了大量的治理性事项，诸如卫生、安保、纠纷解决、满足居民需求、公共品供给等事务。在有物业的小区，物业是小区治理的重要治理力量。从治理层级来看，“通过物业的治理”，建构了“社区—物业—居民”的治理架构和组织体系，物业成为小区治理的中介性力量。从治理任务来看，物业除了做好小区内部的服务性或管理性事项，亦参与到小区外部（社区治理）的治理性事务中。

另一方面，通过设立红色物业党支部，不仅推进了党建下沉，而且实现了治理层级下移和治理单元的下沉。从党的组织体系和城市基层治理体系来看，这是双重维度的治理层级下移和治理单元下沉，即其建构了“社区—物业—居民”的治理层级、治理体系，亦建构了“社区党总支—红色物业党支部—楼栋党小组—党员”的党的组织体系、组织架构。在治理体系的层面，红色物业推动治理单元下沉，将社区治理具化为小区治理，实现了小区的微自治；在党组织体系和组织架构的层面，红色物业党支部的设立，将党的组织体系和组织架构进一步下沉到小区层级，成为政党基层化的实践载体。

第四节　一般性机制

一、纵向到底

“纵向到底”是党建引领基层社会治理在纵向维度的实践目标。基层党组织是党在基层场域的战斗堡垒，在推动党建引领基层社会治理过程中尤为关键和重要。这亦是政党基层化、党建基层化的旨趣所在。而且，基层党组织的“基层性”，决定了党的组织体系、组织架构的延展程度和嵌入程度。党组织向越基层的治理层级延展，则党的组织体系、组织架构嵌入基层或社会越深；反之，则嵌入的程度较低。

党建引领视域下的“嵌入”程度，取决于党组织在纵向层级上的延展。在党建引领、政党基层化、“发挥基层党建作用”、“基层党建是堡垒”等中央政策话语的引导下，地方围绕政党基层化这一要求持续推进党建引领的创新。在此过程中，党建“基层化”成为地方政府创新的指挥棒：有关党建引领的创新越基层化，党建嵌入的治理层级越低，其创新程度越高。无论是在乡村治理场域，还是在城市基层治理场域，党建下沉、党建嵌入更低治理层级，成为党建引领基层社会治理创新的趋势。

具体而言，在乡村治理场域，从组织体系、组织架构来看，在村民小组或者微网格这一层级设置党小组成为较为普遍的举措；从党员个体来看，党员中心户联户机制，成为党员个体嵌入村庄治理的创新举措。在此基础上，乡村治理场域的组织架构亦彰显为党的组织体系和乡村治理体系双轨并行的组织形态：乡镇（党委）—村庄（党支部）—村民小组（党小组）—居民（党员中心户—居民）。

在城市基层治理场域亦是如此，围绕党建引领的创新举措层出不穷，并逐渐向更加基层的治理层级扩展。楼宇党建、功能性党支部、红色物业党支部、楼栋党建等创新项目，都在不断延展着基层党建的触角。是以，在城市基层治理中，其组织架构、组织形态亦类似于乡村场域，呈现出党的组织体系与治理体系并行的样态：街道（党工委）—社区（党总支）—小区（红色物业党支部或功能性党支部）—居民（党员中心户—居民）。在乡村场域中，党建下沉到村民小组层级；在城市社区场域中，党建下沉到小区，甚至是楼栋层级。在这一过程中，党的组织体系、治理架构得以延展和下沉。而且，党的组织体系下沉，亦是治理力量、治理层级、治理单元下沉的过程。概言之，党建引领下的基层党建创新，既实现了党组织体系、组织架构的下沉，亦重构了基层治理体系，呈现出党的组织体系和基层治理体系双轨并行的样态。

二、横向到边

“党政军民学，东西南北中，党是领导一切的，是最高的政治领导力量。”要实现“党领导一切”的领导目标，就必须“把党的领导落实到国家治理各领域各方面各环节”。除了“纵向到底”外，“横向到边”是党建引领基层社会治理在横向维度的实践目标。如果说党建在纵向层级的延展，呈现的是党建“嵌入式引领”的深入程度，那么，党建在横向维度的延展，则旨在延展党组织在社会组织中的覆盖面。

党建在横向维度的扩展，大致遵循由行政部门向社会组织扩展、由公有制企业向非公有制企业扩展的路径。如在民营企业、律师事务所、物业企业等组织中设立党支部，即是党的组织体系在横向上扩展的创新机制。在非党的组织部门中设立基层党组织，对于党的组织体系而言，其意味着党的组织架构在横向上的延展，将社会组织纳入党的组织体系中；对于这些社会组织而言，其在某种程度上是社会组织契合政策话语的策略举措。举例来看，红色物业党支部的设立，是党的组织体系向物业公司这一市场化组织延展的产物。对于基层党建而言，其将市场化主体纳入党的组织体系，将对物业的行业管理转变为对物业的行业管理与对物业党支部的组织管理相结合的管理模式；对于社会组织而言，推进红色物业可能意味着契合党建引领的政策话语，往往可以获取“红色品牌”衍生的口碑等福利效应。

从本质上来说，党建“横向到边”的创新，主要着眼于丰富党建引领的实践载体、拓展其应用场景，扩展党组织在社会场域的覆盖面；党组织在社会场域的嵌入，不仅仅需要治理层级、治理单元下移的深度，亦需要治理范围上的广度。

三、网格化“嵌入式引领”

如果说“政党下乡”是政党组织向乡村渗透，并将农村社会政党化的过程，那么，“政党下社区（小区）”，则是政党组织体系、组织架构向社区渗透，并将城市社区政党化的过程。而党的组织体系、党员个体在横向维度和纵向维度的嵌入，则是实现“政党下乡”“政党下社区（小区）”的具体路径。

党建的横向延展和纵向下沉，共同形塑基层党建对社会的网格化“嵌入式引领”。而且，“横向到边”“纵向到底”的全方位延展，在不断织密党的组织体系、组织网络，进而不断拓展党建嵌入社会的边界。在这一过程中，党的组织体系、组织架构与城乡基层治理体系并非互斥的存在，而是以“党建嵌入治理”的形式建构了基层社会治理场域的“党建引领+基层治理”的双轨运作模式。这一模式是拓展执法场域理论、司法场域理论和基层社会治理场域理论的延伸讨论，是综观党建引领与基层治理的产物。

“党建引领+基层治理”双轨运作模式，不仅重构了基层社会治理体系和组织架构，亦重新塑造了“国家—社会”的二维互动模式。以往对国家和社会互动的关注，更多是从“强国家弱社会”，抑或是“强社会弱国家”二元互动的角度，来探讨国家对社会的嵌入和控制程度。然而，需要注意的是，党建引领地方治理，不仅调适其与国家、社会的关系，而且重塑了党、国家、社会的关系结构。政党这一维度的引入，改变了传统的“国家—社会”二维关系。中国的国家与社会关系实际上形成于一个以党的组织体系为载体的权力组织网络基础之上。“政党—国家—社会”三维关系成为理解基层治理，甚至是中国之治的关键钥匙。

第五节　延展讨论

从各地的创新实践来看，“党建引领+”的创新，并非局限于物业管理领域的“红色物业”，而是广泛存在于基层社会治理各领域，呈现出“党建引领+”的多元形态：“党建引领精准扶贫”“党建引领三治融合”“党建引领农村集体经济发展”等。在“党建+”“党建引领+”不断创新的过程中，党的组织体系在社会场域延展的广度和深度都大为提升，在某种意义上呈现出“政党组织社会”“政党链接社会”“政党整合社会”的样态。而上述“党建引领+基层治理”的双轨运作模式，在不断拓展党建引领的适用场域和应用场景的过程中，不仅重构了基层社会治理体系和组织架构，亦重塑了“国家—社会”的二维互动模式。超脱出“国家—社会”的二元分析框架，将政党这一因素引入对基层社会治理的讨论，不仅符合基层治理实践中“党建引领+”的诸多创新经验，而且成为理解基层治理甚至是中国之治的关键钥匙。中国共产党党员个体和组织体系在社会的弥散，在事实层面形成了一种基于政党、国家、社会的三角形关系。这一组织特性决定了“国家—社会”的二元视角必然存在局限性——忽视了党组织在治理中的作用以及与国家、社会的互动。在此基础上，政党视角被引入，而且被延展至基层社会治理场域，助推了基层治理研究的视角转换：由“国家—社会”的二维分析框架到“政党—国家—社会”的三维分析框架。

而无论是国家中心主义，抑或是“强社会弱国家”“社会中的国家”，始终将国家、社会作为分析的两个维度。这一研究范式无法尽然契合中国本土化、特色化的治理实践。在中国治理实践中，国家与社会的关系，绝非二者的简单关系，因为共产党是国家政治生活的领导核心，是中国社会的组织核心。是以，讨论中国治理语境下的国家、社会关系，必然要在“政党—国家—社会”的三维框架展开。

第十三章　社会诚信机制

第一节　案例介绍

改革开放以后，尤其是21世纪以来，基层治理的主要难题之一，就是如何制约基层社会的越轨行为。伴随社会变迁，基层出现利益和观念多元化，一些群众的权利和责任意识发生变化——重权利、讲利益，不重义务、不讲责任。对于这些群众，基层治理缺乏合法有效的制衡能力。面对社会公德违反行为和轻微违法行为，近年各地基层的社会诚信建设经验，为化解上述难题、加强基层治理能力提供了重要启示。

案例

目前，基层治理运用社会诚信机制，在全国各地已较为普遍。湖北省Y市的实践具有典型性，相关制度建设完备，实践效果凸显，入选2021年度全国基层治理创新典型案例。基于在Y市的实地调研，基层治理运用社会诚信机制主要依托家庭诚信档案制度的运行来实现。家庭诚信档案的运行机制包括以下内容：以户为单位建立，将法律和道德评价的行为纳入自治评价范围；组织制定村规民约（居民公约），实行积分管理，区分守法诚信行为与违法失信行为，对各类社会治理相关行为进行分值赋予；采用一户一档的方式，对家庭成员的相应行为进行记录。建立政府部门、乡镇、村委会（居委会）各负其责、涵盖广泛的诚信档案管理系统，不同机构根据相应的职权，将相关的行为录入诚信档案管理系统；根据诚信信息区分守法诚信户和违法失信户，并落实相应的诚信褒奖和失信受限措施；被评为违法失信户的，家庭成员在集体福利、评先树优、招录招聘、征兵政审、经商贷款、政策扶持等多方面受到考量，被评为守法诚信户的在前述方面则会得到优待。

社会诚信机制的运行，依赖村庄（社区）的自治机制，在操作层面体现为“积分制”实践。具体实施步骤包括：制定《家庭诚信档案管理规定》《诚信积分规则》等村规民约（社区公约），建立家庭诚信的积分规则，违法失信行为将被扣分，守法诚信行为将获加分；村庄（社区）通过召开道德评议会来评定加分还是扣分，并记录到诚信档案管理系统；年终召开村民（居民）代表会议，根据积分情况确定守法诚信户和违法失信户，并在自治范围内兑现相应的奖惩措施。社会诚信机制的核心，是将社会治理相关行为纳入社会诚信评价范围，从而服务于基层治理。积分规则中涉及的行为，涵盖基层治理中的大多数事务。加分规则针对见义勇为、公益行为、志愿服务、先进获奖等正面行为，减分规则针对违法犯罪、社会治安、移风易俗、环境卫生、邻里关系、家庭关系等方面的负面行为。落实奖惩措施，就可以发挥社会诚信机制的正向激励和负向约束作用，进而产生示范效应。

2020年，Y市评出文明诚信标兵家庭162户，并在庆祝建党100周年群众性文体活动上高规格颁奖。按照村规民约（居民公约），Y市为守法诚信户提供以下优待：（1）给予项目支持，优先安排或调剂乡村振兴、绿色生态、环境治理、文化建设等方面项目；（2）给予优先贷款或优先安排有关扶持资金；（3）优先安排技术培训；（4）优先安排外出考察及学习；（5）优先考虑子女入团、入党以及推荐工作；（6）在有关媒体上宣传；（7）在年终集体分红时给予一定奖励。例如，W镇出台礼遇“五美之星”政策，评选出镇村级“五美之星”983名，发放“五美之星”惠农贷款409万元，先后涌现2个“全国文明村”和1个“全国民主法治示范村”。失信农民家庭可能承担以下不利后果：（1）定期发布诚信红黑榜，对失信行为进行曝光；（2）取消当年除法定权利外的村集体福利待遇；（3）两年内不得参与守法诚信家庭评选，不得参加各级各类评先评优；（4）失信信息作为公务员录用、企事业单位聘用、征兵、入党、评先评优及部分行政许可的考核依据。奖惩措施彰显了社会诚信机制在基层治理中的正向激励和反向约束作用。

以家庭诚信档案为基础的社会诚信建设，在基层治理多方面取得明显成效。一是社会文明风尚得以弘扬。仪式性人情曾是Y市群众的沉重经济负担，而家庭诚信档案建立后，婚丧喜庆事宜大操大办现象减少。二是偏执行为和治理难题得到有效应对。例如，自家庭诚信档案建立后，W村有效化解邻里纠纷200余起，人居环境整治、违法建设等过去老大难问题迎刃而解；D社区先后化解矛盾纠纷140多起，解决10年以上的老大难问题6件。全市信访总量比三年前下降57%。三是社会公德水平明显提高。在社会诚信机制激励下，全市志愿服务队达到389个，注册志愿者达8.4万人。市冬泳协会自发投入5万多元购买60多套救生设备，常年在长江、清江岸边开展义务巡逻，维护治安、义务救援，救起落水人员20多人，化解矛盾50多起。全市涌现出7名“中国好人”，11名“荆楚楷模”“湖北好人”，243名市级楷模好人。

第二节　政策和制度背景

一、政策背景

社会诚信建设有其政策背景。党的十八大以来，党和国家对社会诚信建设作出了一系列重要部署。十八届四中全会提出：“加强社会诚信建设，健全公民和组织守法信用记录，完善守法诚信褒奖机制和违法失信行为惩戒机制。”2014年6月，国务院印发《社会信用体系建设规划纲要（2014—2020年）》。2016年5月，国务院印发《关于建立完善守信联合激励和失信联合惩戒制度加快推进社会诚信建设的指导意见》。2020年12月，中共中央印发《法治社会建设实施纲要（2020—2025年）》，其中包括推进社会诚信建设。根据这些政策和规划，社会诚信建设主要从重点行业和领域着手，建立统一社会信用代码制度，健全公民和组织守法信用记录，健全覆盖全社会的征信体系，完善失信惩戒制度。其中，企业信用建设是重点。自然人信用建设的主要内容是，加强重点人群职业信用建设，建立各类职业人员信用记录，推广使用职业信用报告，主要涉及城市经济生活中的行业和正规职业群体。然而，基层社会活跃的是流动于城乡之间、不断转换职业身份的农民、打工者，以及城市中职业化程度低、可替代程度高的市民，他们难以被纳入重点人群职业信用体系。

在此背景下，各地基层的社会诚信建设，重点并非通过全国信用信息共享平台，建立健全覆盖全社会的征信体系，而是通过家庭诚信档案管理，将城乡基层群众纳入地方性的信用体系。具体而言，以家庭户为基本单位建立诚信档案，以基层治理事务为关联要素建立诚信制度，分级建立诚信档案管理系统，开展诚信家庭创建评选活动，表彰奖励诚信家庭户，惩戒失信家庭户成员。这种做法将基层治理的需要和目标嵌入社会诚信评价标准，将基层群众纳入社会诚信体系，社会诚信建设得到推进，基层治理难题得以化解，基层治理能力得到加强。

二、制度基础

社会诚信关联基层治理，有其制度基础。在更广泛和宏观的层面，关联社会治理是社会诚信的中国特色。无论在理念还是制度中，社会信用体系都与社会治理紧密关联。在理念上，中国人所说的“信用”，是指人们在经济、社会交往中形成的信任，它既存在于经济活动中，也存在于社会活动中。我国社会信用体系包括四个重点领域：政务诚信、商务诚信、社会诚信和司法公信。我国的社会信用体系，不是西方国家“主要围绕着经济交易和金融活动展开的信用交易风险管理体系”，而是“一个包含经济交易信用体系和社会诚信体系在内的广义的社会信用体系”[①]。

在西方国家，社会信用制度大多集中于消费信用。以美国为例，个人信用信息范围较为狭窄，主要包括以下四个方面：一是消费者的身份识别信息；二是信用行为方面的信息，主要包括贷款、信用卡使用等信息；三是公共信息记录，包括欠税记录、被追账记录、判决记录、破产记录等；四是消费者信用报告的查询记录，包括消费者自己的主动查询和授信机构的查询。信用报告机构是以营利为目的的企业，它以市场需求为导向，在合法使用目的之下收集、出售信用信息，不必经过信息主体的同意。政府只是从隐私保护和公平竞争的角度出发，在《隐私权法》《平等信用机会法》等法律中规定不能进入信用信息范围的原则。在此条件下，美国逐渐形成了以消费为中心的信用信息范围。信用报告机构收集信用信

① 孙志伟：《美国消费信用探幽》，中国经济出版社2014年版，第40—47页。

息较为谨慎，例如司法有关的信息，仅收集民事纠纷中与经济行为相关的一些判决数据记录，并不收集和存储犯罪记录，包括经济犯罪记录。在政务领域，美国没有社会信用制度，但不少行业存在黑名单制度，它由法律授权行政机关公开设立。在国家安全方面，有签证黑名单、海关黑名单、海外资产控制制裁名单等。在公共利益方面，有社会保障黑名单、“恶名市场”黑名单、肮脏果蔬黑名单、食药监除名名单和进口警示名单等。此外，还有行业禁入黑名单、交易黑名单等。

我国的社会信用体系范围比西方国家广泛，社会诚信是其中的重要领域之一。各地的社会信用信息一般包括公共信用信息和市场信用信息。市场信用信息是信用服务机构、行业协会、其他企业事业单位和组织，在生产经营和提供服务过程中产生或者获取的，可用于识别信用主体信用状况的数据和资料。公共信用信息是国家机关、法律法规授权的具有公共管理职能的组织及群团组织等，在依法履职、提供服务过程中产生或者获取的，可用于识别信用主体信用状况的数据和资料。例如，《湖北省公共信用信息目录》包括行业篇和属地篇。行业篇是省行业主管部门以省市县填报的权力清单为基础，整理形成的行业信用信息目录；属地篇汇编了各市、州、县区域公共服务领域相关信用信息目录，涉及水、电、气、公共交通、电信运营、广电网络、城市管理、图书馆和公积金管理等领域。由此可见，中国社会信用体系的范围比美国广泛，在市场经济之外涉及社会治理领域。

我国市场经济是逐步从计划经济环境中脱胎而出的，经济活动与社会活动的分离不彻底，社会成员在其中的活动重叠较多，经济活动同时体现为民生问题，与社会治理高度耦合。因此，在我国的社会信用体系建设中，信用信息的收集范围更加广泛，除了市场经济运行信息，还有社会治理环节的信息。相应地，信用信息的功能并不局限于市场经济领域，还向社会治理领域广泛扩展，与职业道德、社会道德建设相关联。在这种背景下，社会诚信机制运用于社会治理创新就有现实可能性。

我国处于社会转型时期，经济信用风险和社会诚信缺失问题仍然存在。因此，我国必须统筹解决经济信用和社会诚信问题，客观上需要采取与西方国家不同的方法，建立更广泛的社会信用体系。我国的“社会信用体系”包括政务诚信、商务诚信、社会诚信和司法公信，在世界上可谓独树一帜，富有中国特色。其一方面承继了“内诚外信”的文化传统，没有撇开诚实而单纯强调信用；另一方面契合了我国经济和社会发展全面治理的现实需要，而不仅仅着眼于经济交易和金融活动的信用需要。

第三节　基层治理背景

面向基层群众的社会诚信建设，源自对基层治理需求的回应。在社会转型和治理转型背景下，面对违法失信行为，基层治理缺乏可用的资源，缺乏合法制衡能力。从基层治理的具体事务可以看到治理难题：

第一，家庭邻里事务。家庭生活道德要求尊老爱幼、男女平等、夫妻和睦、勤俭持家、邻里团结。基层现实往往与之存在距离，会发生虐待老人、夫妻争吵、打骂小孩等不良现象，存在铺张浪费、过度消费、赌博等不良习气。这些被认为是家庭事务，群众会有舆论，但极少干预，基层干部也多不愿介入。家庭事务的处理，要么在家庭内部自动消化，要么进入司法渠道。家庭内部的消化能力有限，而司法处理高度程式化，不太关注家庭事务的实质性和道德性问题，更多直奔其中的财产分割、抚养权、赡养责任等。还有一些问题，可能对社会治理产生负面影响，却进不了司法程序，或者司法判决在基层社会难以执行。例如，家庭暴力的受害者，常常缺乏基本的自我保护能力，缺乏进入司法渠道的经济社会能力。与家庭事务类似的，还有邻里关系事务。良好的邻里关系应当互尊、互帮、互让、互谅，现实却是邻里矛盾常见而多样。一些矛盾时间很长，各种情感和利益夹杂其中。基层干部有时对此难以调解；基层司法大多就具体个案依法处理，解决不了其他利益问题，更解决不了情感问题，司法裁判的执行还容易面临困难。如果有人不遵规守法、不听劝告，基层干部无法强制解决矛盾，司法可以裁判却也很难强制执行。这些邻里关系事务，也容易成为基层治理难题。

第二，民俗文化事务。民俗文化是基层群众创造、共享、传承的风俗文化，民间信仰、婚丧仪式、人情交往等都属于民俗文化事务。民俗文化一般源于传统，但也会在传承中流变。这种流变可能借助传统的形式，注入新的内容，从而导致

"名实分离"。[①]在基层社会，一些民俗文化现象的表面与内核、形式与实质发生分离，可能发展为"恶俗"，背离正确的价值导向，成为需要重点关注和面对的社会治理事务。

第三，社区动员事务。基层有很多事务需要动员群众，其中涉及行动和利益。集资办理公共事务，兴建公共工程，都由受益的群众筹资筹劳。这需要民主决策、民主动员并付诸执行。取消农业税后，农田水利建设、道路修建、植树造林、土地治理等公益事业所需的资金，不再固定向农民收取，而采取"一事一议"的筹集办法。"一事一议"遵循群众自愿原则，发起人或村干部不应强求；遵循权利义务一致原则，"谁受益、谁负担"；遵循公平负担原则，由受益者均摊成本。然而，社区动员事务往往涉及公共品，利益难以明显切割。例如，修建一项公共设施，周边所有村民都受益，如果有人拒绝分担成本，集资就很困难。社会动员事务中，民主决策的村民（居民）代表会议以及执行的村（社区）干部，都没有合法的强制力，基层政府也很难强制执行。居民受益却拒绝分担成本的现象一旦发生，就可能"少数决定多数"，使整个合作格局瓦解，从而影响民主治理成效。

第四，社区公德事务。这里的社区公德事务，是指过于坚持个人权益而影响社区（村庄）公共利益的事务。带动社区发展的项目，需要在具体的时空中落地，必然涉及特定的人和利益，需要他们在个人利益上有所让步，至少不以个人利益为名刁难，进而使公共利益受损，影响社区发展。如果有人基于个人利益而阻挠，项目就无法落地，社区发展可能成为泡影。社区旧房改造，只要有一户不同意，一栋楼乃至整个小区的居住条件就不可能快速改善。村庄修建机耕路，需要占用沿途土地，只要有一户不合作，道路修建就难以实施。村级组织对土地的控制不仅是村庄社会自身整合的需要，也能极大地降低基层治理的成本。对于个人而言，面对公共利益时对个人权益保持谦抑是一种公德；置公共利益不顾而将个人权益绝对化则是不讲公德。社区公德事务的难点是，如何面对落地时触及的特定权益，如何让特定人讲公德，不将个人权益绝对化。如何不侵犯合法权益，又让人们遵守公德，是基层治理面对的难题。

---

① 费孝通：《乡土中国·生育制度》，北京大学出版社1998年版，第80页。

第五，政策执行事务。现代国家将多数社会事务纳入治理范畴，基层的政策（法律）执行事务非常繁杂。其中的困难在于，执行对象不一定接受依法依规作出的决定，基层干部需要进行反复的协商甚至艰难的较量。执行过程需要宣传法律和政策，讲明利害关系，就落实任务进行协商，对处罚进行谈判等，有时还要防止发生冲突，并在冲突时控制局面。多数执行事务很难有令即行、有禁则止，总是存在协商空间，往往经过讨价还价甚至失败后的冲突，法律和政策意图才能“穿透”社会得以实现。按照“穿透”社会的难易程度，执行事务可以分为三类：一是多数群众抵制的事务，执行对象得到群众较多的同情，如殡葬改革等移风易俗类事务；二是多数群众不太关心或虽然关心却持“事不关己、高高挂起”态度的事务，如集体资产保护事务；三是多数群众较为支持的事务，如社区的禁止噪音扰民事务、村庄的垃圾治理事务。这些执行事务都存在各自的困难，是基层治理需要处理的重要事务。

基层治理事务大多由社区（村庄）自治处理，即使政策执行事务，权责在基层政府，往往也需要社区协助。有少数事务由基层政府处理，不太依赖社区自治，如一些专业性较强的执法事务。还有一些事务，社区、基层政府都缺乏明确的治理依据和权限，如前述民俗文化事务。面对各类事务，基层治理能力面临挑战。

在社区层面，基层治理采用民主自治的形式，然而民主自治面临具体困难。目前，基层群众发生了较大分化，越来越不具有同质性。无论是村庄还是社区内，不同家庭的职业分化、收入水平、利益结构、生活面向、价值倾向都有较大差异。基层治理事务要达成一致意见并付诸实施，困难越来越大。一些群众不愿将闲暇时间用于治理事务的民主讨论和决策，“事不关己”时就不参与，“关己”时的参与往往又变成缺乏建设性的反对。社区自治运行成本很高，动员群众参与、民主协商、决策执行等所有环节都需要大量投入，而治理效果却难以预期。其中的关键问题是，如何抑制少数人对自治决策的离心倾向。无论是社区动员事务、社区公德事务，还是政策执行事务，都可能存在这样的问题。如果不能抑制少数人的离心倾向，自治决策就难以成功，政策就难以执行。那些由基层政府直接处理的事务，也面临同样的问题。由于在社区层面缺乏支持，政策执行成本高昂，容易因少数人的离心倾向而产生“破窗效应”。在这样的治理形势面前，那些治理责任主体不明的事务很难得到主动干预。

第四节　运行机理

面向基层群众的社会诚信建设，以家庭户为基本单位建立诚信档案，将社会诚信机制嵌入基层治理，以基层治理需求为关联要素建立社会诚信制度，在社会治理行为与社会诚信之间建立关联，并在县、乡、村分级实施社会诚信奖励和惩戒措施。这可以让越轨者付出代价，从而产生威慑作用，制约违反社会公德行为和轻微违法行为。

一、一般模式

通过对湖北Y市等地的实地调研，可以总结和概述社会诚信机制的一般模式。

第一，以家庭户为基本单位建立诚信档案，将社会治理行为等纳入自治评价范围。Y市组织全市155个村（社区）修订完善村规民约（居民公约），建设家庭诚信档案信息化平台，对全市112743户家庭建立文明诚信档案，实行积分管理，将文明守礼、诚实守信、遵纪守法等行为记录下来。家庭诚信档案以户为单位，采取统一编号、一户一档、一人一卡的方式建档，涵盖成年的家庭成员，依法依规对家庭成员的守法诚信行为和违法失信行为进行记录。其中，孝老爱亲、勤劳自强、保护环境等行为被界定为守法诚信行为，争地霸界、非法上访、大操大办、家庭暴力等行为被界定为违法失信行为。

第二，建立市政府部门、乡镇政府（街道办）、村委会（居委会）各负其责的诚信档案管理系统。乡镇（街道）成立工作领导小组，设信息中心，办事机构设在司法所，负责信息甄别，指导各村（社区）信息录入工作。建立诚信档案信息采集、录入、动态管理制度，刑事犯罪行为由司法部门依据判决书录入，违法行为由各行政执法部门依据处罚决定书录入，违反村规民约行为由各村委会（居委会）录入。有较大影响的好人好事、行善助人等诚信行为，由相应部门予以记录。

到2021年9月，全市已录入文明诚信、违规失信信息1652条。

第三，建立诚信档案的运用制度。在诚信档案信息平台上，对守法诚信户以“红点”标记，对违法失信户以“黑点”警示，由村委会（居委会）以“红黑榜”定期公示。向社会提供诚信查询服务。有违法失信行为的家庭户，在公务员招录、企事业招聘、评先树优、劳务用工、征兵政审、社会福利保障等方面受到考量。

第四，建立社会诚信的关联制度。扩大诚信档案信息来源和运用范围，提高社会诚信的影响力度。例如，出台管理办法，将志愿服务行为纳入诚信档案。建立市乡村三级联合激励约束机制，全市有24个村（社区）将积分与集体股份制分红挂钩，有131个村（社区）落实评优优先、服务优惠、爱心超市物品兑换等受益措施和受限措施，让守法诚信户受益，让违法失信户受限，使村规民约（居民公约）务实管用。

二、运行过程

社会诚信机制在村庄（社区）的运行，主要通过“积分制”来实现。具体包括以下过程：制定《家庭诚信档案管理规定》《诚信家庭建设考核管理办法》《诚信积分细则》等成文的村规民约（居民公约），确立积分规则；村庄（社区）按时召开道德评议会，将积分情况记录到诚信档案管理系统；年终召开村民（居民）代表会议进行积分审核，根据分值确定失信户和诚信户，兑现相应的奖惩措施。

第一，制定规则，对具体行为进行积分赋值。诚信档案运作的前提是制定积分规则，将治理事务所针对的行为纳入积分范畴。积分规则包括加分规则和减分规则，分别针对守法诚信行为和违法失信行为，几乎涵盖基层治理中的所有事务。加分规则针对见义勇为、志愿服务、公益行为、评先获奖等，减分规则针对违法犯罪、行政处罚以及公益事业、移风易俗、邻里关系、家庭和睦、环境卫生等方面的负面行为。积分规则是基层政府引导下村民（居民）自治的产物，一般由村民（居民）代表充分讨论后，由村民（居民）代表会议通过。之后，在广播、移动喇叭、微信群广为宣传，并由小组长入户宣传，发放积分规则文本，与村民（居民）签订“家庭诚信文明承诺书”。

第二，执行规则，对具体行为进行加分扣分。社会诚信在村庄（社区）落实为积分制管理，被量化为具体分值，分值高低成为衡量诚信与否的标准。将家庭划分为“诚信户”和“失信户”两类，并实施分类治理。《诚信积分细则》将每户的起始分设定为100分，在此基础上根据考核加减分。具体考核内容包括诚信于党和政府、诚信于法律法规、诚信于市场经济、诚信于金融支持、诚信于道德伦理、诚信于合同约定、诚信于村规民约等。家庭被扣分至90分以下，将被列入失信户，并承担后果；积分增加到某一分值，可以享受相应的村庄（社区）福利。加分扣分遵循一定的程序。尤其是扣分，需要有相应的文书作为证据，或者对导致扣分的事宜拍照留存证据。例如，乱扔垃圾、人居环境脏乱、违规操办红白喜事等，都会被拍照留存，注明日期和事由，放入诚信档案袋，以备有争议时调档查看。扣分情况需经道德评议小组评议表决，并经公示后录入诚信档案系统。

第三，落实奖惩，发挥社会诚信机制的作用。社会诚信机制能有效果，就是由于它将诚信积分与相应的奖惩措施挂钩，并执行奖惩措施，从而产生示范作用。

社会诚信机制对于基层治理的有效性，来源于它所具有的连带性，它将治理行为纳入社会诚信评价，在不同的社会事务、家庭成员之间建立权利义务的连带性。具体通过“积分制”来实现，对群众家庭赋予一定的诚信起始分值；按照积分规则，评估家庭成员在日常生活和社会治理中的表现，进行加分、减分；根据最终分值来区分“诚信”和“失信”，进行分类管理，让不同家庭在自治层面承担相应的有利或不利后果。后果的承担，不是基于法律上的相关性，而是基于自治规则拟制的相关性。对于一个家庭而言，不同社会事务中的行为具有连带性，不同家庭成员的行为之间也具有连带性。

不同社会事务之间具有连带性。社会诚信机制嵌入基层治理后，诚信行为的有利后果主要是某种发展机会的获取、集体福利的享有；失信行为的不利后果，最有“威慑力”的是，失信信息成为公务员录用、企事业单位聘用、征兵、入党、部分行政许可等事项的考核依据，自治组织据此决定是否以及如何出具证明或推荐意见。这种不利后果与失信行为之间，缺乏内在的因果关联，不具有法定性。可以将它与法律责任进行比较。法律责任是因违反法定义务或契约义务，或不当行使法律权利、权力所产生的，由行为人承担的不利后果。法律责任的方式可能是补偿性的，也可能是制裁性的，因为相关不利后果与法定义务（契约义务）之间的关系可能是功利性的，也可能是道义性的。法律责任具有内在逻辑性，即存在前因与后果的逻辑关系，破坏责任关系是前因，追究责任是后果，前因与后果之间存在功利性或道义性的关系。然而，社会诚信机制中，失信行为与不利后果之间并不存在上述关系，它们往往分散在不同的社会事务中，在某事务中受社会诚信机制负面评价的行为，可能导致在其他事务中承担不利后果。不同的社会事务通过自治程序被建立了连带机制。

不同家庭成员之间具有连带性。社会诚信机制的运行基础是家庭诚信档案，它以家庭户为基本单位，实行一户一档、一人一卡的方式。诚信考核评价针对家庭户，评选出“守法诚信户”“违法失信户”。相应的不利后果，所有成年的家庭成员都要承担，不同家庭成员之间具有责任连带性。某人的违法行为或违反村规民约（居民公约）的行为，导致家庭诚信积分低，家庭被评为“失信户”，其他家庭成员将受到牵连，最常见的是父母的行为对子女产生连带性后果。村委会（居委会）可能按照村规民约（居民公约），在为其子女出具的证明或推荐意见中注明“违法失信户”信息，甚至拒绝出具证明或推荐意见，而这些在公务员录用、企事业单位聘用、征兵、入党等事项中皆有涉及。这种在不同家庭成员之间的责任连带性，与法律责任自负原则有所不同，后者反对株连或变相株连，要求行为人对自己的违法行为负责，不能让其他人承担法律责任。不过，社会生活中普遍存在责任连带性，如家庭社会声誉就是连带性的，“家风”这个词本身就暗含连带性。

在基层社会，基于连带机制而产生的后果对群众具有强约束性。开具公务员录用、企事业单位聘用、征兵、入党等所需要的证明或推荐意见，是每个家庭在社会生活中难以回避的需要。本来，它是自治组织对其成员应当提供的服务，是一种应尽的义务。然而，经由自治程序产生的规则，通过社会诚信机制中的积分制，这种义务与基层治理事务连接起来。这种提供服务的义务，一旦与其他事务建立连带性，就可以作为村民（居民）履行村规民约（居民公约）的前置条件。由于社会诚信机制中的积分事项十分广泛，村规民约（居民公约）所设定的义务范围就同样广泛，连带性所带来的义务因此具有广泛性。人们在治理事务中的不良行为，可能因“失信”而产生不利后果。这样，社会诚信机制可以对越轨者产生制约和威慑作用，抑制社会公德违反行为和轻微违法行为，从而化解基层治理难题，保障大多数群众的公共利益。

第五节　延伸探讨

一、基层治理能力的再造

面对复杂的治理事务和难题，社会诚信机制从两个方面加强了基层治理能力：一是通过责任关联性为基层治理提供了权威性资源；二是对接“自治、法治、德治相结合”的话语，依托法治场景为基层治理加强了话语权。

基层治理能力的再造，可以从国家能力的具体维度去理解，其实质是不同维度的国家能力的建设和重组。国家能力概念的本质规定性在于国家贯彻实施其目标的能力；国家治理能力是国家能力在治理议题中的具体体现，它集中表现为国家创造治理绩效、实现特定治理目标的能力。国家能力与国家治理能力的内涵和范畴具有一致性。大部分国家治理事务，最终都要在基层落地，成为基层治理事务。因此，讨论基层治理能力，可以从国家能力理论中汲取资源。

社会诚信建设，涉及对社会行为和社会关系的规制，关联国家能力的规制维度，体现基层治理能力中的规制能力。规制就是改变个人和团体的外部行为，使其行为符合国家制定的规则。规制能力是国家调节社会行为和社会关系的能力，它与其他维度的国家能力紧密联系，尤其是濡化能力及强制能力。濡化能力是影响人们内在信念的能力，它不靠强制力来维持社会秩序，而是借助国家认同和核心价值话语在民众中制造共识，促使民众形成内化于心的认同感，追随核心价值而潜移默化地服从，从而巩固治理秩序。濡化能力强，可以降低治理成本，有助于规制能力发展。当不能通过规制能力实现有效治理时，就可能需要用强制能力来弥补不足；反之，当强制能力足够强时，以规则为基础的规制能力发展可能不受重视。可以说，在不同的维度上，规制能力与濡化能力、强制能力存在互补关系。基层治理高度依赖这三种能力。

基层治理能力的再造，本质上是国家能力的三个维度——濡化能力、强制能力、规制能力——的建设与重组。濡化能力通过核心价值塑造认同，从而让民众有内化于心的服从和行动；强制能力通过强制措施来约束民众的行为，促使他们服从；规制能力通过建立规则和一定的监督，来促使民众采取合规行为。面对错综复杂的基层治理事务，基层政府和群众性自治组织面临的困难是，缺乏合法的措施和手段来约束民众，强制能力不足。同时，由于社会转型和治理转型，旧有的治理措施与主流的法治话语和权利话语不对接，濡化能力不足。社会诚信机制提供了一套制衡越轨行为的规则体系，这是规制能力的建设；它在“自治、法治、德治相结合”的话语下展开，是对濡化能力的重建。总结来说，基层治理的困难在于强制能力和濡化能力的不足；而新建规制能力、重建濡化能力，实现了基层治理能力的再造。

二、法治社会的未来

基层治理运用社会诚信机制，是面向实践需求的能动作为。当基层社会进入利益多元化时代，人们的权利和责任观念发生很大变化，过去的管理方式在很多事务中不再适合，基层治理缺乏可用的资源。社会诚信机制将基层治理事务纳入评价范围，对自治、法治、德治所提倡或反对的行为进行社会诚信评价，对违法失信行为施加相应的不利后果，从而重组自治、法治、德治等各种资源，促成“三治融合”的基层治理。

基层治理运用社会诚信机制的创新，也为社会诚信建设开辟了新天地。一方面，它突破了信用通常适用的经济领域，使社会信用体系不局限于经济交易、金融活动、市场消费，不仅是市场信用风险的管理体系，而且嵌入日常生活和社会治理事务，着力于社会诚信建设，契合我国经济与社会民生高度互嵌的现实国情。另一方面，它突破了社会诚信建设聚焦于重点行业和领域、落脚于重点人群职业信用建设的惯性，进入基层最广泛人群的日常生活和社会治理，将中国人口的大多数切实纳入社会诚信体系。这两个方面分别拓展了社会信用的适用领域和对象，为社会诚信建设在法治社会建设中发挥更大作用奠定了基础。

新时代的社会管理已经向社会治理转变。旧有的社会管理模式依赖简单直接的行政管理，管理者与被管理者的关系更多的是一种指令与执行的关系，市场和社会在其中相对缺位。现代社会治理则具有管理、服务、合作多重职能，在社会系统的各个组成部分、社会生活的不同领域、社会发展的各个环节，进行组织、协调、指导、规范、监督。社会治理需要发掘、培育社会机制，发挥社会机制的基础性作用，扬弃政府统管包揽的管理模式。因此，我国提出建设党委领导、政府负责、民主协商、社会协同、公众参与、法治保障、科技支撑的社会治理体系，强调多元主体合作共治，党委政府发挥领导和主导作用，公众参与必不可少，众人的事情由众人商量，社会力量发挥协同作用，群众自治组织、社团、行业组织、企业等各有具体作用。伴随社会管理迈向社会治理，必然出现治理主体多元化、治理工具多样化的趋势，社会事务越来越倾向于由多元主体通过社会机制解决，政府也不断助推社会力量和社会机制介入。社会诚信机制就是在这种背景下登上基层治理的舞台，它既可以作为多元主体协同治理的中介，也是治理主体聚集权威性资源的工具。

未来社会必然是法治社会。法治社会的核心内涵是，公权力运作系统之外的社会生活的法治化。法治社会要求把社会生活的基本方面纳入法治的调整范围，发挥法治的引领和保障作用，在法治轨道上统筹社会力量、平衡社会利益、调节社会关系、规范社会行为，运用法治思维处理各种社会事务，依靠法治方式解决各种社会矛盾和问题。然而，法治社会并不意味着所有社会事务都必须通过法律程序来处理，而是说社会治理必须遵循法治精神和法治原则，运用法治思维和法治方式。因此，法治社会建设坚持自治、法治、德治相结合，法律规范、社会规范、道德规范共同作用，以自治维护法治，以道德滋养法治精神。“发挥市民公约、乡规民约等基层规范在社会治理中的作用，培育社区居民遵守法律、依法办事的意识和习惯，使大家都成为社会主义法治的忠实崇尚者、自觉遵守者、坚定捍卫者。”“既重视发挥法律的规范作用，又重视发挥道德的教化作用，实现法律和道德相辅相成、法治和德治相得益彰。”社会诚信机制能成为自治、法治、德治相结合的重要抓手和平台，因此必将成为法治社会重要的治理工具。它通过声誉机制实现社会治理，强调市场机制和社会机制的作用。社会治理由此转向“更少规制、更多声誉”的形态：不同领域中的各种声誉机制发挥作用，而政府着眼于提高各个领域的信息透明度，着力于信息的收集和公开，支持声誉机制发挥作用。社会诚信机制可以减轻行政和司法的运行成本，起到市场惩戒和社会惩戒的效果，这所耗费的成本显然低于要达到相同效果的司法或行政成本。社会诚信机制还可以鼓励社会成员达到更高的道德水平。传统的司法和行政手段最多强制社会成员达到法律底线，而社会诚信机制可以鼓励超出法律的道德行为。

基层治理运用社会诚信机制已经取得了明显成效。基层政府和自治组织建立诚信档案，对诚信信息进行记录归集、共享备查，并据此实施分类评价和关联奖惩，确保基层治理的有效性。但是，社会诚信机制运用与法治社会之间存在张力，此点遭到诟病。有学者强调信用工具应当遵守合法性的约束，在公法原则的约束下，依法限定公共信用信息范围，注重信用指标体系设计的合理性与合法性，尊重和保障公民信息权利，注重信用情况与奖惩措施之间的合理联结和成比例性，建立信用信息有效期制度和信用修复机制。还有学者认为，需要对社会信用体系建设重新进行政策定位，合理规范失信惩戒的设定权，要求社会信用规范的制定符合法的一般原则，并确保社会信用规范制定或实施的审查与救济的可得性。这些认识都有一定道理，不过似乎还局限在行政法视野中。

从发展的视角看，基层治理运用社会诚信机制更多的是现代法治的逻辑延伸，其本质是运用新的治理技术和思路回应社会治理领域的顽疾，特别是“有法不依”“执法不严”“违法不究”问题及其背后的执法能力不足问题。这些问题的解决构成中国法治社会建设的当然内容，基层治理不能不面对。社会诚信机制促成“三治融合”，促使我们在更广阔的视野中思考社会信用体系。信用本来就是存在于日常生活、经济交往、社会治理等各个领域的概念，将违约行为、违法行为、违反自治规范行为、违反特定道德的行为统一称为“违法失信”，在理论上具有自洽性，在地方政策甚至地方立法上已经成为广泛现实，也为诸多中央文件所肯定。我国不宜将社会信用简单等同于金融征信。比如，有人屡次违法，违反社会公德，违反自治规范，但在经济交易和金融领域，借贷还款及时，信用记录良好，如果他的信用评价仍然是“良好”，那么这样的情形是不合理的。因为守法是守信的底线要求。也很难相信，一个经常违反法律或自治规范的人，会是市场经济中诚信的人。因此，社会信用建设应定位于囊括社会诚信的更为广泛的社会信用体系。

中国的社会信用体系建设具有足够的包容性和弹性，回应了现实的治理需求，是独具特色的实践，对此应有制度自信，予以客观认识。有必要构建着眼于经济和社会发展全面治理的社会信用体系，让违法失信处处难行、守法诚信处处受益，从而敦促全社会树立诚信意识，让社会诚信建设进入良性循环，并服务于法治社会建设。当然，也需要避免“信用是个筐，什么都往里装”的“泛信用化”现象，必须追问并解决“什么往里装”“如何装”的问题，从而防止滥用失信惩戒措施的倾向。在此基础上，应该从现代法治精神和法治社会形态出发，充分认识自治、法治、德治之间的关系；对违法失信行为的惩戒并不都由社会信用法，甚至并不都由法律直接调整，而可以由社会自治规范、道德规范、政策规范来调整。

基于此，未来我国应当建立立体的社会诚信体系，建立多维度、多层次的社会征信系统。所有不侵犯个人权利的信息都可以记载，这些信息在不同层次和范围内服务于不同的目的，关联不同的不利后果。有些信息在村庄或社区层面公开，在自治或社会道德维度上承担失信的不利后果；有些信息在县域或市域范围内公开，在某级政府政策维度上承担失信责任；有些信息在全国范围内公开，在法律法规层面承担违法失信责任。在多维度、多层次的征信系统记录的失信行为中，只有一部分会成为法律上的失信行为，载入失信记录；载入失信记录的行为，还应有相应的法律法规依据才承担失信惩戒责任。无疑，系统完备的制度建设面临挑战。因为道德和社会规范是零散的，法律规范虽然相对系统，但总体上仍然难以与社会诚信机制的运行对接，失信惩戒责任需要再次建构。同时，制度设计者的经验积累还不够，认识无法一次到位，技术能力也还不成熟。虽然商务诚信建设方面有成熟完备的模型和方案，但社会诚信的复杂性远远超过商务诚信，难以简单借鉴。只有社会诚信机制在实践中发挥功效，相应的规范理论才会进一步发展。

社会诚信机制的背后是法治社会的逻辑：自治、法治、德治相结合，社会规范、道德规范、政策规范、法律规范共同作用。这些规范有着不同的分工。社会信用法规定失信惩戒的法治原则，将失信惩戒的具体适用指向其他法律法规，并规定自治、法治、德治的结合原则，以及社会规范、道德规范、政策规范、法律规范各自作用的空间。其他法律法规、政策规范、社会规范、道德规范则在各自范围内规定失信应当承担的不利后果。当然，这些规范的内容应当接受合法性审查。由于社会诚信体系建设正在进行中，与之相关的法治社会建设也在推进，尚不成熟，而且基层社会治理与时俱进、不断更新，因此，建设完善、规范的社会诚信体系将是一个长期而充满挑战的过程。

第六节　法治化建言

社会诚信机制赋予基层政府和自治组织新的有力治理手段，取得了显著成效。然而，有效性不等于合法性。社会诚信机制在运行中的一些做法，不一定符合法治社会的要求。家庭连带责任机制有侵犯个人基本权利的风险，治理有效性容易让基层政府和自治组织忽视遵循法治原则的重要性。基层治理运用社会诚信机制，应当既满足治理需求，又助力法治社会建设。

一、家庭连带责任与个人基本权利的平衡

基层治理运用社会诚信机制的制度设计，以家庭“户”作为基本信用单位，对所有家庭成员的社会诚信状况进行记录，以村庄（社区）为基础，在县市范围内组织实施。“户”作为基本信用单位，意味着一人失信，家庭户就被列入失信名单，所有家庭成员同时承担不利后果。这是一种家庭成员连带责任机制。现代法治强调责任自负原则，家庭成员连带责任机制是否违反责任自负原则，违反现代法治精神呢？

中国有着以“户”为社会基本单位的深厚传统。古代，以血缘关系为基础的家户是社会的基本组织单位，是社会的“细胞”，在经济生产方式上形成了数千年的家户经营传统。虽然家户作为最基本的社会组织单位，在世界各地几乎相同，有其普遍的人性基础，但在中国，家户成为较为稳定的基本经营组织。在传统社会，社会信用系统建立在家庭信用的基础上，家庭是经济活动的主体。在现代社会，基层社会的很多经济活动仍以家庭的名义进行，以家庭的财产对外承担义务和责任，如个体工商户的经营。改革开放后，在土地集体所有制基础上实行的农

村家庭联产承包责任制，就是“包产到户，家庭经营”，承包经营的主体是农户家庭。在经济活动中，有些信用记录是因家庭户共同经济活动产生的，其信用后果当然由家庭户来共同承担。例如，农村信用社发放小额贷款，针对农户进行信用评定和核定，主要依据农户基本情况（身份、住所、职业、收入等）、资产负债状况、生产经营状况、信誉程度等指标，而不仅仅根据个人相关情况。

以“户”为主体承包作为生产资料的土地，会强化“户”作为经济活动的基本单位，进一步强化它作为社会治理和社会活动的基本单位。“低保户”的认定，以家庭的住房和收入标准作为基本依据，低于一定标准的家庭才可以被纳入。在实践中，相关的家庭收入标准甚至延伸到有赡养义务的子女，尽管他们已经“独立门户”。“五保户”也是以“户”为单位，即使“五保户”往往只是鳏寡孤独的个人。农村人情交往都以“户”为单位进行；征地、占地也以“户”为工作对象，“户”的利益和意见往往被视为一致；农村环境治理，无论是“家庭作坊”污染，还是村容村貌整治，都会将家庭户视作共同行为的主体。在此背景下，社会诚信机制以家庭户作为基本信用单位，对所有家庭成员的社会诚信状况进行记录，由其共同承担诚信激励或失信惩罚，就有相当的合理性。然而，如果社会诚信机制的连带后果牵涉家庭成员的基本权利，其合法性就需要推敲。它可能构成一种不当关联，违反“不当联结禁止”的公法原则。尽管作为连带责任依据的《家庭诚信文明管理办法》，是经过村庄或社区的自治程序，甚至在基层政府指导下制定的，然而，以社会诚信机制限制个人基本权利，还是不具有合法性。有的基层自治组织规定，对违法失信户一律不开具除身份证明之外的其他证明，这使相关家庭成员可能丧失公务员招录、企事业招聘、征兵升学方面的机会。剥夺个人基本权利的自治规则，其合法性存在疑问。自治规则应当具有合法性，获得国家法律的认可。

社会诚信机制中的家庭连带责任，可能反映在政审考察、资格审核、执照审核、政策扶持、发展机会等多方面，涉及入党、入学、就业、从政、扶贫、经营等具体事务。如果处理不当，就有可能因“不当联结”而侵犯个人基本权利，可能涉及名誉权、隐私权、个人信息权等人格权利，也可能涉及劳动权、获得物质帮助权、受教育权、文化活动自由等经济权利或文化权利。对连带责任的归结，是否属于合理关联，需要从事务的性质和责任的轻重细加判断。如果因某家庭是违法失信户，就拒绝为其家庭成员开具必要证明，这缺乏合法性，很容易侵犯个人基本权利。因此，涉及家庭成员的连带责任，更为合适的做法也许是，如实向相关单位报送违法失信户的家庭信用情况，而并不直接决定相关责任。这样，既可以保持社会诚信机制的威慑力，也不至于直接侵害个人基本权利。

失信信息当然会给信息主体的福利带来一定影响，至于其影响究竟有多大，关键在于运用者如何判断。诚信信息应当只是相关机构进行判断的参考信息，可能因此产生的重大不利后果应当关联相应的法律制度，需要援引法律、政策或其他正式制度作为施加不利后果的依据。基层政府和自治组织应当只是收集信息，根据需要存储，以便社会查询和应用，或根据制度提供给需要的社会主体，而不宜直接作出对当事人有重大不利影响的决策。至于失信信息的影响力，则交由相关机构根据相应事务进行权衡。

二、治理有效性与遵循法治原则的平衡

基层治理事务有政策执行类事务、社区公共事务、家庭或个人“私事”三类。政策执行类事务是自上而下的要求，是必须完成的任务。社区公共事务则源自内生秩序需求，如果处理好，社区环境、乡风文明水平就可以提高，社区发展的基础就可以夯实。“私事”因有社会影响和文化公共性，也逐渐成为基层治理事务。在治理需求下，这些事务不断被纳入社会诚信评价范围，以社会诚信机制为基层治理手段的趋势日益加强。

从实践层面看，社会诚信机制的约束范围已逐渐扩展到社会治安处罚、公益事业、移风易俗、邻里关系、家庭关系、环境卫生、文明行为等方面，几乎涵盖所有基层治理事务。但是，在有的地方，基层治理越来越依赖社会诚信机制，碰到难办问题，就用社会诚信机制关联处理，导致社会诚信机制被滥用。

若基层政府和自治组织为了完成治理任务，对个人的合法行为作出负面评价并用于表征社会诚信，就在信息与社会诚信之间进行了不够谨慎的关联，可能违反“不当联结禁止”的公法原则。这些做法将繁重的治理任务简单转移给社会诚

信机制承担，本质上是“懒政”。很多日常生活和社会治理方面的行为，本可交由道德或社会规范去调整，但在日渐陌生化的社会，这些道德和社会规范难以自发执行，此时基层政府和自治组织将它们纳入执行范畴，往往具有合理性乃至正当性。然而，如果基层政府和自治组织“公权私用”，借社会诚信机制服务于组织体自身的利益，则冲淡了上述合理性。

随着经济发展和城镇化进程加快，各种认证成为每个人向外发展的必经程序。基层社会本来具有模糊性，但国家政权建设的需求及市场经济的信任机制要求各种认证，村庄或社区因此需要承担起信息识别和传递的责任。人们可以在经济上脱离所在的社区，却需要社区进行最基础的认证，上学、参军、就业、异地居住、享受国家福利、办理执照、贷款等，都需要来自社区的证明。人们不一定依赖当地的经济发展和社会福利，却带来了相当多的基层治理事务。这些向外的人和事务，与在地的人和事务在基层治理中被社会诚信机制关联起来，基层治理的特定职责与基层群众的义务也被关联起来，基层政府或自治组织以其自身应当履行的职责作为条件，要求人们履行在其他治理事务中的义务。这在基层治理中取得了明显成效，很多人正是在这种威慑下对待自己的义务和责任。但是，这对权利行使施加了条件，本该享有的权利被设置了附属性义务，而原属于基层政府和自治组织的职责，被“化约”为创新的治理工具，用于约束人们的行为。

总的来说，基层治理运用社会诚信机制，实质上创设了新的治理工具，是回应基层治理需求的产物，同时潜藏着违背法治精神的风险。一方面，面对政策执行、事务处理、秩序生产等多方面的治理需求，既有的自治、法治、德治方式各自面临困难，社会诚信机制可以促成“三治融合”，成为有效的治理工具。另一方面，社会诚信机制的运用，自始便有工具属性，不加限制容易被“私利”绑架，从而可能违背法治精神，遭到违法运用。因此，社会诚信机制的运行，在关注治理有效性的同时，需要特别强调遵循法治原则，尤其需要防止社会诚信被泛化。这要求治理事务与社会诚信的关联应当具有合法性，区分不同的范围和层次，并有相应的法律、政策、自治规则层面的依据。

第十四章　技术赋能机制

第一节　案例介绍

按照技术平台负责的主要职能不同，政府技术治理方式可分为信息公开型、数据统计型、技术监管型和综合治理型。信息公开型、数据统计型和技术监管型均是单向的治理方式，而综合治理型是双向互动的治理方式。

一、信息公开型

信息公开型主要是通过系统平台公开政府的政策信息、惠民信息、行政管理事务的运行状况、财务状况，方便民众查询政务信息，宣传政府的政策措施。比较典型的如政务服务系统。

案例一

江苏省设有统一的政务服务系统，苏南H镇设有乡镇政务服务系统，H镇的政务服务系统涵盖了H镇所辖村、社区、企业、学校，在乡村设立村务网站。政务服务系统的主要工作主要有：其一，公开涉及民众切身利益的行政审批类事务的办事流程、规定条件，方便民众进行咨询、申请。比如居民翻建房屋申请，居家养老服务政策咨询，乡村低保、失地保障、养老保险的办理等。其二，公开政府的工作情况、财政状况、重大基础设施项目的开展情况、检查处罚信息以及政策的宣传工作。其三，发布和民众生产、生活密切相关的民生信息，比如农业新技术的推广、招聘信息、疾病检查通知等。H镇通过政务服务系统进行信息公开，实现了政策信息的公开、透明化，方便民众进行行政审批，拉近了民众与政府的距离，提高了行政工作效率和满意度；通过信息公开，政府的政策和执政理念得到了无形的宣传，加深了民众对于政策的理解，培养了民众的执政认同感，有助于正确引导民众预期和政府顺利开展工作。

二、数据统计型

数据统计型主要是搜集信息数据，建立大数据资料库，通过数据分析为政府的行政决策提供依据和参考。比较典型的如旅游统计上报系统、低保评定经济信息比对系统、司法事务管理平台。

案例二

浙西Z乡是一个旅游之乡，涉旅农户占据了一大半，Z乡除了要对涉旅农户进行基本信息统计之外，还要在杭州旅游统计上报系统进行数据统计。每月1—3号，乡镇上报统计数据情况，主要统计可接待游客床位数、可接待游客餐位数、接待游客总人数（接待过夜游客人数、接待一日游游客人数、农家乐接待餐饮人数、收费景点接待人数）、接待过夜游客人天数、旅游经营总收入（住宿收入、餐饮收入、产品销售收入、景点门票收入）、旅游经营净收入、期末旅游业从业人员等数据。通过数据信息的统计上报，分析外来旅游游客在本地停留情况，加强外来人员的管理，可以达到加强旅游区村庄的综合治安管理工作；通过对住宿、餐饮、旅游景点的人流量分析，为未来旅游规划、旅游资源投入和旅游业的发展提供参考指标；根据对旅游人员客流量的分布情况在景区设立救援点。在旅游旺季发生紧急情况，Z乡可以根据数据分析尽快制定应急方案，进行合理的人员投入，优化资源的配置和管理，尽快疏散和解救被困游客。

苏南“W市申请求助W家庭经济状况核对系统”负责比对申请求助者家庭经济情况的相关信息。系统信息由民政部、车管所、房管所、社保系统、银行等各部门汇合而成，具体包括个人存款、车辆信息、房产信息、社保情况、股票债券等情况。在评定低保时，W市通过个人授权的方式授权民政部门查询关于个人资产信息，比如银行存款情况、固定资产情况、车辆情况。W市将这些个人资产信息转化为低保评定的指标，对于指标的信息进行筛查，不符合指标的选项将会标红，低保人将失去申请低保的资格。这种经济信息对比系统能够直接显示出申请低保户的经济情况，但同时也会存在一定的漏洞，比如借身份证买车现象，他人用自己身份证代买，实际上车辆属于他人所有，但是车辆登记的却是自己的名字。还有满足日常生活开支生活需要的买车现象，家庭条件困难靠开车维持基本开支，收入满足申请低保标准，但是因其名下有登记的车辆，同样不满足低保要求。

三、技术监管型

技术监管型主要是通过技术手段监督管理日常工作的运行情况，通过将工作内容转换为电子化记录方式，来准确监测工作进展、完成和反馈情况。比较典型的是城市管理综合平台、安全生产监控系统。

案例三

苏南H镇城市管理办公室（简称城管办）设立有H镇城管平台和X开发区城管平台，分别处理乡镇上报和区局转派下来的城市建设管理工作。城管平台分为手机端和客户端，配发手机由各村和城管办工作人员使用，辅助以综合巡查微信群。每天由村城管站的站长和城管办工作人员巡查村庄的环境卫生情况，发现有影响环境卫生的情况立马拍照由手机端上传照片，由技术平台将工作任务分配到相关的村和部门，在规定时间内处理完毕，再次上传处理后照片。上级市局转派的工作任务也在平台上进行分配，转到相关村庄和部门处理。通过平台，城管人员和乡村城管站长可以查询案件的处理进度、完成情况、待办事项，协调其他部门共同完成任务工作。城市管理综合平台主要以信息科技为手段，处理城市建设管理日常巡查和现场信息的采集、分类、处理，掌握城市建设管理现状、出现的问题和处理情况，实施全方位、全时段的即时监控；分析城市建设管理工作的形势和动态，对存在问题提出整改意见。

浙西Z镇安全生产监控系统主要是花炮办督促花炮企业将易发生安全隐患的厂房安装电子摄像头，按照企业生产性质、危险等级、企业规模大小、地理位置进行不同安全程度的监控。该系统将企业的生产车间分为若干危险等级，对生产工艺的重要环节进行电子监管。花炮办将整个乡镇的花炮企业都组合进安全生产监控系统，实现全乡镇的联网。该系统每天可以通过电子监控及时了解企业的生产工作安全情况，有无做好安全生产措施，节省了人力成本，提高了工作效率。结合台账管理、电子监控和实时现场查验，加强安全生产的信息化建设，可以将企业安全隐患降低到最低水平，防止人工监控发生意外事故的概率。安全生产电子监控系统可以做到事前预防，在安全事故发生前发现潜在危机，及时采取安全措施，疏散人流，减少安全事故的危害，降低损失。

四、综合治理型

综合治理型主要是通过技术平台接收群众的咨询、举报投诉、纠纷调解等工作，协调政府各个部门突破部门界限，核实具体情况进而处理基层综合治理问题。比较典型是综合治理平台。

案例四

苏南H镇“12345”综合治理平台，是针对普通民众举报投诉要求，进行分派、协调处理、反馈的综合治理系统。该平台由H镇综治、司法、信访三个部门牵头，承担任务分流、部门协调、举报反馈和后期的回访工作。处理的案件内容综合了政务管理、证件管理、环境保护、市容管理、城乡规划建设、水利资源、纠纷调解、信访工作、企业管理、物业管理、安全环保等各个方面，举报方式主要有电话方式、微信平台方式、网上举报方式、市长信箱方式。“12345”综合治理平台的运行流程：群众通过电话、传真、微信平台、网络平台、市长信箱等方式进入举报系统，由综治办接收投诉信息。相关部门进行信息核实，向领导进行情况汇报并确认解决方案和途径，最后与投诉人进行沟通、了解情况，解决问题，后续进行打电话回访。咨询类一般限定在5个工作日解决问题，建议、投诉、举报类在10个工作日内解决问题。遇到特殊情况可以申请延长时间，最多延长一个月。回访的满意率作为部门年终考核的依据。解决问题的主体是具体的职能部门和属地的村委会。

“12345”综合治理平台是全口径的，开通了小型的上访途径，对政府的任何行为都可以反映。举报平台可以有效解决和群众的沟通问题，让群众反映问题有一个有效途径，解决信息沟通不畅和信息不对称中存在的信息失真问题；在矛盾问题处于萌芽状态时就及时了解、介入问题，有效解决问题。否则，小问题、小事件积累下来就容易转换为群体性事件。弊端是有时会被别有用心的人利用，为争取个人利益诉求而滥用举报平台，利用平台反复施压、反复投诉。

前文四类均属于政府技术治理方式，但是侧重点各不相同。信息公开型是通过信息网络技术宣传政府政策，具有单向性，未形成双向的互动机制。数据统计型会形成一种统一的技术运行模式，按照大多数人普遍具有的特性去设计技术平台指标，忽略个案的特殊性。技术监管型作用范围有限，限于能够转化为技术监管内容的事项才可以被监管，技术只是起到辅助作用。而综合治理型的互动的方式实现了自下而上治理问题的上传，减少了单纯技术上的漏洞，解决了信息不对称、信息失真和缺乏基层经验亲和性的情况。

第二节　社会背景

一、基层治理的规范化需求

党的二十大报告提出“健全共建共治共享的社会治理制度……完善网格化管理、精细化服务、信息化支撑的基层治理平台”。治理现代化背景下，对国家治理能力提出了更高的要求。政府的管理模式从经营型向公共服务型转变，法治化、技术化、程序化、规范化、标准化成为行政建设和监督的核心议题。十九大报告明确指出要“善于运用互联网技术和信息化手段开展工作”。技术赋能治理涵盖了治理信息化、治理规范化、治理精准化和治理制度化等内容。这些内容存在着相互的转换，治理信息化可以实现治理规范化的转变，从信息化的推行加强对于规范治理的施行。比如国家技术治理水平的提高可以促进法律治理水平的提高，为法律治理手段、边界和治理结构的调整提供动力和持续的技术约束力。

受地方性因素的影响，基层治理事务较为复杂，难以规范、统一和监控。技术是准确、无偏差的，技术的运用可以提高制度运作的规范性，进而推动政府治理的规范化。技术赋能通过客观外显的技术指标的设置和详细的操作流程，规范了政府治理的过程，执行过程不会变形。技术平台通过执行标准化操作规则，使政府的工作流程更加标准化、规范化，减少了地方性因素和人际关系对基层治理的影响。

二、基层政府与民众的信息互动需求

技术赋能治理面临着瓶颈和挑战，必须加强技术自下而上的互动机制，关注基层经验、群众需求和社会具体问题，减少公共服务供给带来的公共矛盾，只有这样基层治理才不会丧失治理基础。技术管理平台的出现，使群众可以向政府发出信息，形成一种自下而上的信息力量。自下而上的互动可以减少技术治理造成的信息失真、滞后和利益表达不足的问题，改变政府单方面垄断信息资源的局面，迫使政府关注、回应群众需求和意见。同时，群众利用技术平台监督行政机关，可以弥补传统监督管理方式的不足。技术治理是一套互动机制，体现了上级政府对下级政府的管理和控制、政府与群众之间的互动沟通。

技术平台开拓了民众与政府的沟通渠道，让政府及时了解民众的需求，民众也能通过信息公开了解政府的政策变化。互动机制可以快速化解矛盾纠纷，稳定了社会秩序。民众通过信息公开了解国家政策、法规和政府运行情况，通过技术平台反馈政策执行情况。这种沟通方式比任何民主决策和公共听证方式都更为直接、有效、快速，可以准确发现政策执行的漏洞和弊病。

三、基层政府的监管需求

信息技术带来了丰富的数据信息，为国家、政府决策提供数据支持，这种信息力量直接影响了政府的决策。技术平台可以淡化上下级政府间的距离观念，打破地域空间限制。上下级政府之间共处同一平台，通过自下而上的信息查询和反馈，使上级政府对下级政府的监控达到即时、高效。技术手段促进了专业化和精细化的分工，技术治理在政府机构中的运行，打破了传统空间的限制，通过即时的压力贯穿治理的全过程，促进协调、整合政府跨部门的政策执行。

第三节　运行机理

技术赋能不能仅从信息技术角度进行分析，而应关注它在实际运行过程中被嵌入怎样的制度“思维”和组织“印记”。

一、技术赋能的一般过程

下面以苏南H镇综合治理平台为例，具体分析技术赋能基层治理的具体运行过程。苏南H镇综合治理平台的建立，经历了从区域性建立到普遍推广的发展过程。第一步，建立乡镇综合管理平台。H镇城市综合管理办公室与当地电信集团有限公司合作，出资建立了H镇信息处理中心，开发了电脑和手机客户端，辅助建立了微信群和综合巡查制度。第二步，建立从乡镇到区、市的省级综合治理平台，平台的覆盖范围从城市综合管理扩展到综合治理，配套建立了举报、投诉系统。

综合治理平台的运行过程主要分为三个阶段：首先，治理问题录入阶段。治理问题来源有两种渠道，一种是民众通过电话、网络、传真等方式将问题上传到平台；另一种是上级综合治理部门在巡查中发现问题。其次，分类解决问题阶段。技术平台根据问题的种类进行分类处理，咨询类问题由工作人员即时作出解释，投诉、举报和建议类问题则分配到对应区域的工作组限期解决。最后，回访调查

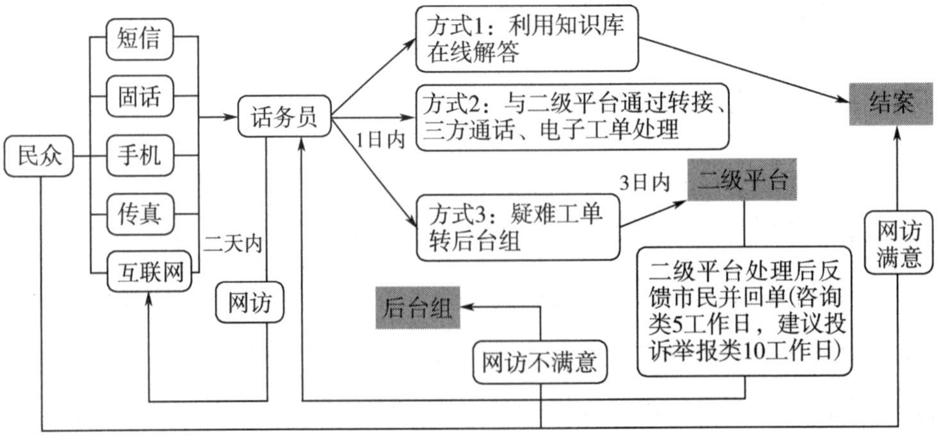

图14-1　综合治理事务办理流程

阶段（具体流程见图14–1）。综合治理平台根据治理需求制订了技术标准和规则体系，对工作人员和治理事务进行管理和控制。下面以一个投诉类的工单为例分析具体事务的办理过程。

从工单的处理情况可以看出，这一案例首先由综合治理平台进行任务分派和协调（图14–1中方式2），依据属地管辖原则将任务分配到H镇综合治理办公室。这个工单属于市场管理类投诉，涉及多个管理部门。根据技术平台的规则，跨部门的投诉工单应当上报综合治理办主管领导人进行批示并综合协调处理。其次，资产办会同建管办在实地查看后提出解决方案，然后汇报给书记、主任。最后，解决投诉问题，形成反馈意见。

表14–1 投诉类工单

工单诉求内容	村民徐某反映，在租赁开发区H镇农贸市场2楼经营的过程中，因屋顶渗水，租户迟迟无法正常营业，损失严重。徐某来电要求相关部门尽快拿出解决方案
诉求类别	市场管理类别的纠纷
业务类别	投诉类
下单时间	2018–07–30 15：05
过期时间	2018–08–13 23：59：59
分派的主办单位	开发区H镇一级
领导批示	请资产办会同建管所，实地查看后提出解决方案，并报书记、主任（2018–08–01）
承办单位处理结果	现场查看之后，由建管所督促修缮农贸市场屋面，保证租户的正常营业活动。资产办对租户无法营业期间的租金损失进行赔偿

在技术平台规则体系的辅助下，以综合治理部门为中心的统一管理和协调机制形成了。对于超出本部门职能范围的事项，通过层层上报审批的方式由主管领导协调多部门联合解决。

二、技术赋能的技术控制

第一，控制过程化。通过技术控制基层治理平台运行的整个过程，执行精确度更高，执行过程不会变形，再配之组织内部监控，上、下级政府之间避免了徇私舞弊的可能性。根据技术平台对事项和办理流程的设定，经办人员必须按照平台要求，完成任务才能进入下一个流程。经办人员不能违反平台程序进行操作，这样就实现了对程序的严格把控，对每项任务都有具体部门跟进。相关主管领导可以通过技术平台查询所有不同阶段的案件，了解举报投诉人的情况、案件进展信息；提出具体的督查、催办要求，做到了对所有案件的全程网络控制。过程化控制改变了传统的监督模式，从事后监督改为即时的全程跟踪的动态监督。

第二，决策程序化。首先，通过统一归口录入技术平台管理。无论是网上举报、微信平台举报、电话举报还是市长邮箱举报，全部归入技术系统平台管理。其次，通过设定技术标准和案件处理规则。具体通过三种方式对具体的治理案件进行分配、协调（具体见图14-1中方式1、方式2和方式3）。大多数案件需要经过领导指示，由下级政府的相关部门配合处理。当各部门无法就如何行使共同职能达成一致意见时，就向其上级部门咨询。最后，结案并回访。通过技术平台上传案件处理材料，包括案件事前事后对比照片、视频资料，经办人、负责人情况，案件领导处理意见，最终处理结果，反馈满意度等。

第三，管理指标化。技术平台将地方综合治理考核的具体内容纳入其技术标准当中，通过平台的运作对综合治理工作进行规范。指标是否完成通过平台的运行一目了然。比如，在平台对工作任务进行分类，规定每类任务所需的完成时间。这提高了政府的工作效率，避免行政程序过多带来的事务延误。此外，对举报投诉事项设定回访，将群众满意度纳入政府年终考核。

三、技术赋能的组织影响

（一）体制内部的协调互动

技术平台实现的是体制内部的协调互动，包括政府上下级之间、部门与部门之间的协调互动。其一，技术平台需要体制内部的任务分派和协调。技术平台的任务分派是依照不同层级的管辖权限决定的，是否转派下级政府由上级政府及其部门决定，下级政府只能在本层级职权范围内履行职责，没有权力跨级进行平台操作。在下级政府接到上级分派的工作任务时，也是依照主管领导汇报一相关部门对接一核实情况一制订解决方案一领导批复一部门协同解决的顺序来进行。

其二，技术平台打破了部门间的组织壁垒。将政府各部门吸纳进入技术平台，通过技术平台协调、整合跨部门的工作执行。上级政府的指令能够畅通无阻地通过技术平台直接到达底层，下级政府的执行和反馈也能通过平台操作迅速向上传递，同级政府不同部门之间不再被部门边界阻隔，政府行政组织更加具有灵活性和适应性。

其三，技术平台能够更好地促进国家政策在体制中的执行。对于宏观政策，不同层级、不同属性的政策执行者实际采取的治理策略可能不同，不同层级的政府在执行政策时也会呈现不同的治理逻辑。在没有信息技术之前，很多政策措施都难以被细化成客观外显的技术指标和操作流程，政策在执行效果测度方面也存在较大模糊性。有了信息技术，政策执行过程不会变形，上下级之间保持高透明度，实现了信息的上下对称。信息技术和网络技术有助于低层级的行政机关获取更多的组织信息，有助于以全局视野作出决策，也降低了与上级、其他部门沟通花费的时间成本和协调成本。

（二）技术平台内部的压力传导

压力传导以“目标责任制”为手段，利用组织结构推行其所设定的“目标任务”，从而给组织压力。技术平台的设置了解决问题的时限和指标考核机制，通过自下而上的压力传导机制，完成工作任务。技术平台将实现空间领域转移到虚拟的在线技术空间之上，在线空间的即时性打破了传统的空间限制，通过即时的压力贯穿技术平台全过程。

基层治理的工作任务统一通过技术平台进行上传，然后按照属地原则将工作任务分配到相关村和部门。乡镇的技术平台通过综合巡查制度发现问题、平台上传问题、现实解决问题的模式进行平台运作。微信群里乡镇党委领导、村委领导和巡查干部都参与其中，无形中建立了压力。技术平台将现实场景和平台虚拟场景相结合，实现了技术与治理的相结合。区技术平台协调了市、区、街道三级政府，贯穿的是自上而下的压力，在时间限度内通过将民众反映的问题通过平台搜集整理、归类，再分派到所属地区和部门，完成工作任务。

第四节　治理效应

一、基层治理规则的重塑

技术平台为基层治理重新建构了一套规则体系，促进了政府管理方式由间接治理向直接治理的转变。从有效治理来说，互联网的网络型结构在应对客观世界的变化并予以有效治理上显示出优越性，政府借助高效、便捷的网络手段可以提升治理能力，解决治理难题。网络信息技术可以将特殊情况一一收集、整理、汇总，为政府解决问题提供参考。信息技术平台中规定了平台中不同权力主体的关系形态、合作模式以及力量配置；保证了工作效率最大化，工作目标的明确化；技术治理的逻辑强调风险控制，倾向于把体制、权力结构调整等容易引发不确定因素的改革化约为更为可控的行政技术层次的问题，降低了不确定性，是一个风险过滤器。同时，信息技术带来的技术治理创新，必然会对体制内根深蒂固的存量制度进行修正，技术改革可以促进体制改革的进行。

技术平台改变了传统的基层治理方式。传统的依靠经验、感觉或记忆的基层治理方式被依靠数据分析所取代。大数据搜集、整理、分析信息资源，提高了数据的可靠度和真实度，可以有效地评估社会实践需求，评估政府行为，能够更为理性地开展政治决策和提供公共服务。

技术平台重塑了基层社会结构、社会关系和人文生态环境，信息的传达更为直接、简化、便捷、高效。在没有信息技术之前，政府决策的管理层次较多，难以形成自下而上的互动，公共政策和公共行动严重偏离有关的公共目标和目的，无法对各种突发事件及社会民众的各种需求做出及时的回应，从而最终导致民众对政府产生信任危机，造成政府的统治危机。

二、基层治理规范化

在政策目标难以执行的情况下，下级政府可以通过技术平台将治理目标转化为平台的指标要素，进一步明晰化；技术平台将上下级行政事务公开透明化，下级政府和部门的工作成果在平台上呈现，提高了政府执法的公信力，减少了政府内部的暗箱操作和徇私舞弊现象；技术平台通过平台的分派协调，可以快速突破部门间的孤岛现象，有利于部门间的协同治理工作；技术平台的运行可以大大提高行政部门的工作效率，减少了实际工作中的协调、解决和反馈时间。

三、基层治理的法治化

从法律角度来看，技术手段的专业化促进了地方治理法治化水平的提高。信息技术可以促进公正执法。国家利用技术手段进行公共性治理，通过技术手段倒逼获取国家资源。此时，更需要运用法治化方法构建当代中国社会组织发展的法律框架，以此统合多部门、多层次的政府行政治理行为。技术化的运行最终会形成一套长效运行机制，实现政府行政工作的规范化运行。规范化需要配以法律保障才能实现，需要法律弥补个案的漏洞。规范化要求常态化，规范化推进法治化，规范化、法治化共同促进长效化。

第一，促进依法办事。法律的统一、公开、确定、概括、连续、稳定的属性以及其对于程序、形式和技术的可操作性和可预测性，使得法律这种稳定的、有保障的、可被合理预期的理性的制度与信息技术的理性需要相契合，是其他政策、行政干预或者街道教化等调控方式所不能比拟的。在安全生产领域中，技术促进了安全生产行业的规范化、法治化管理。例如，针对烟花爆竹行业，地方政府制定了多项规范化的操作标准，避免不当操作造成难以预测的社会风险。监控操作时间、操作流程、操作场所和技术的方式，提高了烟花爆竹行业的技术化和规范化水平。

第二，推动法治进步。技术手段自身存在的缺陷与不足也会影响到技术治理的效果，技术治理的手段有可能会侵犯公民的信息传播权、隐私权和言论自由。

为了确保技术治理沿着正确方向发展，对其进行法律归化实属必要。法律可以对技术治理起到较好的引领和归化作用。

第五节 理论拓展

现有研究成果中关于技术赋能对政府治理的影响，主要集中在技术治理层面。黄仁宇以现代化为标准，从技术的角度对历史进行解读，认为国家的发展必须进行“数目字管理”，将整个社会的资源整合进一个数字化的记录系统。还有学者分析了政府在自上而下输入公共服务中，围绕项目而进行财务管理和项目评估的技术治理方式凸显程式化线性控制与经营理性等运行逻辑，以及技术治理的困境。技术平台是技术治理的一种表现方式，是新时期政府治理方式转变的反映，体现了信息现代化下政府治理信息化、规范化、精准化和制度化的要求。

关于技术与组织的关系，学术界从公共行政学、政治经济学和组织社会学的角度均进行过大量研究。在理论建构层面，较有影响的论断是“技术决定论”和“技术的社会建构论”。“技术决定论”侧重于研究技术对组织结构的影响，认为技术种类和组织结构一一对应，符合技术要求的组织结构能够获得更大的效益；“社会建构论”认为，社会因素对技术具有同等重要的影响，组织设立了技术系统，并赋予技术系统组织意义。这两种理论拓宽了对技术的理解层面，关注了技术的抽象特征。但将技术和社会作为一种唯一的绝对性的思考因素，就难以分析技术和组织之间的互动。更多研究者秉持“技术与组织的互构论”，从技术与组织互动角度出发，描绘技术与组织在制度形成和社会发展中的互动关系，认为既要考察技术本身的实践性特征，也要考察技术应用对组织结构的影响。“互构论”在实践中具有更灵活的解释维度和更强的解释力。

总结来说，信息化的推进，可以将由标准化和程序化予以细化、机制化的治理举措借助技术力量予以固定。信息化的推进带来了政府治理的转型，提升了政府的决策科学水平，形成了信息大数据，从以往个别领导决策改为依靠信息化的精准高效的数据分析能力，实现了数目字管理。依靠信息技术，政府逐渐进行信息公开、政务公开、司法分开、警务公开，群众越来越理解政府，参与社会事务的管理，不断反馈社会管理信息。信息技术的利用，大大提高了公共服务效能。群众足不出户就可以利用网络实现与政府的对话、沟通，实现了监管成本下降而治理效果提升的良好局面。

第十五章　网格化管理

第一节　案例介绍

珠三角Q区位于广东珠三角腹地，总面积800多平方公里，是大湾区经济圈的重要组成部分。Q区是K市的市辖区，属于区县级政府，下辖4个街道、6个镇、204个村（社区），常住人口254万。在基层社会治理体系建构过程中，网格化管理被应用于社会治理的多个领域，如城市管理、环境卫生、公安消防、公共服务、应急管理、社会治安综合治理等，网格化管理在Q区呈现出巨大生机与活力，取得了不错成效。网格员熟悉基层社会环境，对辖区内道路、出租屋、商铺、居民等治理情况都了然于胸，以下案例呈现的是网格化管理中，网格员进行信息采集并运用网格信息平台进行基层社会治理的实践情景。

案例

某年3月15日，Q区J村网格员在日常巡查时发现J村入村大道两旁的遮阳棚因搭建时间过长又经风吹雨打，已经破旧不堪、扭曲变形，随时有脱落的风险，存在较大的安全隐患，考虑到居民的安全，社区网格员通知并协助执法办对其进行拆除。此举不仅消除了安全隐患，还恢复了居民生活环境的美观、整洁、有序。

4月4日，Q区L街道N社区网格员在日常巡查时，发现一车辆违停在人行道上，严重影响行人出行。随后，网格员通过“粤平安”网格信息平台进行上报，案件流转到Q区L街道综合行政执法办处理。当日，执法人员已对该处人行道违停机动车进行了查处，并于4月14日在人行道入口处设置止车石，防止车辆进入人行道，减少违停现象。

5月22日，Q区L街道N社区网格工作站接到应急值班工作人员的通知：某商铺发生火情，要求辖区工作人员前往查看情况。社区网格员接报后，立即联同居委会工作人员开着微型消防车赶赴现场，到达现场时发现已有群众正在灭火，网格员随即提上灭火器在旁协助，社区值班人员同时使用微型消防车对火源进行控制。其余工作人员则对现场围观的群众进行疏散，及对路面行驶车辆进行疏导，使街道消防救援车顺利到达。

6月10日，Q区M镇社区网格员在对永丰市场附近开展日常巡查工作时，发现一名男子鬼鬼祟祟，疑似偷电动自行车嫌疑人。为了不打草惊蛇，网格员先将男子照片发给社区民警，确认该名男子身份，并透过“粤平安”网格信息平台联系附近治安员到场支援，而后上前对该名男子进行截停询问。经嫌疑人供述，其对前期盗窃电动车的行为供认不讳，此时支援的治安员也到达了现场，网格员便将该名男子移交给公安人员作进一步处理。

10月30日，Q区M镇社区网格员按照工作安排进行每周居住证落户核查工作。时值下午1时，在落户核查任务即将结束之际，网格员发现T村市场一超市旁一名老人徘徊不前，出于职业敏感，他主动上前询问情况，才得知老人系T村户籍人口，于前一天傍晚沿着河堤散步时因天色昏暗而迷路走失。随后，网格员详细询问了老人的家庭住址以及家属信息，及时上报至“粤平安”网格信息平台，然后由村委领导联络其家属，最后协助村委一行人将老人安全送回家中。

第二节 现实背景

一、基层社会治理的现实变迁

网格化管理是理解当前基层社会治理转型的一个缩影。改革开放以来，我国基层社会经历了巨大的社会转型。在单位社会时代，单位组织是城市基层社会治理的基本单元。国家通过单位体制实现社会整合和资源配置的治理目标，单位组织成为国家与社会连接的中介，由单位组织统一配置城市社会管理中的人、财、物等治理资源，形成“单位依附国家，成员依附单位”的双重依附关系。作为政治经济资源配置载体的单位组织，具有政治单元、经济单元和社会单元的三重属性，城市空间和社会管理范围被单位分割和固定。在单位时代的社会治理模式中，单位充当了城市社会管理的代理人角色，是国家实现城市社会管理目标的责任主体和获得治理信息的途径。单位组织承担执行国家政策、完成国家任务、延伸国家管理、维持社会秩序等治理任务。

随着社会主义市场经济体制的建立，政治、经济环境发生了巨大转变，单位制已无法满足经济社会转型的需要，并逐渐被社区制替代。社会空间和社会管理对象发生重组，许多城市管理、公共服务等社会管理职能转移到社区组织中，由社区承担生活、居住、服务等多种功能，社区成为基层社会治理的基本单元。随着城市化的高速发展，城市空间不断扩张，基层社会治理发生诸多变化，社会治理规模变得越来越大，治理事项变得越来越繁杂，城市化快速发展所积累的问题与矛盾集中出现在社会治理的各个领域上，加大了社会治理的难度。治理负荷过载使得传统的社会管理模式难以应对复杂的基层治理问题，社会转型带来的矛盾在基层社会治理中凸显，这些都对社会基层社会治理提出了新挑战。作为一项社会治理领域的创新实践，网格化管理的出现契合了基层社会治理中的多方面制度需求，也回应了当前社会治理领域中治理碎片化、分散化等现实问题。

二、政策制度背景

制度环境具有分化性和竞争性，组织可能作出与其所处的制度环境相关的“策略性选择”。由于过去能够依靠单位组织或者社区建设来分担社会治理压力的制度环境已发生转变，为了回应城市化发展和社会转型带来的治理压力，基层社会治理转型成为地方政府积极推进的重要工作。其中，网格化管理成为我国基层社会治理的重要手段。

网格化管理最早于2004年10月北京东城区开展“万米单元网格城市管理新模式”，其采用网格管理法将整个城区划分为若干个互相联结的网格单元，并与城市部件管理法相结合，实现了社会治理精准化，提升了社会治理效能。此后，网格化管理作为一种全新的社会管理模式被广泛应用于各大城市的社会治理实践中，并不断被各个地方创新，形成了丰富的社会治理创新实践。例如2005年上海的“城市网格化管理”、2007年浙江舟山提出的“网格化管理、组团氏服务”、2012年重庆市的“网格化社会防控体系”等，这些网格化管理实践均是地方政府在国家政策与社会现实治理问题的引导下，为创新社会治理机制和提升社会治理水平而进行的。

2007年，珠三角Q区在其城市发展规划中提出“建立区、镇（街道）、社区（村）相互衔接、合理分工和规范高效的城市管理框架，逐步探索将镇、村传统的农村管理模式向城市管理模式转变。创新城市管理方式，加快城市社会化和市场化步伐，建立以人口、社会单位、环境和市政设施为主要内容的社会管理和服务数据信息库，推进城市网格化、信息化管理；建立城市管理情况分析报告制度，实现精确、高效管理”等一系列的政策目标。2011年以来，Q区先后推动了以向社会分权和协同共治为特征的社会体制综合改革和以自治、法治、德治为基本框架的基层社会治理创新。于是，为推进基层社会治理转型，Q区开始在社会治理领域逐步推行网格化管理。

从规范意义上看，网格化管理是以街道、社区为基础，在管理辖区内以一定人口数量或一定面积区域为基准划分单元网格，建立市、区（县）、街道（镇）、社区（村）四级联动体系，借助网格信息平台对基层社会治理事务和社会事实进行信息化处理，并通过整合组织资源实现社会治理的方式方法。作为一种社会治理模式，网格化管理契合了治理现代化的制度需求。党的十八届三中全会提出“创新社会治理体制”，强调要“以网格化管理、社会化服务为方向，健全基层综合服务管理平台，及时反映和协调人民群众各方面各层次利益诉求”。党的十九届五中全会强调，要“加强数字社会、数字政府建设，提升公共服务、社会治理等数字化智能化水平”，以及“构建网格化管理、精细化服务、信息化支撑、开放共享的基层管理服务平台”。在此政策和制度背景下，“网格化管理”越来越受到许多地方政府的青睐，围绕网格化管理的政策创新和治理实践亦为“中国之治”引入新的治理架构、运行过程与机制模式。

第三节　运行模式

作为一种社会治理模式，网格化管理的实践方式主要有：运用单元网格管理方法将辖区内划分为若干网格单元，将其作为基层社会治理的最小单位；利用

“部件”和“事件”分类方法将社会治理内容进行分类，并进行信息采集；利用信息网络技术建立网格信息平台，社会治理信息在其中进行汇集、分发和处理；制定明确的网格管理责任体系和评价体系。在网格化管理的实际运作流程中，科学合理地划分网格单元是网格化管理实践的关键步骤，信息采集、治理信息汇集、治理任务的分化和处理都会依托于网格单元进行，在网格单元内处理完成治理任务后，就会进入评价和考核环节。网格化管理的运作流程主要是围绕三方面所展开，一是治理单元的重构，二是治理组织的整合与协同，三是治理模式的党政嵌入，这三方面构成了网格化管理运作的一般模式。

一、治理单元的重构

划分网格是网格化管理的准备工作。Q区网格化管理实施前，首先进行了信息摸排，摸清了网格划分的社会治理对象和重点监管对象的底数，然后依照“无盲区、无重叠、避免人为分割”的原则，在街道—社区的基础上，将治理空间按照行政区划、属地管理、管理重点、人口数量等标准逐级划分网格。城市空间和社会管理范围被划分若干个单元网格组成的网格结构，包括1个大网格（区）和10个主体网格（镇街），其中每个主体网格下有若干个单元网格（片区、村、社区），形成了村社级单元网格—镇街级主体网格—区级大网格的三级城市综合网格结构。在进行网格划分时，会将辖区内物业小区、商务商业区、企事业单位、公共场所以及治安状况、居民生活习惯等纳入网格划分的参考因素。部分管理对象数量较多、情况较复杂的村（社区）会在村社级单元网格的基础上，继续划分若干个小网格，使其成为单元网格的延伸，从而令社会治理工作便于在各个单元网格的“毛细血管”中展开。

信息采集是网格化管理的基础工作。在划分网格后的社会治理工作中，首要的是进行信息采集。由于财政经费充足和财政供给能力足够强势，Q区在实施网格化管理的同时进行了“数字城管”（“粤平安”的前身）网格信息平台的建设工作，利用网格信息平台将城市网格内的治理对象和社会事实进行编码、定位和监控，赋予“身份标识”。Q区的网格信息平台系统将社会治理信息分为“部件”和“事件”两类，部件包括公用设施、道路交通、市容环境等7大类、111小类，管理对象是井盖、绿地、交通设施等各类设施；事件包括市容环境、宣传广告、施工管理、突发事件、街面秩序和扩展事件等6大类、54小类，管理对象包括渣土洒落、违章户外广告、恶意破坏道路、环境污染、占道经营等治理问题。具体的信息采集工作由专业的信息公司负责，并由网格信息员在城市网格内巡查，以采集城市治理方方面面的基础信息。在网格信息平台内，公安、各镇（街道）、各社区（村）都将视频监控系统整合到Q区网格信息平台指挥中心，各职能部门均需要提供城市网格管理范围内的治理信息。

具体的做法主要包括：一是定期巡查与信息上报。由职能部门的执法人员或委托网格信息员对其责任网格开展综合巡查，日常工作是要摸清和掌握本网格内社会治理领域的基本情况。如果巡查时发现出现“部件”或“事件”的治理问题时，信息员就会将治理信息传递到网格信息平台指挥中心。二是责任界定与交办督办。对于网格信息员发现的治理问题，指挥中心核实后会分派到具体责任单位，再由责任单位在规定时间内处理其所接收的社会治理问题，经指挥中心核实后，完成结案考评。据统计，2016年，Q区网格信息平台共立案处理案件261058宗，结案260640宗，结案率99.84%，普通一类的社会治理案件最多不超过8小时就能完成处理。三是网格“三定”责任体系。首先进行人员定责，明确网格内各人的工作职责，然后培训定岗，对网格长、网格信息员、网格巡查员等开展业务培训，他们持证上岗。四是实现信息定时，汇总网格内治理对象的各项信息，及时上报问题或隐患。

二、治理组织的整合与协同

基层社会治理事务具有复杂性、烦琐性和综合性的特征，由此而产生的治理问题常常不是一个部门就能解决，而需要多部门进行协调并整合治理资源才能实现有效治理。网格化管理对基层社会治理组织进行了整合。

第一是执法力量下沉，进行“分片管理、网格到队、责任到人”的网格管理。Q区将区属政府职能部门和各个镇街的执法人员及执法资源进行细化分编，根据不同治理主体的职能定位，对其责任领域进行精确划分，明确各网格的责任人。在Q区网格化管理实践中，每个街道的班子成员和副科级以上的干部需要亲自挂钩网格并担任“网格长”；然后，以单元网格为基础单位，城管、市场、安监、国土、综治、工商等部门的一线执法人员下沉到单元网格中驻场办公，平均每个责任网格每天配备5—7人。社会治理工作被划分到各个单元网格中，工作内容变得清晰化，管理责任变得精细化，责任网格的执法人员和网格管理人员承担治理责任，一线执法人员的绩效考核由其所在的村（社区）网格进行联合评定。社会治理领域的各个部门以及各职能部门、村（居）委会、挂钩工作队等在基层社会的一线网格内开展社会治理工作，形成了“点上有人管、线上有人巡、面上有人控”的广泛而密集的基层社会治理局面。

第二是治理结构整合，形成“横向到边、纵向到底、职能到位、责任到人”的社会治理结构。一方面，Q区要求各个职能部门的工作人员担任网格管理人员，在网格中打通“条条”间的区隔，然后以“条块协同”的方式整合组织资源。另一方面，在实施网格化管理时，Q区成立了城市综合网格化管理领导小组，领导小组属于区级议事协调机构。组长由区主要领导担任，副组长由各社会治理领域的职能部门（例如区环境运输和城市管理局、区市场监督管理局、区消防大队、区行政服务中心等）的分管领导组成。领导小组的办公室设在区政府办，办公室成员由上述部门工作人员组成。网格信息平台指挥中心归属于区城市综合网格化管理领导小组管理。各个镇街也成立了相应的城市综合网格化管理办公室，办公室主任和成员设置的方式与区领导小组一样。各个村（社区）成立了城市综合网格化管理服务站，站长由书记或主任担任。服务站下设了若干个综合巡查组，巡查组成员主要以一线执法人员和网格信息员为主，巡查组日常驻行政服务站办公。通过整合社会治理领域的各个治理主体，网格化管理所塑造的治理结构有助于职能部门利用领导权威推动基层社会治理。

第三是治理资源协同，形成部门联动与兜底管理的治理组织架构。治理结构和治理资源的分割给城市基层社会治理带来了诸多问题，协同治理便显得尤为重要。在网格化管理实践中，当责任网格内出现了涉及多个城市治理主体的复杂问题时，网格信息平台指挥中心会向城市综合网格化管理领导小组提出启动部门联动执法机制。对于一些难以界定具体属于哪个责任主体的复杂问题，例如对于有照无证带病生产经营、监管盲区、职能交叉等复杂问题，会先由市场监督管理局进行兜底管理。至于社会治理领域中的“剩余事务”，则由环境运输和城市管理局进行兜底管理。新的制度安排还改变了城市治理主体的组织结构和治理资源的运作方式。在多层级的城市综合网格结构中，交易成本内部化的方式，一定程度上解决了城市治理主体间的信息沟通问题，从而打破条块间的壁垒。在面对基层社会管理的复杂问题时，能够在领导小组和指挥中心的协调下通过调配多部门的治理资源，进行协同治理。

三、治理模式的党政嵌入

党政嵌入是网格化管理实践的核心环节，具体体现在三个方面：

第一是组织制度层面，通过小组机制嵌入基层社会治理。Q区在制定网格化管理制度时，提出了“实现城市管理网格化、数字化、标准化、精细化、动态化，确保城市运行中出现的部件和事件能够及时发现、及时处理、及时解决，逐步建立分工明确、责任清晰、反应快捷、处置及时、运转高效的城市管理长效机制”的目标设定。网格化管理领导小组在成立时就强调，“各个成员单位要按照领导小组的统一安排，结合各自职能，发挥自身优势，加强协调配合，协同推动落实城市管理的各项工作”，“不能按下葫芦浮起瓢，本部门的事办好了，而其他部门的事冒泡了”，要以“上下协同，齐抓共管”的方式推动基层社会治理。由于社会治理领域涉及多个部门、多个责任主体，网格化管理的新制度安排不但改变了社会治理的行动方式和治理手段，还重新塑造了社会治理主体的责任关系。党政班子成员设置在网格化管理领导小组内，塑造了非正式制度层面的城市治理主体的责任关系，组织运作变得更为简约高效。由领导小组对网格化管理工作进行全面直接的领导，各个部门或责任主体直接对领导小组全面服从，减少了信息不对称带来的协同治理困难。

第二是制度监督层面，通过党政考核嵌入基层社会治理。Q区在社会治理领域实行网格化管理，事实上与K市发起的“美城行动”密切相关。“美城行动”是K市各区之间社会治理领域的锦标赛，具有一套完整的以奖惩为基础的社会治理考评制度，以党政考核的方式监督城市综合网格化管理的制度运作。党政考核是一种高度行政化的制度监督手段。网格化管理的考核方式包括日常考核与突击考核、季度考核与年度评优等激励性制度。上级网格化管理领导小组或网格化管理办公室会对下级网格巡查结果随时进行抽查和复检。在考核结构上包括K市对Q区党政领导班子的考核、Q区对社会治理领域责任主体的考核以及责任主体对一线执法人员、网格信息员、网格巡查员的考核等，在社会治理中进行“以考促管”的党政嵌入。

第三是制度运作层面，通过党建工作嵌入社会治理领域。Q区将社会治理领域的网格化管理与党组织建设结合在一起，将党政资源下沉到以村（社区）为主体的单元网格中。Q区要求“支部建在网格上”，“以网格党建为主线，实现党组织在全村（社区）的全覆盖”。具体的做法是村（社区）两委成员担任网格督导员，负责对网格管理工作进行督促指导。把村（社区）划分为若干个网格，设立网格小组，支部委员、小组长、村（社区）工作人员等兼任网格管理员，负责网格的日常管理工作，党员兼任网格信息员分别联系居民，宣传党的政策和帮扶困难群众。在党政嵌入的网格化管理中，通过“村（社区）党委一党支部一网格小组一党员一居民”的网格化管理和“居民一党员一网格小组一党支部一村（社区）党委”的模式进行基层社会的组织、管理和服务，发挥党内民主、利益协调、沟通协商和社会关怀的作用。

第四节　理论探讨

网格化管理是一种精细的治理术，国家依靠网格化管理重整社会治理的组织结构，获取基层社会治理信息，做出了避免政策执行偏差和公共资源投入的瞄准偏差等努力，但是实践中也有其局限性。

一、信息内卷化问题

网格化管理获取信息的手段是一种整齐划一的技术手段，但是容易陷入“内卷化”困境，即政策设计者不断严密数字技术的指标体系和操作程序，而这种过密化的技术发展只会增加数字技术的形式合理性，增加治理成本，而不能提高数字的实质合理性，也不能对治理绩效做出更多的边际优化。国家治理的技术面向凸显了国家将具体社会事实抽象为数字与图表，并以此为依据想象与治理社会的实践。网格化管理原本是国家为了解决基层社会治理的组织困境，以党政嵌入的方式自上而下推动构建的一种组织模式，却可能造成行政消解自治的局面，具体表现为党政管理与基层自治的互动出现阻塞，基层自治功能边缘化等问题。而且，随着行政事务越来越多地下沉到城市管理部门和基层自治组织上，需要采集的信息也会越来越多，有可能出现“信息超载”的问题。我们经常可以听到网格员的抱怨“网格信息的采集耗费了很多工作时间，经常要做报表，但是这些数据对他们却毫无意义”。由于存在着信息采集成本高昂、行政考核周期紧张、激励性弱等因素，即使网格化管理中能够运用和采纳很多技术手段，却并不一定能够实现网格化管理所预设的清晰化目标。

第二，从网格化管理的基础性工作来说，信息生产、信息采集、信息治理这三者之间存在着漫长的层级距离，信息传递过程中存在许多造成信息失真的变量，往往会发生“信号衰减”等现象。城市社会发展迅速，治理内容庞杂，而且基层社会治理问题往往具有延伸性，复杂的社会治理事务能否被测量，能否以数字化、标准化、程式化的方式纳入网格化管理结构中都具有不确定性。

第三，信息生产、信息采集与信息治理的行政层级之间是个信息不对称的场域，生产者、采集者具有信息优势，容易形成信息垄断，信息采集人员的自利性行为就可以利用其信息优势，利用信息设租、寻租，进而造成治理信息偏差，影响基层社会治理绩效。例如，在信息技术嵌入城市基层社会治理的过程中，会出现“为信息而信息”或“选择性关注”等现象。因此，网格化管理运用信息技术的实践限制可以概括为：信息搜集的能力限度、信息处理的成本限度、社会事实信息化的限度、信息利用的不确定性限度。这些因素都会使得网格化管理变成了数字游戏，成为只具有象征性意义的制度，但对于基层社会治理并没有实质上的意义。

二、组织适应性问题

网格化管理存在的组织适应性问题，具体表现在三个方面：一是新制度安排与组织利益的矛盾，二是政策扩散与地方治理需求的矛盾，三是制度选择与财政供给能力的矛盾。

一是新制度安排与组织利益的矛盾。理性选择理论认为制度是由规则和行为诱导构成的各种体系，在这些体系里，个体努力将他们自身的效用实现最大化。[①]城市管理部门需要承担那些看似不重要却又是组织必须承担的非常规、非专业的职能，表现为细小琐碎，难以分类、定性的剩余事务。推行网格化管理，能够将烦琐的基层社会管理事务进行技术化、信息化，由于能够提高治理的精细化程度，减轻了城市管理部门的识别成本和治理负担，因而受到城市管理部门的欢迎，而得以推广实施。但是在一些专业化程度较高的治理领域，例如食品安全、市场监督等，网格化管理的接受度就不会很高。2015年，Q区尝试在城市综合网格化管理的基础上，推广企业综合网格化管理，然而在政策咨询阶段就遇到阻力，有工作人员提出了三点反对意见："第一，企业综合网格化管理与Q区大部制改革相违背。Q区大部制运作转变成板块相对独立运作，目的是要从综合监管向专业监管转变。第二，三级网格不现实，越往下工作压力和责任越大，到了村一级网格就既要监管市监部门，又要监管环运、消防等部门，治理责任最后无人能承担。第三，由市监部门兜底先行处理问题，谁赋权我局处理环保、消防的违法行为？"可以看出，网格化管理给不同部门带来的资源存在差异，城市管理部门能够利用网格化管理为其减轻治理压力。但是推广实施网格化管理存在新制度安排与组织利益的矛盾，对于有的部门而言，可能存在需要耗费本部门的资源、改变既有制度安排的成本较大等因素，而不能在网格化管理中获得正向收益，同时也要额外的承担责任和风险。城市基层社会治理的复杂性，往往要求城市治理主体具有一定的能动性和自主性。因为，在许多基层社会治理领域，不单纯是执法的问题，更多的是一种利益调节的过程，需要与各方主体发生密切互动。

第二是政策扩散与地方治理需求的矛盾。在社会治理领域，网格化管理具有较高政策扩散效果，实践中表现出不同的政策样态，例如北京"万米单元网格化

① ［美］B.盖伊·彼得斯：《政治科学中的制度理论：新制度主义》，王向民、段宏伟译，上海人民出版社2016年版，第19页。

管理”、上海“数字化城市管理”、浙江省舟山市“网格化管理、组团式服务”和重庆市“网格化城市治安防控体系”等。政策扩散的动力机制包括学习和竞争，一方面国家提倡推广实施社会治理创新的网格化管理，地方政府需要积极学习响应，另一方面地方政府面临与同级政府实施网格化管理的竞争。但是地方政府能否应用新的制度安排，取决于其能否适应地方治理的需求和制度安排的成本高低。例如受财政供给的限制，某地的网格化管理实践主要以政法综治为主，而不是城市社会治理的其他领域。

第三是制度选择与财政供给能力的矛盾。网格化管理需要运用信息化平台，需要以表单自定义引擎、工作流引擎、GIS引擎以及移动行政执法系统作为支撑，其建设和运营成本需要耗费大量的财政资金。以Q区的企业综合网格化管理系统为例，经费构成包含了四个部分：一是人员通信费用，每年需要126万元；二是人员薪酬费用，这部分费用由各镇（街道）根据所辖行政服务站工作人员年平均工资福利报酬得出，所需费用由各镇（街道）承担；三是人员绩效费用，需要区属部门和镇（街道）从专项资金中拿出来给网格员进行季度、半年度、年度绩效奖励；四是平台开发费用，巡查平台的开发依托于网格信息平台一并建设，约3000万元。总体上，Q区每年投入企业综合网格化管理系统上就需要花费1000万元以上，而城市综合网格化管理和网格信息平台则需要近4000万元。珠三角城市的财政能力能够支撑得起网格化管理的运作，但对于许多中西部城市来说，这无疑是一笔难以承受的财政支出，财政供给的不足将会成为影响国家实现其社会控制目标方式的重要因素。当财政供给能力不足，但又要推广实施网格化管理的话，就容易出现“制度仪式化”“政策走样”“制度空转”等问题。由此可以看到，网格化管理在组织适应性方面的局限性凸显了社会治理的复杂性及其挑战，这也决定了网格化管理只能解决特定社会发展阶段中特定的治理目标。

总之，在基层社会治理中，网格化管理是继单位制、社区制之后，地方治理实践创新中所产生的新的基层治理模式。网格化管理已逐渐发展成为社会治理现代化的基础性政策工具，在重构治理单元、厘清治理事务、整合治理资源、协同治理组织、明确治理权责等方面具有显著的实践价值，也在提高基层社会清晰化、社会治理协同化和助推党政嵌入社会治理方面扮演着重要角色。在基层治理体系和治理能力现代化背景下，深刻理解网格化管理的制度逻辑，构建适合社会转型和治理转型的社会治理体制机制，进一步创新社会治理方式，提高社会治理能力，对于实现社会治理领域的“中国之治”具有重要的现实意义。

第十六章　积分制管理

第一节　案例介绍

湖北J市T村是较早展开积分制改革探索的试点村庄，在管理模式上具有一定的代表性。本章将从T村的实践出发把握积分制管理的现实背景，通过个案的形式呈现积分制管理的制度设计和运行过程，分析积分制管理的实践效果，加深对积分制管理的认识。

案例

T村隶属J市B镇，由原来的L村和T村两个村合并而成。目前，辖区内共有12个村民小组，1个新农村建设小区。T村位于B镇工业园区内，目前已有3家企业投资建成。在3次工厂建设和1次铁路征地过程中，村民因征地拆迁、环境卫生等产生了一系列矛盾纠纷，严重影响了村委会工作的正常开展。如何提升生活治理水平，改善村风民俗，化解各类矛盾纠纷，有效调动村民参与村集体建设的积极性成为当务之急。

2017年，社会治理积分制管理在T村开始推行。按照上级政府的要求，T村村民代表会议审议通过了《T村社会治理积分制管理实施方案》和《T村社会治理积分制管理量化考评实施细则分值指导标准》，正式启动积分制管理工作。凡户籍属本村的村民和户籍不属本村但在本村居住且愿意参与的，经本人申请、村委会同意的都可以参与积分制管理。村级组织根据不同的参与方式分别建立了积分制管理纸质档案和网络信息系统，实行积分累计使用，根据积分排名分类奖励。与此同时，村干部进新农村、进村组、进家庭面对面做思想动员工作，动员村民积极参与积分制管理。2017年底，T村成立了积分兑换超市，配置了积分兑换物资，如洗衣液、毛巾、牙膏、牙刷等日常生活用品。2018年，T村先后组织了两次积分兑换大会，群众参与热情高涨。2019年，T村以村规民约为基础，对积分制管理的适用范围、指标体系、积分规则、操作流程等进行了调整和完善。同年，T村社会治理积分制管理实现提档升级，并顺利通过全市积分制管理工作验收。

自T村积分制管理试点以来，经过不断实践，在破解居民参与问题上取得了一定的进展，并获得了相应的肯定。一方面，T村调动群众参与人居环境整治、安全隐患排查、防溺水教育、秸秆禁烧等工作的积极性，引导村民参与乡村治理。在人居环境整治工作中，T村以积分为抓手，解决农村“脏乱差”问题，引导村民美化房前屋后、垃圾投放分类、垃圾循环利用等，用积分评比的方式培养村民形成人人爱干净、家家讲卫生的好习惯，营造出整洁有序、生态宜居的人居环境。另一方面，T村利用积分创新志愿服务活动，在矛盾纠纷化解、清理河道、关爱老人等方面设置积分，推动村庄文明建设。T村先后组织志愿活动30多次，化解“厕所革命”、农田土地平整、兴修农田灌溉水渠、征地拆迁过程中发生的矛盾纠纷，借助积分为和美乡村助力。

随着积分制管理的深入推行，村民普遍反映，身边好人好事多了，矛盾纠纷少了，邻里沟通交流频繁了，乡风民风更加淳朴了，安全感提升了，生活过得更加有滋有味了！

第二节　现实背景

一、基层社会治理背景

改革开放之前，我国社会基层主要是以农村“集体”为基本组织形态，社会成员以“集体”为其生存与生活的主要载体和依托，集体承载着对其所属成员实施社会管理和公共事务供给的全部职责。由于集体为其成员提供了生活赖以维系的全部资源，因而对这些成员具有较强的管理能力和社会动员能力。改革开放以后，原有的社会管理体制发生变化，行政村取代集体成为社会建设的基本单元。但是其对辖区成员的社会动员能力不再如之前那样发挥作用。一方面，市场经济发展之下，村庄不再需要为成员提供生产和生活的各种资源，其与成员之间的关系逐渐疏远。另一方面，随着城镇化进程的加快，乡村“空心化”现象越来越严重，村民代表大会等公共性活动形同虚设。这些都严重削弱了乡村社会的组织基础。

在传统的乡村社会，大多数农民世世代代生活在土地上，生于斯、长于斯，逐渐形成以血缘为核心、以地缘为基础的熟人社会。改革开放以来，农民不再受制于土地，外出务工成为更多人的首要选择，越来越多的中青年农民进入城市工作、生活。乡村社会原有的稳定、封闭的社会形态发生变化，村庄的边界不断移动和模糊，治理空间单元走向开放式的结构，乡村社会逐渐成为一个异质化、流动性社会。在人口快速流动的背景下，村庄社会基础发生变化，社会关系网络趋于弱化。一方面，流动性使得村庄原有的风俗习惯、价值观念受到冲击；另一方面，由于长期在外打工，村民生产生活的重心日益向外，部分村民并不关心村庄的发展和公共事业，这就使得村干部难以将村民组织起来进行有效合作，过去的“熟人规则”很难解决乡村社会公共治理难题，从而制约了乡村社会的治理能力。

改革开放以来，社会主义市场经济的发展使得中国经济呈现奇迹式增长并使得社会成员从中受益。由于受益的程度存在差异，这就催生了不同的利益群体。在乡村社会，伴随着打工浪潮的兴起和城乡关系的演变，农户的家计模式发生改变，村民由于经济收入的差异逐渐分化为不同的群体，进而产生了不同的利益需求。不同利益主体间的需求不可能完全一致，每个人都希望获得利益最大化，这就需要村级组织去平衡各方面利益。在社会转型的背景下，乡村社会的各个方面都发生了结构性巨变，大量潜藏已久的社会矛盾与冲突凸显出来，不但扰乱着乡村社会的治理秩序，也极大地影响了村庄的稳定与经济发展，这些都需要基层干部去处理。

社会转型过程中问题丛生，解决起来困难重重，仅仅依靠单一的治理方式无法适应乡村社会的实际情况，单单依靠政府自身的力量无法解决所有的问题。在社会治理重心下沉的背景下，基层需要承载更多的社会治理职能，社会治理需要解决的问题跨界性、关联性、复杂性增强，需要党委、政府、社会、公众携起手来，形成社会治理共同体。提升基层群众参与社会治理的主动性和责任感，改变基层事务“社区（村）干部忙得团团转，老百姓袖手旁观看热闹”的尴尬局面，重建“原子化”状态下消减的亲密感和归属感，这些已经成为基层治理亟待突破的难点问题。

二、政策和制度背景

积分制是由湖北Q集团董事长李某于2013年创建的一种全新的企业管理体系。这套管理模式经常被应用在企业员工管理中，企业通过建立积分信息系统精准掌握员工的成长动态，用物质财富、福利待遇、人事变动等影响员工，从而将员工利益和企业利益进行捆绑，实现设计者的立体需求与积分紧密联系在一起，最大程度激发员工的潜能，保证优秀的员工能够获得施展才能的机会。

2015年，企业积分制运用成熟之后，J市把积分制的管理理念引入基层社会治理。同年11月，J市提出在社区内以家庭为单位建立以“积分道德银行”为主要载体的积分制管理模式，相继出台《J市家庭道德建设工作实施方案》与《J市“家庭道德银行”积分制管理办法（试行）》，选择在多个社区率先试点，探索将家庭道德建设与积分制结合。2016年3月，J市决定将积分制管理引入社区（村）社会治理，将积分制纳入全市改革创新“四个十”项目清单，市两办印发了《J市社区（村）社会治理积分制管理工作实施方案》，按照常在人口每人每年1.5元纳入财政预算保障，在市中心城区52个社区全面推行积分制。与此同时，在各县（市、区）选取部分社区、村开展试点。

经过两年的试行探索，积分制的管理理念和模式逐渐被居民接受、认可，在社区取得了一定的成效，形成了积分制管理的相关经验。2017年，J市委、市政府出台了《关于全面推行积分制管理创新基层社会治理的实施意见》，并要求通过2—3年的努力，实现基层社会治理积分制管理全覆盖。与此同时，J市成立了市社会治理积分制管理工作领导小组，明确了实行积分制工作的领导主体，为积分制工作的全面推行提供组织保障。由此，积分制管理在J市全市铺开，转变为社会综合治理的一种重要手段。

经过两年的经验积累，J市形成了相对比较完善的积分制管理模式。为进一步落实积分制管理工作，扩大积分制管理的社会影响力，提升居民的参与热情，总结提炼积分制管理的模式，打造社会治理的“J市样本”“J市经验”，2019年，J市积极开展积分制管理的提质升级工作，扩大社区积分制的典型示范作用。与此同时，充分发挥积分制管理在基层社会治理全方位各领域的作用，推动积分制管理在空间维度的扩散，在适用场域的延展。

这套发轫于J市的积分制管理模式受到国家的重视。2019年，中央农村工作领导小组办公室、农业农村部与中组部等部委在全国115个县（市、区）启动积分制在乡村治理体系建设试点示范工作。2020年7月，中央农村工作领导小组办公室和农业农村部发布《关于在乡村治理中推广运用积分制有关工作的通知》，要求“因地制宜在乡村治理工作中推广运用积分制”，正式明确了积分制运用于基层治理中的指导思想。2021年至2023年，积分制连续三年被写入中央一号文件，这标志着积分制管理得到国家的认可，开始在全国社区（村）长期推广。

第三节　制度设计

一、概念及其内涵

积分制管理是一种社会治理创新模式。它在延伸和拓展城乡网格化管理平台功能的基础上，通过建立信息库，以积分形式对治理对象的行为、表现进行全方位量化考核，将社会福利和资源与积分挂钩，并向高分的治理对象进行倾斜。这种模式通过激励机制全方位调动治理对象的积极性，目的在于通过正面引导，动员社会力量主动参与社会治理和村社活动，在社会治理层面形成“人人有责、人人尽责”的命运共同体。

积分制始于工商管理领域，经常被应用在企业员工管理中。企业通过建立积分信息系统精准掌握员工的成长动态，用物质财富、福利待遇、人事变动等影响员工，从而将员工利益和企业利益进行捆绑，实现设计者的立体需求与积分紧密联系在一起，最大程度激发员工的潜能，保证优秀的员工能够获得施展才能的机会。一般认为，积分制是“以人为本”的管理制度，其目的在于有效实现企业效率与公平的管理目标。一开始，我国只针对流动人口、图书馆读者、学生、教职工等特定人群实行积分制管理。随着社会治理主体的变化和社会治理复杂性的增加，传统的治理模式已经无法满足日益变化的治理需求，积分制管理被引入社会治理领域，并成为政府进行社会治理的创新模式。

二、制度设计的内容

积分制管理有一套完整的制度设计（如图16-1），通过具体的指标，对治理对象的日常行为进行规范，并以积分的形式予以量化。积分制管理借助一系列的资源，通过正向激励方式激发村民参与社会治理的热情，从而保证村民服从社会治理。

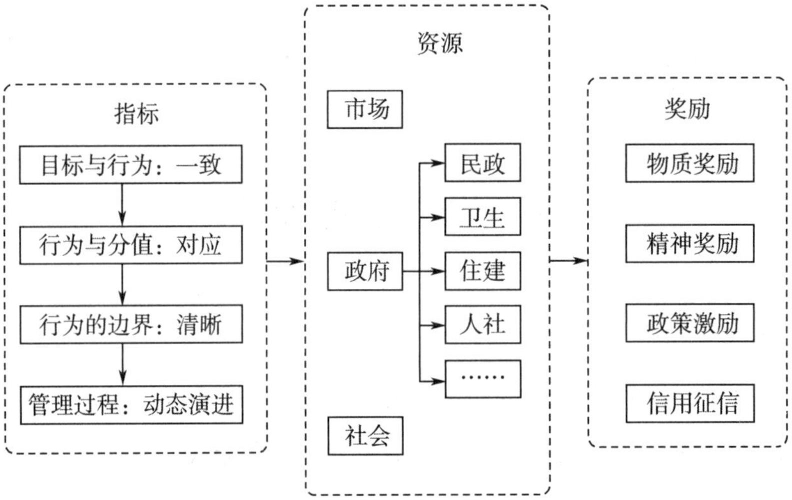

图16-1　积分制管理制度设计

（一）积分制管理的核心：指标

积分制管理运行的第一步就是对指标进行设计，即通过设置明确的对象和范围来调整治理主体的行为，以“考评—激励”的方式约束村民的失范行为，构建村庄内部的公序良俗。积分制管理的指标设计包含四个要点：（1）目标与行为具有一致性。治理目标定位清晰，通过精准化、规范化的指标设计，可以具体细化到不同的治理对象和治理行为。（2）行为与分值具有对应性，从而使得行为可视化、操作化，保证村级组织对治理主体和村庄秩序进行整体监测。（3）行为边界具有明确性，具体包括鼓励行为和禁止行为。其目的在于强化和细化治理主体的行为规范，引导村民行为在村级组织的可控范围之内。（4）积分制管理具有动态演进性，管理的对象、范围随着治理环境和治理目标的改变实行动态调整。

在本章案例中，村民、家庭、党员、村干部、社团组织是积分制管理的主要对象。在指标设计上，包括思想政治（公益美德）类、平安稳定类、村级建设类、奖励惩罚类四大块。涉及村民、家庭、单位（商户、社团）、村级工作人员、党员的指标数量依次为90项、33项、33项、13项、23项。根据不同治理对象的特点和行为面向，设置不同的行为类别和分值标准。在此基础上，积分制管理遵循了"分类而治"的治理逻辑，根据治理对象的不同，其指标设计的内容和侧重点也各不相同。从指标的具体内容来看，指标具有覆盖的全面性和价值的导向性。同时，指标设置具有在地化特征，在现代社会治理过程中融入乡土特色，与城市的积分制管理指标差异明显。在管理目标上，指标在村庄内部展开和延伸，村民是积分制管理的重点对象，其行为受到积分的约束和规范。随着治理对象的日益分化和治理任务的日益复杂，积分制管理的指标很难保持长期的稳定性，当积分制管理无法与社会治理进行有效匹配，积分制管理的指标就会通过自我调适来弥补治理模式的不足。因此，积分制管理的指标设计是对社会治理环境不断适应的结果，具有较强的时效性和高度的灵活性。

（二）积分制管理的基础：资源

积分制管理的运行具有高度的资源依赖性。一方面，制度的运行需要成本，积分制管理这一全新的治理模式必然需要资源作为依托，这是其无法回避的现实；另一方面，积分制管理是以一套量化标准作为村民获得奖励的依据，而足够的资源是政府组织进行奖励的重要前提。

从资源的来源来看，本章案例中涉及的积分制管理资源包括行政资源、市场资源、社会资源。在积分制管理的制度设计中，行政资源是积分制管理的直接且主要资源，包括列入当地政府工作计划的资源和各个条线部门分散的资源。市场资源和社会资源是积分制管理的辅助性资源，是积分制管理亟待开发的新资源。整个积分制管理运行的资源，以村级组织为单位进行整合，需要依靠村干部充分挖掘和争取。从整体上看，积分制管理的供给资源是在“国家—市场—社会”框架下探索的合作模式，体现了在社会治理过程中，通过协调市场和社会力量达成资源有效配置的制度建设和政策选择。一方面，社会治理过程中行政资源不是万能的，特别是在治理成本增加或者治理需求提升的情况下，行政资源便会出现供给不足，市场和社会资源的补进可以缓解行政资源的压力；另一方面，市场资源和社会资源的注入也充分体现了“共建共治共享”的社会治理理念，给社会治理注入充分的活力。

从资源的种类看，本章案例中积分制管理资源采取直接的物质资源与间接的政策资源相结合的配置方式。其中，直接的物质资源包括县级政府按照常住人口每人2元的标准纳入本级财政预算的工作经费、乡镇政府按照常住人口每人1.5元的标准纳入本级财政预算的工作经费、村级组织按照常住人口每人1元的标准配套建立的奖励资金、社会组织和个人捐赠的资金等。间接的政策资源是指以条线部门为单位实行的各类公共服务（福利）资源，包括优先考虑子女就业、办理电话充值卡和绿色通道就医卡、代养人员优先入住养老院、优先选择实物配租公租房、优先作为各类慰问对象、优先推荐就业或者担任社团负责人、优先使用社区活动场地或者设备、作为各类先进单位（个人）考核评比的依据等。这种资源配置方式，能够促进各个部门资源的整合与共享，实现资源配置由过去单一、孤立、低状态向多样、融合、增效方向转变。其不但能够丰富积分制管理的资源产品，增加村级组织整合社会秩序的能力，同时也能够推动治理资源向下投放。

（三）积分制管理的动力：奖励

随着市场经济的不断发展，在社会治理领域，激励已经成为动员个人参与社会活动的关键环节。与其他方式相比，激励通过更加富有弹性、策略性等柔性、灵活的方式构建社会生活的新规范，使基层组织增强治理社会的能力。从来源上讲，激励生成的经济基础是市场经济，每个人都以利益最大化为动机参与社会活动，这就决定了社会治理条件下，必须赋予治理对象足够多的激励政策。对积分制管理而言，它的制度设计呈现出强激励特征，强调村民在短时期内能够得到实际利益。需要指出的是，尽管任何社会活动的参与都将激励作为调控行为的必要措施，但是积分制管理的特殊之处在于，它将激励视为一种根本性的要素，“认可”和“正向激励”是积分制管理的两大原则，注重积分的积极效应，用积分的形式最大限度地弘扬社会正气，传递社会正能量。

在本章案例中，积分制管理的奖励形式包括物质奖励、精神鼓励、有关政策激励、建立信用征信体系四个方面的内容。其中，物质奖励主要是“以分易物”，即根据积分兑换日常生活物品。物质奖励是在肯定“经济理性人”的基础上，以利益为激励的基点，将积分与所对应的物质进行挂钩，这是积分制管理实施奖励的主要方式。精神鼓励是指对积分高的家庭、单位和个人进行公开表彰，并分别授予积分制管理荣誉证书。精神鼓励则借助舆论宣传产生正向激励效果，满足治理对象的精神生活需求，让其在参与中体会到成就感和荣誉感，从而影响村民的思想和行为。激励政策包括就医、就业、住房、参军、入党、评优等各个方面，让村民切实享受到“高分高待遇”的政策优惠。它整合了各类公共服务（福利）资源，通过组织体系内部各个职能部门的通力合作为积分制管理的运作保驾护航。建立信用征信体系是指对积分高的家庭和个人，村委会帮助其申请创业贷款。这种以信用为核心的奖励以提升公众诚信道德为目的，强调公民遵守村规民约、社会道德、法律制度等的内省性和自觉性，通过诚信意识的内化，使社会治理实现由“外部监督管理”向“内部自我治理”的转变。调动治理对象的积极性，为基层治理提供驱动力，这是社会治理创新的重要原因。

第四节 运行过程

一、规划和制定

积分制管理运行的第一步是规划和制定。这项工作一般由县级政府承担。一方面，上级政府在大力支持和推广积分制管理的同时，充分赋予了县级政府管理权限。上级政府只对积分制管理的治理范围、指导原则、实施过程等内容做出了宏观的总体性概括，积分制管理落实的标准制定、实施细则、程序规范则由县级政府确定，这就给予了县级政府极大的自由裁量权。另一方面，由于各地经济发展差异和社会治理能力水平不同，积分制管理的实施过程可能需要采取不同的政策模式，需要县级政府根据地方实际情况因地制宜制定方案。县级政府在克服信息不对等和激励不相容方面具有比较优势，可以根据实际情况对积分制管理进行差异化处理。这使得县级政府拥有足够的空间和余地来对积分制管理进行自主安排，并在事实层面成为积分制管理的规划者和设计者。

积分制管理的规划和设计，是县级政府推动积分制管理实施的第一步，也是影响积分制管理运行的关键一环，因而需要制定严格详细的管理规范。在本章案例中，S县政府通过多次会议就积分制管理的实施、推进展开讨论，先后出台了《S县社会治理积分制管理工作实施方案》《S县社会治理积分制管理分值指导参照标准（试行）》等文件。县级政府对积分制管理的规划和设计主要围绕指标设置和实施过程来展开。前者是指县级政府对积分制管理内容进行严格把控，涉及积分制管理的调整对象、行为类别、指标分值等具体内容。这些都由县级政府直接制定，并通过文件的形式单向度向下传递。后者是指积分制管的具体办法，就权责划分、平台建设、组织协调等做出了更加详细、规范的规定，并为积分制管理的推行提供人员、技术、资金配套。县级政府通过行政体制内部制度供给的方式为积分制管理的建构提供了形式上的可能性，并为其实际运作提供具体的资源基础。可以看出，S县通过对积分制管理的规划和设计，形成了“以县为主”的积分制管理控制格局和资源供给模式。

二、协助和支持

积分制管理需要乡镇政府的协助和支持。在“以县为主”的规划和控制之下，乡镇政府在指标设置和过程控制上没有实际的支配权，但它积极配合县级政府完成“跑腿”任务，负责政府社会治理和村民自治之间的衔接工作。在运行过程中，乡镇政府主要从两个方面进行协助和支持。一是组织乡村干部分解任务。积分制管理作为一种社会治理创新工作，其实施是“由点到面”逐步推广的过程，强调维系政策调整和制度变迁过程的平滑性。这就意味着积分制管理工作需要分阶段、分步骤、分批次进行。在这个过程中，乡镇政府开展摸底调研，广泛征求社会意见，组织乡、村两级干部开会讨论，确定积分制管理分阶段实施的工作计划，以及各个时期的工作重点等。二是成立乡镇积分制管理工作专班。由乡镇综治办牵头，成立乡镇党委书记担任领导、乡镇政法委书记担任责任组长、乡镇综治办全体成员担任小组成员的专班，对积分制管理工作进行日常督导和跟进。

三、操作和执行

积分制管理运作的最终环节是落实，由村级组织操作和执行。根据规定，积分制管理要按照村民自治和公共事务集体决策的要求，通过村级民主的形式体现出村级组织“组织者”“管理者”“决策者”的多重身份。但在实际运行过程中，积分制管理在产生之初就以自上而下政策执行的形式进入乡村社会，上级政府的控制和干预不断压缩村级组织的自主空间，村级组织成为上级分派的行政任务的执行者。

积分制管理运行依托积分制信息管理平台，以村为单位实施积分制管理。日常工作中，积分制的申报、兑换需要占据村干部大部分时间。具体来看，村干部的工作主要包括以下几个方面：第一，按照村民、党员、家庭、单位（商户、社团）、村级工作人员设立行为账户，用积分记录村民的日常综合表现。第二，在人员配置上，由综治信息员（也叫代办员）负责信息申报、记录、初审等具体工作，并与上级政府部门对接。第三，日常管理按照“划片管理、责任到人”的方式进行。依托村民小组，村级组织将全村划分为12个管理单位，并由信息员对其责任区内的情况进行管理。积分制管理过程中，信息员作为信息审查和判断的主要承担者，一旦村民有积分行为需要申报，可直接同信息员联系，并由其作为信息证明人。第四，定期进行积分奖励。在本章案例中，积分每月在村公示栏公示一次，每季公榜一次，公示无异后村民即可获得对应数额的积分卡，村民可以凭借此卡到村级组织成立的爱心超市兑换相应的物资。每半年，村级组织也会召开村民大会进行积分制管理分享表彰活动，对累积高分者进行表扬和嘉奖（如图16-2）。

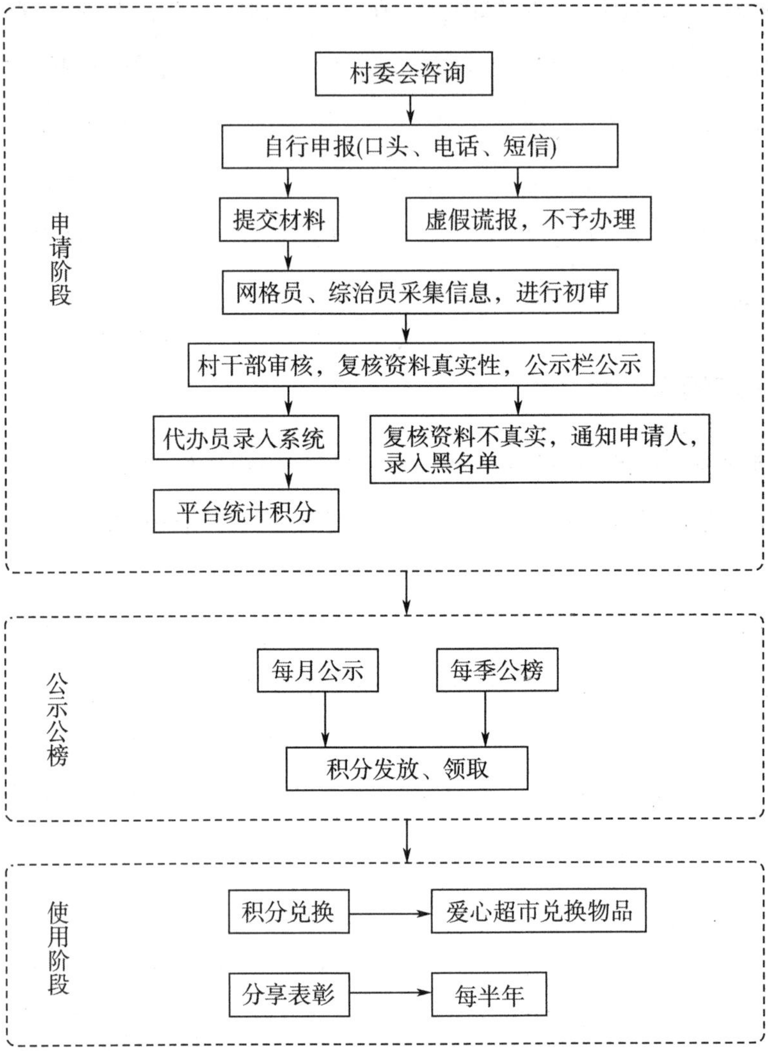

图 16-2　积分管理分享表彰流程

第五节　运行困境

积分制管理是一种新型治理模式，不但能够将村民、家庭、社会组织和单位整合到社会治理当中，而且能够在引导村民行为和思想的同时重建乡村秩序。一方面，积分制管理是夯实基层治理抓手。通过积分的形式，乡村治理的公共事务责任落到每一位村民身上，通过正向激励的方式鼓励更多的村民履行义务，有效动员全体成员参与公共治理。积分制管理为村民行为提供了一种价值尺度，以量化的方式提高了村民参与基层治理能力。实施积分制管理以来，村民积极参与人居环境整治，清理渠道，修建树枝，关爱老人，参与邻里矛盾纠纷调解，乡村关系更加和谐温暖。另一方面，积分制管理使得社会正能量广泛传播。与其他管理模式不同，积分事项聚焦的是村民正向社会行为，传递出文明、诚信、友爱等积极信号，引导广大群众自觉践行社会主义核心价值观，好人好事层出不穷。按照“服务谁，谁评价”和“我积分，我快乐”的原则，对积分先进者进行表彰，宣传积分先进典型案例，营造出全社会崇尚向善、见贤思齐的良好风尚。尽管积分制管理在基层取得了明显成效，但在运行中也产生了一些问题。

一、难以持续

财政直接拨付资金是积分制管理得以生成并有效运行的重要基础，但是单一财政资源无法给积分制管理提供长效资源供给，一旦这项财政资金取消或者减少，积分制管理自然而然就会陷入运行困境。作为社会治理创新模式的积分制管理，其目的是通过“积分—奖励”的形式规范村民的行为，可以说，可供奖励的资源是积分制管理运转的关键条件，缺少了资源，积分制就缺少了运转的基础。我们可以从下面的材料中了解一下积分制管理运作中的具体困境。

2017年，T村试点运行社会积分制管理，上级政府不但给予相应的经费支持，还通过项目的形式在该村设置了积分兑换商店，配备了相应的商品物资。2018年，T村按照1分=1元的标准兑换物资，村民参与积分制管理运行、兑换商品的积极性和主动性高涨。同年年底，地方政府对积分制管理工作进行验收，并高度赞扬T村积分制管理在社会治理和传播社会正能量方面取得的成效。与此同时，验收合格之后，上级政府不再投入相应的资源，由该村自行运行积分制管理。由于资金不足，2019年，T村采取1分=0.1元的标准兑换物资，同时抬高了兑换物资的价格。这两项措施实施之后，村民参与积分制管理的热情降低，申报数量大比例缩减，兑换商品次数显著降低。

上述材料展现了积分制管理的运作困境。按照积分制管理的设计初衷，积分制管理要采取政府保障、部门帮助、社会筹措、吸引社会捐赠等市场化运作相结合的方式，多元化、多渠道筹集积分制管理奖励经费。积分制管理的长效运行，需要村级组织通过各方渠道为积分制管理工作筹集经费，为工作顺利开展提供必要的财力支持。但在实际运行过程中，村级组织难以化解这一难题。第一，积分制管理是一个加分工作，对村级组织约束力不足，村干部没有动力去筹集资金。随着行政事务的不断下沉，村干部要承担很多中心工作，没有精力去解决这个难题。第二，在体制内部，一旦上级政府目标发生转移，下级行政组织的注意力也会随之发生偏转。验收合格，意味着积分制管理这项工作已经告一段落。第三，作为政策执行的末端单位，受组织结构、人脉资源、政治环境的影响，村级组织也难以整合行政系统内部资源和社会资源支持。乡镇政府和县级政府也有各自的困难。他们需要面对更多的村级组织，也需要平衡各个村庄的整体利益，更需要考量行政成本和治理效率的问题，因而难以给予村庄持续、稳定的资源支持。

二、社会参与不足

理想的积分制管理运行模式能够凝聚多元主体，促进政府治理、社会自我调节、群众自我管理良性互动的有利局面，显著增强社会治理多元合力。但是，当前积分制管理运行过程中面临的另一困境就是社会参与不足。

第一，村民申报事项的范围比较窄。从积分制管理的制度设计来看，积分制管理的内容涉及乡村治理的方方面面，涵盖了环境卫生、平安创建、邻里关系等多方面的内容，但是很多内容与村民生活贴合度不高、可操作性不强。从居民积分申报台账中可以看出，村民申报的积分项集中在缴纳保险、环境整治、清理河道、治安巡逻等几个方面，对其他内容基本没有涉及。例如平安稳定类条款中的“举报私藏民爆品、非法持有管制刀具”“举报卖淫嫖娼、淫秽表演、售卖淫秽物品”“制止、举报吸毒、赌博等违法犯罪行为”“制止正在侵害他人人身安全或者国家、集体、他人财产安全的违法犯罪行为”等。这些内容与村民的生产生活相关度不强，而且在农村这个半熟人社会当中，村民基于“面子”、人情等因素的考虑也没有动力去进行举报和制止。在积分指标中，这些类似条款基本上成了“僵尸条款”。

第二，参与积分制管理的申报主体比较集中，大部分参与主体集中在村干部、信息员、退休干部及其家庭，社会组织的参与则始终处于空白。虽然积分制管理希望通过行政力量的整合吸纳各方社会力量，实现政府与社会组织、社会团体、企业、商户等多元主体共治。但是在实际运行过程中，村干部缺少治理抓手和治理资源来有效吸纳各类主体参与。同时，出于自利性的心理期望，由于积分制管理运行资金的不足，社会参与主体往往基于自身利益的考量而退出积分制管理。村民参与积分制管理的过程本身就受到利益驱动，当积分兑换的规则和奖励内容发生改变，理性的村民就会仔细计算自己的投入成本与收益预期，并根据结果做出对自己最有利的行为选择。因此，改变积分兑换规则后，村民参与积分制管理的积极性明显降低。

第六节　延伸思考

作为一种新的治理模式，积分制管理以积分为核心，建立了以“指标—奖励—行为”为特征的连接方式，激发村民参与社会治理的积极性，推动实现政府治理、社会调节、村民自治良性互动。然而，与积分制管理的设计初衷相比，其实际治理效果也难尽人意。反思T村积分制管理经验，还可以从以下两个维度进行理论延伸。

一、国家治理的逻辑

改革开放以来，我国在农村地区逐步确立了乡政村治的治理模式。乡镇政府负责行使国家职能并为村庄发展提供服务，村级组织以村民自治为核心并对本村事务行使自治权。在这种情况下，国家政权与村庄自治权相对均衡、相互依存，村级治理保持了相对完整的自主性。但在国家主导的现代化进程当中，伴随着国家对乡村政策的调整，乡村治理越来越多地被纳入国家治理的范畴。

从本章的材料中可以看出，国家以制度供给的形式将积分制管理模式推进乡村社会，从而构建了以积分为核心的乡村治理秩序和治理规则。其一，积分制管理是国家推进基层治理现代化进程中的一种独特的治理术，即依托积分事项对乡村生活中的各项行为进行规范引导，并将传统大量没有纳入治理范畴的日常性事务（如铺张浪费、散养家禽家畜等）和公共性事务（清理河道、捡拾垃圾等）纳入治理范畴，为推进乡村治理规则化奠定基础。其二，国家主导了积分制管理运行的整个过程，特别是在制度设计阶段，这种特征十分明显。哪些积分事项纳入治理范围，哪些行为受到倡导、哪些行为受到抑制，都是行政意志的体现。即使是通过村民自治的形式制定的积分事项，也需要上级政府严格把关。其三，依托积分制管理，国家将其治理任务投入村民的乡村生活。例如举报邪教组织非法教会、非法集资、传销窝点、非法诈骗等行为，举报过期、假冒食品、药品等行为。这些做法都反映了国家治理的逻辑。

当然，相较于乡村社会而言，政府在资源、信息技术、知识储备等方面具有天然的优势，行政力量的介入有助于更为及时、有效地制定一套行为规范，并且借助体制结构化的模式和单向度的权力体系快速推向乡村社会，进而降低社会治理的成本。而且，囿于单位的历史背景和村民对政府的路径依赖，社会各个主体参与社会治理的自主意识和能力存在不足，社会治理需要政府进行有序引导和推动。特别是在人口高度流动的后乡土社会，村民自治逐渐流于形式，单纯依靠村级组织以民主自治的形式制定社会规则很难实现，而且难以完全获得村民的认可。从这个层面来看，这就给政府力量的介入和干预提供了空间和基础。在国家主导乡村社会改革的过程中，如何兼顾不同村庄发展水平的差异和地方主体的多元化需求，是国家推进乡村治理需要思考的重要命题。

二、多元共治的逻辑

本章案例不仅展现了以国家为主导推进基层治理现代化的基本逻辑和方式，也表明了社会治理体制的创新。在治理主体上，从单纯重视干部的作用向“党委领导、政府主导、社会协同、公众参与”的治理格局转变。作为积分制管理的设计者和资源供给者，政府无疑扮演了十分重要的角色。但是在多元共治的治理格局之下，政府并不是社会治理的唯一参与者，社会力量也是完善积分制管理的重要组成部分。社会治理的创新在于最大限度地整合社会各方面的力量，形成“强国家—强社会”的联合。积分制管理实施过程中，为确保积分制管理能够真实准确反映村民日常生活中的正向行为，村级组织将退休老干部、老教师、老村医、老退伍军人等“五老”力量组织起来，跟村干部一起负责积分的审核评定。从各地的调查情况来看，虽然各地积分评议小组的成员不同，但基本上都动员了社会力量的参与。

在治理技术上，从政府单一的行政管理向多元协商共治转变。随着社会治理主体的变化和社会治理复杂性的增加，简单化的社会问题解决方案在社会治理中越来越不适用。公众个性化和综合性需求的不断增长导致传统的自上而下的治理模式无法满足时代需要，这就需要政府将更多的主体聚集在一起，其通过对话、协商、沟通、合作等方式，共同参与社会事务，参与社会生活建设。作为乡村治理的新方式，积分制管理运行过程中，需要强调多元主体的参与，政府听取并吸纳他们的意见，通过沟通和协商达成共识。

在治理功能上，从追求政府协同统一的管控向引导群众发挥正能量转变，鼓励群众参与社会治理，激发群众的责任心与正义感。传统的乡村治理是行政式、命令式思维，往往更偏重结果治理，侧重于对失范行为进行约束。与之形成鲜明对比的是，积分制管理重在引导、激励和教化作用。一方面，积分制管理的内容彰显了“德治”色彩；另一方面，积分制管理强调对正向行为的鼓励。在志愿服务方面，对积极参与各类志愿活动的村民都给予加分，对参与矛盾纠纷调解、养老助残、爱心捐赠活动的也给予加分，对参与秸秆禁烧、森林防火、人居环境整治的村民也给予加分。此外，还会组织“平安家庭”“卫生家庭”“文明家庭”“爱心家庭”“治安积极分子”“好邻居”等评选活动。这些举措的目的在于发挥积分制管理的正向激励作用，凝聚正能量，引领新风尚。

第十七章　社会组织参与治理

第一节　案例介绍

治理理论强调治理主体的开放性和多元性，其中社会组织是国家大力提倡、基层政府积极培育的重要治理主体。在新型城镇化推进过程中，大量基层治理单元的整合改制客观上要求发展各类治理主体参与进来，从而缓解治理压力，完善治理体系，化解治理难题。

案例

2009年，重庆市L村依托成渝地区的统筹城乡发展政策，在重庆市人民政府的批准下，正式转变建制为社区。相较于一般的“村改居”社区，L社区在居住形态、居住情况、生产生活方式、土地状况等方面都体现出显著的乡村特点。因此，L社区“村改居”的转型中出现了一些新的治理难题，其中以“村改居”后的居民小区管理与社区老人的关怀照料问题最为突出。为了应对传统治理技术和基层公共服务的不足，L社区分别成立了居民小区业主委员会和社区老年人协会，通过建立自组织网络参与的形式应对治理难题，形成社会组织参与治理的局面。

（一）业主委员会参与公共治理

2013年，重庆市L社区在社区“两委”（指社区共产党员支部委员会和社区居民委员会）的倡议和号召下，L社区召开了小区住户召开全体会议，决定成立小区业主委员会来解决小区，主要为了解决环境卫生及其他日常治理问题。成立业主委员会的想法最初来源于社区王书记，王书记早年在外从商时创办过物业公司，对现代化物业服务比较了解，因此将这一服务形式引入社区。

在管理方面，业主委员会是在社区“两委”领导下的社会组织。业主委员会规定，凡属于移民小区内楼房的居民必须参加，共有300多户，其中本地移民占1/3，外来居民占2/3。业主委员会由主任、副主任（后面增设）和楼长组成。主任和副主任主要负责招聘招清洁工，以及监督和检查环境卫生，传达社区各种信息。此外，对于不交物业费的业主要做工作。楼长主要负责收取并上交物业费，配合防火防盗宣传，另外也可自愿参与小区做工作。楼长会议一年召开一两次，由业主委员会主任召集。居民对小区管理有意见可以找楼长、副主任、主任提意见，但不会找社区。社区书记提名楼长，在社区监督的情况下，本楼居民投票产生楼长，业主委员会的选举跟社区选举同步进行。

在运行方面，业主委员会接受社区居民委员会领导，按照“居民缴费+社区补贴”的方式运行。其中居民缴费部分根据业主委员会的规定，按照每户每年100元缴纳卫生管理费，出租房由承租人承担；门面店铺按照每年100元缴纳卫生管理费；长期不在社区居住的户主则按照每年50元缴纳卫生管理费，每栋楼设置楼栋长负责收取费用。社区对业主委员会的各项工作进行具体考核，例如卫生检查，了解保洁的工作状态，同时定期召开工作总结会，对业主委员会的各项工作提出建议。

（二）老年协会服务老年群体

2010年前后，L社区老年人协会从草创进入规范运作阶段。协会共有成员503人，全部来自本社区的各个居民小组，成员中年岁最高者超过百岁，最年轻者也有60多岁。老年人协会的组织架构沿袭了“居民小组”的结构，协会设会长1人，主要负责老年人协会活动的召集与协会账目；设出纳1人，负责管理老年人协会经费；其余的老年人协会骨干在各自的居民小组以“协会小组长”的身份组织、参与老年人活动。老年人协会的骨干由协会成员选举并经社区“两委”认可。老年协会场地由社区提供，水电费等由社区承担，另外社区还专门聘请一名管理人员负责打扫卫生，为老年人日常文体娱乐活动服务。在活动经费上，老年人协会采取了成员自筹和社区补贴相结合的方式，每个成员每年缴纳会费25元，一旦协会的活动经费出现缺口，则由社区进行补贴。老年人协会接受社区居民委员会领导，其活动场所由社区提供，经费由入会成员缴纳，不足部分由社区补贴。

在提供日常生活及娱乐服务外，老年人协会还在一定程度上发挥了社会照料的服务功能。一是在老年人过寿时，老年协会将为其送寿礼表达祝福；二是当老人生病时，老年协会派代表前去慰问探望，表达关切之意；三是当老人去世时，老年协会派人送上慰问金和花圈表示哀悼，同时安排协会成员前往参加葬礼。此外，如果某位老人与家中成员发生纠纷，会长将根据不同情况组织调解，例如教育老人家中晚辈要孝敬老人。一旦发生损害老人权益的情况，会长可以及时通知并督促社区干部及时处理，从协会组织层面保护老年人的合法权益。

第二节　现实背景

一、治理背景转型

在城镇化都背景下，人们的生产、生活方式发生了转变，社会组织体系、人居空间状态、公共管理服务随之产生了深刻变化。这一系列的变化要求基层社区的治理应在体制和机制层面回应城镇化带来的深刻影响，国家、市场和社会都在不同层面以特点方式影响和塑造基层社区的运作状况。具体而言，我国特有的政治经济体制确保了国家对于城镇化进程的主导，大量资源得以有计划有组织地调用，城镇化的发展目标能够在短时间内得到实现。这种推进方式虽然在发展初期有其相对优势，有效地提升了L社区及其周边地区的城镇化水平，尤其是使得土地、社保方面的城镇化快速完成。

与此同时，治理实践也随着城镇化快速推进向基层铺开，形成了“行政下沉”的治理背景。一方面，地方政府承担着统筹城乡发展、促进地方经济、完善公共服务等职能，多重政策目标的实现反过来也要求地方政府进一步将行政权力下沉。在“行政下沉”的趋势下，地方政府与村级组织、基层群众的联系日益密切，行政权力对于农村社区的影响日益加深。另一方面，群众的需求转变是农村社区转型的微观背景，随着社会经济的发展，基层群众的需求发生转变，除了提升物质生活水平之外，基层群众致力于从多方面改善生活水平、改变生活方式，群众需求的转变催生了多元化的利益诉求，进而影响基层社区的治理。

二、治理任务多样化

组织自治、协助行政是社区组织长期以来的主要任务。随着治理背景的转型，组织自治、协助行政的内容日益增加，社区组织的治理任务也日趋多样化，催生对社会组织参与的需要。

第一，农村社区的社区组织需要在更多方面来组织社会主体参与，尤其是提供公共服务方便群众生产生活方面。随着城镇化的推进以及基层群众需求的增加，既有的社区公共服务难以适应当下的服务需求，基层政府需要注重培育和发展社会组织来提升公共服务能力。第二，治理背景的转型为地方政府带来了大量的行政任务。两方面的原因使得基层政府不仅要将社区一级吸纳到行政实践中，还需要在此基础上进一步发展社会组织成为参与治理的重要主体。一方面因为地方政府，特别是处于行政体制末端的乡镇基层政府在人、财、物上难以应对大量的行政任务，需要将具体事务向下推进落实；另一方面的原因则是现代政府不仅需要吸纳社区组织，使之成为基层行政结构的代理人，还需要在基层以组织的形式充分发挥主体参与的自治效果。

三、新旧治理单元并存

家庭、亲族、行政村等是农村社区的传统治理单元，集体土地制度、家庭联产承包责任制、村民的血缘和地缘关系是传统治理单元得以存续和生效的社会基础。在统筹城乡政策的作用下，土地、人口等资源禀赋在城乡之间获得了强于以往的流动性，大量农村宅基地以“指标化”“货币化”的方式投入城市建设、公共基础设施建设中，“外出务工”也逐渐成为农民的主要收入来源，旧有治理单元的社区基础发生松动。土地利用方式的变化和农村人口的流出松动了旧有治理单元的社会基础，但旧有的部分治理习惯和基础依然具有效力。与此同时，伴随城镇化带来的“村改居”和人口流动又构成新治理单元形成的重要社会基础，由此呈现出新旧治理单元并存的治理格局。

治理背景、治理任务和治理单元三个方面的转变为传统农村社区的治理提出了挑战，从L社区的经验来看，这种挑战主要表现在以下几个方面：第一，总体性的组织技术难以应对分化的治理需求，基层群众的需求在城镇化的进程中呈现出分化趋势，然而社区层面却缺乏相应的组织基础和服务手段来满足日益分化的群众需求。第二，社区缺乏足够的人、财、物来开展自我服务。第三，社区自治在很大程度上能够影响政府对于地方社会的治理，社区层面公共服务供给能力的不足在很大程度上波及了政府职能的履行。在此背景下，在社区层面培育社会组织参与治理成为破解挑战的有效渠道。

第三节　一般模式

社会组织参与的模式有效回应了当前转型社区的治理难题。具体而言，社会组织的培育建立立足于具体的基层语境。从个案情况来看，新组织培育、党组织领导、能人参与和政府介入共同塑造了社会组织参与的一般模式。

一、社会组织的培育

治理的开展需要符合社区的基础结构，契合社区治理单元的社会组织解决了“谁来管”的问题。新设立的社会组织以满足治理的功能性需求为导向，其意义在于依据新的治理单元匹配新的行动单位。随着城镇化的推进，社区治理单元发生转型，旧有单元的治理作用逐渐降低，新生单元所带来的问题则日益凸显。在L社区的治理实践中，居民小组是传统治理的组织基础，无论是自治事务，还是协助行政，均以居民小组为单位展开，居民小组因此是当地社区最重要的治理单元，也是最主要的行动单位。然而，随着居民小区和以精神满足为需求的老人群体等治理单元的出现，传统以居民小组为基础的治理模式难以生效，致使社区“两委”对内难以管理小区和有效关怀社区老人，对外难以协助乡镇行政。

在城镇化的影响下，农村社区从封闭走向开放，原有的社区治理单元也产生变迁。L社区的居民小组作为重要的组织基础在传统的治理事务中依旧发挥重要作用，但新生治理单元却为其带来了新的挑战。新的治理单元建构了新的组织基础，使得社区的自治有了新的抓手和渠道，也为社区的内部治理从总体性治理向分类治理转变提供了可能。

二、党组织领导

党组织的领导是社会组织参与得以实现的重要前提，“两委”在社区组织实践中的地位与作用保障了社区治理的协调统一和持续可行。社区“两委”是社区培育社会组织的核心，为社会组织参与的实践提供了制度化的基础。该制度化基础主要源于三个方面。

第一，社区共产党员支部委员会在社区各项工作中居于核心地位。农村基层党组织与农民组织之间的关系的实质是政党与社会的关系。深入基层，走群众路线，在基层与人民群众之间建立起血肉联系，这一联系为执政党在基层社会获得了稳定的组织资源。从事实的角度看，农村基层党组织在国家政权建设和社会经济发展的过程中发挥了重要作用；从规范的角度看，农村基层党组织在农村各项工作中的领导核心地位由《中国共产党农村基层组织工作条例》和《村委会组织法》确立，基层党组织据此被赋予制度化的特征。

第二，社区居民委员会是实现社区自治的重要主体。社区居委会是自我管理、自我教育、自我服务的基层群众性自治组织。在L社区的治理中，社区“两委”的领导使得社区组建业主委员会和老年人协会等社会组织有了制度化基础，这一基础在提供制度保障的同时提升了社区治理的动员能力和权威性。

第三，社区“两委”与乡镇党委政府具有制度上的联系，乡镇党委政府和社区“两委”在治理的过程中能够实现资源交换，“两委”能够在社会组织参与治理的实践中获得更多的资源支持与权威保障。总而言之，党的基层组织嵌入基层社会，在社区治理网络的建构中发挥着“枢纽”作用。

三、社区能人参与

能人参与是社会组织参与治理得以开展的重要因素，能人是相关社会组织得以建立的重要基础之一。从L社区的社会组织参与实践来看，能人参与提升了社会组织扩大组织网络的动员能力，并带来了社会组织拓展网络所需要的信任与认同。

能人参与提高了社会组织扩大网络的动员能力。掌握优势资源的社会精英在集体决定和社区生活中具有较大的影响，任何社会组织的动员过程都是由单个人或一小群人动员一大群受众开始的，所以动员者及其特质以及动员过程就成为问题的关键，社区能人提升了社会组织的动员能力。第一，能人具有较广的人际网络，广泛的社会关系使其能够在治理中调动社区居民参与治理；第二，能人具有一定的权威性，社区干部、老党员等身份赋予了参与自组织管理的能人以相应的权威，有助于他们在自组织过程中获得社区居民的服从；第三，外来能人的参与降低了治理难度，城镇化打破了农村社区原有的封闭形态，具有良好组织沟通能力的外来住户参与社区的自组织过程，极大地提升了业主委员会对于外来住户的管理能力。

能人参与为社会组织的网络建构带来了信任与认同。格兰诺维特在对社会网络的研究中区分了“强连带—弱连带”，强连带是信任产生的主要根源，亲密与情感是强连带的重要标志，情感的依赖使双方保持善意的互动，增加相互间的信赖。[①]长期共同生活的记忆，以及日常熟人之间的亲密情感建立了能人与社区居民之间的相互信任，信任关系的建立和巩固为集体行动带来了认同上的一致，共识基础由此生成。例如老年人协会的会长自集体化时期就是村社干部，长期的情感积累和共同的生活经历让她颇受社区老人信任。对于外来能人而言，其所具备的区别于本地居民的优势素质为其带来了被信任的资本，例如优于社区居民的文化素质、良好的社会沟通能力等，这些素质为信任的产生奠定了基础。

四、政府介入

政府介入为社区培育社会组织提供了重要保障。社会组织的网络建构不仅需要非政府主体的参与，还需要政府的加入。

首先，社区治理存在政府介入的必要。从社区层面来看，基层政府是整个组

① ［美］马克·格兰诺维特：《镶嵌：社会网络与经济行动》，罗家德等译，社会科学文献出版社2007年版，第56—81页。

织网络中的一个治理主体，其存在和运作为社区的社会组织有效参与提供了行政资源和权威保障。但是从基层政府的角度去审视，政府还需要在治理的过程中完成行政执法、政策落实、公共服务供给等职责。

其次，当前的“乡—村”体制决定了政府与社区是彼此共生的关系。从自组织的实践来看，基层政府拥有相对充足的财政资源和行政权力，而社区则拥有灵活多变的治理技术和可供支配的组织资源，基层政府需要社区“两委”的协助，而社区“两委”对财政资源和公共服务的需求离不开基层政府的支持。在此意义上，“乡—村”体制影响了社区治理网络的建构。

最后，社区“两委”需要在治理过程中得到基层政府的赋权。基层政府与社区“两委”之间的密切联系使得“两委”在治理实践中被乡镇吸纳，强化了“两委”在社区之内的领导能力，因此可以说“两委”的权威既来自基层民主选举，又来自基层政府赋予。

五、社会组织参与治理的特点

（一）多元主体参与

转型社区的治理网络吸纳了多个治理主体，即基层政府、社区“两委”、社会组织共同参与转型社区的治理，并且承担了不同的角色。治理是较政府管理更为宽泛的术语，政府部门、私人部门和志愿部门被自组织网络吸纳，政府不再是唯一的治理主体，而是社会系统的众多行动者之一，政府、私人部门和志愿部门之间的责任界限相对模糊，其在服务功能上能够相互替代。L社区的公共服务供给依托于多元主体的共同参与，但是不同治理主体的作用却有明显的区别。

业主委员会和老年人协会是特定类型公共服务的供给者，其建立和运转体现了社区在特定公共服务上的自我满足，管理小区和组织老人活动是这两个社会组织的基本职责和日常工作。社区“两委”则在业主委员会和老年人协会的背后发挥着领导、支持的作用，这种作用体现在人事和经费两个方面：在人事方面，社区“两委”以推荐、认可的方式对管理人员结构进行控制，业主委员会主任、副主任由“两委”推荐，由全体住户选举，各栋楼由住户推荐管理人员，“两委”对其进行认可；社区老年人协会的组织骨干也采用会员选举、“两委”认可的办法，而参与管理的居民基本上都属于本社区的精英能人。在经费方面，由于市场化的物业服务和养老服务花费不菲，缺乏相应消费观念和经济基础的农村社区难以适应以营利为目的的市场化服务，业委会和老年人协会所收取的低廉费用只能维持组织的基本运转，这就决定了社区需要以“输血”的方式来培育业主委员会和老年人协会。基层政府的作用则在于为自组织网络提供必要的资源，L社区的集体资产有限，限制了社区的行动能力，从集体资产构成来看，L社区的集体资产包括两类：第一是固定资产，主要是社区“两委”的办公楼，部分楼层虽然用于出租，但是所能够获得的租金有限；第二是居民小组的现金资产，这部分资金主要来源于库区移民和失地农民的土地补偿款，只有部分居民小组拥有该类集体资产。集体资产的不足和分布不均降低了社区独自开展公共服务的能力，基层政府对于社区的“资源输送”弥补了社区的不足。

（二）多重目标并存

参与社区治理的多元主体虽然具备了共同的目标，但是不同的主体也都秉持各自的目的。换言之，社区治理的实践既要服务于共同的治理目标，又要满足于治理主体各自的诉求。社区“两委”是传统的村治主体，其在自组织网络的运行中具有双重目的：第一，为社区居民提供公共服务，方便居民的生产生活，“两委”牵头成立社会组织的目的在于应对新的治理问题，完善公共服务的自我供给；第二，协助乡镇的行政管理，基层政府负责执行国家法律与上级政策，并按照其职能向基层社会投放公共服务，“两委”参与基层政府的“中心工作”不仅能够帮助基层政府履行其职能，还能够获得基层政府在资源和政策上的倾斜。相应地，参与社区自组织网络中的基层政府领导社区“两委”参与乡镇工作，以深入基层社会。两个社会组织在“两委”和基层政府的帮助下开展公共服务的自组织供给，并实现了社区的公共利益。但需要注意的是，两个社会组织所代表的是内容、形式截然不同的公共利益，这在一定程度上说明了社区居民的利益开始出现分化，不同群体的居民对于社区自组织所抱有的预期是不同的，其在治理中所追求的目标也出现差别。

（三）资源“交换”

L社区通过设立自组织网络的形式来完善公共服务的供给，多元治理主体之间的合作是公共服务供给得以实现的基础，而不同主体之间的资源“交换”保证了合作的实现。

社区“两委”与基层政府为社区治理带来了大量的资源，政府也在交互的过程中获得了基层社会的组织资源。首先，基层政府通过项目制的方式，申请市级财政的项目资金十万元，在社区建设养老基础设施“老年人活动中心”。其次，基层政府以下拨文化建设资金的名义拨款至社区“两委”，再由“两委”通过老年人协会开展老人活动。最后，基层政府为社区老人的文体活动输送文化资源，为了能够提高社区老人的活动水平，基层政府派遣专人对老年人协会组织的广场舞活动进行业务指导。基层政府在行政的过程中获得了社区的鼎力支持，“两委”干部、业主委员会成员均参与“生态文明示范镇”的创建。“两委”之所以吸纳精英能人参与社区的治理，很重要的一个原因就是要借助能人所具有的素质、才能、社会关系、威望来实现治理。除了社会组织的骨干之外，领导社区治理的王书记也是当地有名的能人。能人的加入提升了社区的治理能力，而他们在治理的过程中也获得了经济、声望上的回报。

（四）多种手段并用

多种手段并用是自组织网络实现其治理目标的重要保证。治理既包括政府机制，同时也包含非正式、非政府的机制，公民不尽相同的喜好通过治理所涉及的内容和手段体现在政治选择和政治措施当中。尽管治理的诞生是为了应对国家失效和市场失效，但是其并不排斥国家的强制行为和市场行为，依据目标选择治理手段成为自组织网络的重要特征。从L社区的治理实践来看，自组织的手段包括行政手段、市场手段和社区习惯。

行政手段主要通过基层政府来实施，例如政府通过执法来对居民小区周边的占道行为进行整治，为居民小区提供了良好的周边环境。市场行为主要表现在小区的管理当中。尽管L社区在引入物业服务时对服务机制进行了简化和改良，但是住户与作为服务提供者的业主委员会之间依旧通过契约行为相联系。作为传统的治理手段，社区习惯在当前的社区治理中发挥作用，其中的典型代表就是“面子”。

社区习惯在当前仍旧具有良好的治理效果，但也表现出了明显的局限性，如何在农村社区变迁的过程中适用传统习惯，是社会组织参与必须要面对的问题。L社区两个社会组织的参与实践符合普遍意义上的“治理”特征，但是值得关注的是，转型社区的治理网络并没有像西方治理理论所假设的那样建立在市民社会的基础之上，而是发生在城镇化进程中的乡土社会，这为进一步探索中国式现代化的治理网络建设提供了一个简要的方向，即在具体的、历史的条件下，转型社区的社会组织参与是如何运行的。

第四节　运作机制

社会组织有效参与治理的实践经验，不仅建立在完善有效的运行模式上，同时也离不开一些必要的机制支撑。总的来看，契约机制、情面机制、互惠机制在社会层面支撑了社会组织参与治理的日常实践，行政包干制反映了国家对社会组织参与的重要支持。

一、契约机制

契约机制主要用于业主委员会的运作中。业主委员会将现代化的治理手段带入转型社区的居住管理，物业服务所具有的契约机制成为社区自组织的运作机制之一。在业主委员会对小区的管理当中，契约机制主要发生在三个环节：资金筹措、服务提供和管理激励。

首先，业主委员会通过向住户征收物业费来筹措管理费用。按照住户间的约定，每套住房每年需要缴纳费用100元，租赁的房屋由租户缴纳费用，为了照顾居民外出务工而难以享受小区环卫服务的现实，外出务工住户每套房屋每年只需要缴纳费用50元。不同的收费规则共同体现了住户权利和义务的平衡，突出了乡土社会朴素的“公平”观念，客观上降低了业主委员会的管理难度。此外，通过缴纳物业费，住户与小区管理之间的联系日益紧密，小区的自我管理获得可持续性。其次，业主委员会通过聘用保洁人员来管理小区环境卫生。业主委员会以每人每月900元的工资雇用两名保洁人员开展环卫工作，工作内容包括清扫小区道路、处理小区垃圾。业委会对保洁人员的工作进行监督，并处理住户的环卫投诉。最后，业主委员会通过向管理人员支付报酬的方式实现管理激励。小区住户所推荐的楼长负责收取物业费。业主委员会规定楼长可从所收取的物业费中提取10%作为服务报酬。一位楼长认为自己所能获得的报酬其实不多，参与管理的目的也不是获得报酬，但是能够从自己的服务行为中获得物质激励还是能够提高自己参与小区管理的积极性。

值得注意的是，业主委员会结合社区居民的消费观念和经济水平对物业服务进行创新，使其区别于市场化的物业服务。第一，居民小区的物业服务不以营利为目的，而是追求住户的公共利益，这就使得物业服务的费用较为低廉，按照当前的收费水平和小区的住宅面积计算，每平方米住房所负担的费用每月不到一元。第二，小区的物业服务通过简化组织的方式降低了运作成本，小区的管理并未区分业主委员会和物业服务机构，而是将两者合一，业主委员会既是小区事务的决策者，又是物业服务的提供者，此举在减少了管理环节的同时也减轻了住户的负担。

二、情面机制

契约机制并不能完全替代传统的社区治理机制，事实上在社区治理的不少环节，传统的治理机制仍旧发挥着重要作用。转型的农村社区保留了明显的熟人社会特征，社区居民之间的亲密关系要求居民遵循情面原则，即居民的交往互动必须讲人情、顾面子。作为传统的治理机制，情面在业主委员会和老年人协会的运作中发挥着重要的作用。

情面为小区的管理提供了乡土性的社会规范。物业费用的征收虽然有着现代化的契约基础，但是其在行为规范意义上的作用有限，情面的存在使得业主委员会的征收行为有了规范基础。基于情面原则，小区住户能够在心理层面服从业主委员会的管理，并逐渐为日后的物业管理建立共识。情面机制的另一个作用是为维护社区情感提供纽带，业主委员会在“拔钉子”问题上的踟蹰虽然降低了小区的管理效率，但是从更深的层面来看，讲情面、不走极端的做法维护了社区居民之间的亲密关系。从此角度来看，情面机制为关系社会的存续提供了伦理基础。

情面原则在老年人协会的运作中呈现出另外一种形态。情面兼具了“人情”的三种不同含义：第一是人在不同生活境遇下可能产生的情绪反觉；第二是人与人之间的资源馈赠；第三则是人与人之间相处的社会规范。老年人协会的情面运作首先表现在特定时日的礼品慰问，老年人协会会在春节、中秋和老人生病的时候对其进行探望慰问，以使老人在特定的情境中获得关怀感；老年人协会的情面运作其次表现为对老人生日、葬礼的参与，具有社区规范的特征，老年人协会以组织的名义参与老人的寿辰与葬礼，通过出“份子”、帮忙料理等形式表达对老人或家属的关怀，该举措不仅符合社区的传统习俗，还使得老人对社区生活抱有较高的精神预期。

三、互惠机制

熟人社会的另一个人际关系基本原则是互惠原则。以“人情”为核心的熟人社会秩序机制使乡土社会的人际交往牵涉经济和社会文化意义上的“亏欠”。“亏欠”产生了经济和社会文化意义上的交换，互惠原则是这种社会交换的表现形式之一。通过互惠机制，社区居民在人际交往的过程中完成了相互之间情感、情面和生活预期的再生产。

互惠机制在业主委员会的运作中表现为物业管理方式的变通，例如关于住户自办酒席所产生的环境污染的治理。在传统的村居方式中，家庭院落或者乡村公共场地为村民自办酒席提供了场所，而“农民上楼”之后，酒宴的场地成了问题。为了降低宴席成本，提高“人情”收入，小区住户将小区空地和道路作为酒席场地，后来甚至小区之外的居民也选择到小区里自办酒席，由此产生了大量的生活垃圾。从业主委员会的角度出发，禁止居民自办酒席是难以做到的，一方面是因为自办酒席符合社区的传统习俗，禁止办酒席极易伤害住户和社区居民的情面，不仅对管理无益，而且容易引发纠纷和对立；另一方面，业主委员会的成员也是小区住户，也会面临着同样的问题，禁止自办酒席将使得业主委员会成员自身被社区的传统秩序排斥，降低管理人员的社区关联，甚至损及自身在社区的名誉。为了应对这一两难局面，业主委员会采用折中方案：自办酒席的小区住户负责清理酒席产生的所有垃圾，业主委员会负责监督；小区之外的居民来办酒席需要向业主委员会缴纳200元的场地费，并且需要按照业主委员会的要求清理置办酒席所产生的垃圾。互相给予便利的交往模式降低了矛盾纠纷的发生概率，同时也为社区生活中的日常往来保留了空间。

四、行政包干机制

社区治理存在政府介入的必要，但政府机制难以完全在社区层面发挥作用，社会组织参与的实践路径为政府介入提供了新抓手。从L社区的具体实践来看，行政包干不仅能够完成基层政府的工作，还能对社区带来物质激励。

“行政包干”之所以能够介入社区治理，首先在于“行政包干”具有较强的灵活性。“行政包干”将治理的末端环节“外部化”，通过社区“两委”和社会组织来完成复杂的行政任务，此时治理进入“简约治理”的路径，包括非正式权威、非正式规范在内的多种治理资源得到综合运用，从而增加了治理的灵活性和效果。同时，“行政包干”具有较强的激励性。社区“两委”的日常运转和公共基础设施建设依赖于国家的资源输入，基层政府通过将“包干”事务与资源投放相结合的方式刺激社区完成“包干”事务，待“包干”事务完成之后，基层政府再依据完成情况对社区“两委”进行考核评价，以此来决定资源的投放。

社区“两委”对基层政府工作的配合与协助既是义务使然，也是激励所致。区别于社区“两委”在乡镇工作中所受到的直接激励，业主委员会和老年人协会以间接的方式受到激励。社会组织做好相应的“包干”工作能够让社区“两委”在基层政府的中心工作中获得不少加分，使社区“两委”在资源上能够获得基层政府更多的支持。能否办好事情的并不在于政府下命令或运用其权威，而是如何动用新的工具和技术来控制和指引。无论从基层政府，还是从社区的角度来看，转型社区的治理都存在着政府介入的必要性，关键是在于通过何种方式使得政府机制符合社区治理转型的需要。从案例经验来看，“行政包干”在很大程度上体现了政府与社会组织间的相互依赖和资源交换，体现出合作治理的特征。

第五节 理论延伸

社会治理强调的是在治理方式上，政府、市场和社会各主体之间互相依赖、互为补充，因而各主体之间应通过平等协商与合作进行协调。简单来说，就是官民共治，本质上是多元主体共治。以城乡二元结构为划分标准，学界从社会治理角度对民间组织功能的研究，可以分为对农村民间组织在乡村治理中的研究和对城市社区民间组织在社区治理中的研究。总体来说，无论是农村社会组织还是社区社会组织，治理视角的组织功能分析关注的都是民间组织的社会自治功能。

自治理论被引入国内之后，针对其“中国适用性”的探讨一直持续，其间众多学者对其进行了广泛而深入的研究。相关理论研究多集中于宏观的话语层面，试图通过建设“本土性”的话语体系来说明理论的适用性。该类研究虽然取得了丰硕的理论成果，却难以在研究视角上规避“治理”概念的模糊性。王绍光即明确指出“治理”得以大行其道的原因是基本概念不清，空有新自由主义的主张却缺乏实证性根基，是一个“空洞的能指”①。概念的含糊不清限制了理论的解释力，也为适应性的讨论带来了困难。以社会自组织网络为视角切入点探讨“治理”的适用性问题，既有理论研究大致可以区分为以下两种进路。

第一，从国家与社会关系的角度来探讨基层社区的社会自组织问题。该类研究在立场上有所分化，其中部分观点认为国家、政府的放权有利于基层社会的自组织，比如行政放权、市场化过程中的理性社会和农民自我组织、农村公民社会有助于村级自治的开展。另一类观点则认为国家与社会的合作有利于自组织的发展。具体而言，国家的政治思想、法律思想等意识形态作为社会自组织的重要组成部分，在实践过程中要充分贯彻党的工作路线，塑造新型“政社关系”。同时，自治的发展离不开国家的有效介入。

第二，以社会自组织能力为对象，并针对社会自组织的能力提升做出回应。

① 王绍光:《治理研究：正本清源》,《开放时代》2018年第2期。

在能力提升方面，健全社会组织、扩大群众有序而自主的参与是推进社会自组织能力的基本方向。专业化的社会工作介入，纠正政府作用失当，坚持政府合理定位，社会自组织与他组织相结合是提升自组织能力的重要途径。在针对农民自组织能力的研究中，自组织文化、创新模式以及自组织的内部管理被认为是衡量农民的自组织能力的重要内容。此外血缘关系、地缘关系、情感、共同利益是农民自组织能力强弱的关键要素。从制度层面来看，农民组织能力的发展还受到参与制度的制约，制度供给与运行的效果直接决定着农民的自组织能力的实践效能。

总的来看，针对自组织的研究是探讨“治理”中国适用性的重要进路。将自组织问题放在“国家—社会”关系下进行分析是研究的主流，“治理”理论强调“去中心化”，政府只是社会系统的行动者之一，社会自组织相对于国家而言保留有一定的自主性，强调国家放权的社会自组织研究虽然突出了“治理”的“去中心化”观点，但是其将“国家—社会”置于二元对立的理论假设忽视了国家、政府在基层治理中的重要作用，难以贴合当前的治理实践。主张国家与社会合作的自组织研究弥补了前述研究的不足，既能够兼顾复杂的治理实践，又能够扣紧治理中协商、合作的理论要点。以社会自组织能力为对象的研究，最初以社会自组织内部要素探讨为主，在此基础上逐渐转向对外部结构的认识，社会自组织的社会基础、制度背景成为重要的分析要素。

第十八章　社会组织参与文化建设

第一节　案例介绍

在经济发达的温州农村，几乎村村都有老年人协会。老年人协会不仅从事经营性的行业，而且为老年人提供了交往空间，维护了老年人的正当权益，从而提高了老年人在农村社会中的地位。中西部地区农村传统民间资源较匮乏，老年人参与经营事业的机会很少，一方面老年人占比高，另一方面村中缺少民间组织且村庄经济不发达。基于此，在这样的中西部地区农村老年人协会能否成功建立，有学者提出疑问。

案例

被列为观察对象的4个老年人协会分别创建于中部地区农村的4个普通村庄，均持续运转15年以上。4个村庄的老年人在其所属村庄中所占比例都较大。以GQ村为例，截止到2017年10月，该村共有2880人，60岁以上的老年人有573人，老龄化率为19.8%。其中60—69岁的318人，70—79岁的194人，80—89岁的58人，90岁以上的3人。老龄化率高是4个村庄的普遍特征。

在成立老年人协会之前，四村的老年人与中国大部分农村地区的老年人一样，忙碌于田间地头。他们一方面要辛勤耕作外出务工子女的农地，抚养留守在家的孙辈，另一方面还要为自己的年老生活多积蓄。他们似乎没有时间享受闲暇生活，也没有享受闲暇生活的去处。但从4个村庄的案例来看，老年人协会自成立后运转良好，已经成为村庄中的日常组织，真正融入村庄的社会网络和文化传统，成为村庄秩序和文化传统的守护者和担纲者。

在实践中，为更适应村庄生活，4个老年人协会情况略有差异，具体组织构成并不完全相同，管理方式也同中有异，活动开展具也各具特点，自主性颇强。4个老年人协会基本信息如表18-1所示。

表18-1 老年人协会基本情况表

协会所在村庄	YCH村	XH村	HJ村	GQ村
协会规模	200余人	181人	263人	400余人
组织结构	1名会长，4—5名副会长，1—2名顾问；每个村民组安排1—2名理事会成员			
值班制度	固定1人值班，吃住在协会	白天理事会成员轮流值班1人/天，夜间固定1人值班	固定1人值班，吃住在协会	白天理事会成员轮流值班1人/周；夜间固定1人值班
日常活动	各类文艺活动，健身活动，打牌，下棋，看碟（尤其是地方戏曲），聊天等			
重要活动	给老人贺寿；悼唁过世老人；看望重病和残疾老人；组织重阳节大型庆典活动			
经费来源	研究机构资助与政府资助相结合，其他的经济来源不稳定，依靠个人自愿捐助			

后文从组织架构、日常运作以及重大活动的开展详细介绍老年人协会的基本情况。

（一）组织架构

在多年的发展过程中，老年人协会已形成一套自我完善并渐趋成熟的组织架构和组织原则。协会均以村为基本单位进行活动管理，由民主选举的理事会为日常管理机构，理事会由会长、副会长、常务理事、顾问组成。其组织原则一是全村年龄在60岁以上的老年人都是协会成员；二是由全村老年人选举产生协会理事会，理事会成员约20人；三是由理事会推选产生1名会长、4名副会长，其中至少1名为妇女；四是实行民主管理和民主决策。

以上组织架构和原则带来的组织特征之一是形成了一个高效的组织网络。有的理事会成员的选定特别考虑到有些农村居住分散，以及生产小组作为一个熟人单位的特性，每个村民小组均有人选。另有协会则专门配备信息员，负责村庄内本小组的信息沟通。如此一来，理事会成员就具有广泛的代表性，并由此形成一个及时发现老年人问题和解决老年人问题的网络组织。每位理事在其所属的小组成为联系员，负责摸清本小组内老年人的生活状况，负责信息的上传下达。因为他更熟悉本小组内的情况，比如小组内老年人去世、过寿或者生活遇到难题等，协会可以迅捷地了解到情况，同时协会也可以将各种信息及时传达给每位成员，因为他们"挨家挨户通知，从不搞漏掉"。"跑跑腿，对身体也好，在本小组内路程通常不会太远。"设置这位理事后，协会也省去了专人通知的电话费。

特征之二，是领导班子的成员通常由主要积极分子构成，这样极易形成一个凝聚力极强的核心领导班子。班子成员通常由村中70岁左右的老年人组成，他们或者当过主要村干部，或者文化程度比较高，或者善于出主意，或者子女在外工作。因为核心领导班子的存在，以及他们热烈希望老年人活动中心办下去的热情，老年人协会会想出很多办法来吸引村中老年人，并竭尽全力将老年人协会办成老年人的中心。

（二）规章制度

作为一种组织形式，老年协会的常态化运转有匹配有相应的规章制度。不同于宽泛的、一般化的老年协会章程，四村老年协会在实践中探索出一套嵌入本地的制度设置。

老年协会有一套严格而又灵活具体的制度，分别对应资金使用、组织者的职权责任关系和全体老年人的权利义务关系。其一，针对资金使用，老年协会制定了《资金使用制度》，对资金使用的原则、目标和流程进行了规定，并辅之相应的组织角色安排，比如会计和出纳必须由两个人担任。同时，老年协会的收支都会面向全村公开，受到村民的监督，以此避免资金的浪费和不公正使用。[①]其二，

---

① 如XH村老年人协会的财务制度：（1）理事会成员必须遵守财务制度，任何人不得随便动用协会资金；（2）账目、现金分人管理，各负其责，严格把关；（3）100元以内开支须经会长批准，100—500元的开支须经会长、副会长集体研究决定，500元以上开支须经全体理事会研究决定；（4）外出购买，一般不得少于2人，不得报销任何客餐，发票应由经办人、会长签字才能报销；（5）协会的收入、开支必须在3天内结算；（6）财经管理人员应一月一查账，并及时公布，年终结算须经老年代表会议审查并向社会张榜公布。

针对组织者的职权责任关系，老年协会的核心组织成员作为老年人的整体利益代表，具有统筹资金使用和组织安排活动的权利，与此同时也承担着相应的组织责任，需要为其承担的具体分工角色负责。比如负责文艺活动表演的副会长及文艺队成员能够使用表演服装和道具，但是同时需要保证表演节目的质量，在重大节日期间为全村老年人义务表演。其三，针对参与活动全体成员，老年协会为其明确了基本的权利义务内容，特别是对于公共的活动场地，老年人作为成员自然享有平等使用的权利，但也应承担对公共活动场地的维护责任。此外，由于身体机能下降、生病等情况，老年人可能在活动中出现摔倒等安全风险，为了避免可能的矛盾纠纷，有老年协会拟定安全告知专栏，要求老年人“根据自身的身体情况量力而行参加活动”。

4个村庄在具体制度安排上还有在地化的细微差异。比如在具体的值班制度上，值班人员需要少量的“工资”激励与整段的空闲安排，因此协会都会根据村庄内部是否有适合的人选和协会资金安排情况来确定是否固定白天和夜间值班人员。再如，规章制度虽然明确了协会活动中心日间关门时间，考虑到多数老年人有晨起忙整理、夜间做晚饭的安排，以及冬夏白天时长具有差异性，4个村庄的老年人协会都会定期调整活动中心的开门、关门时间。比如GQ村老年人协会活动室选择从早上8:30到下午4:00开放。

（三）组织活动

老年人协会的日常活动丰富多彩。一类是日常消遣，比如玩纸牌、下棋、打麻将、健身、聊天等，形式多样。老人们喜欢齐聚一堂观看“老戏”——花鼓戏、楚剧、黄梅戏以及故事片等，边看边评论，一些老人会给理解得稍慢的同伴讲解。YCH村老年人协会有一位老人几近失明，每天也去协会“听”电视。另有一位老人行动迟缓，但是风雨无阻，定时定点去协会活动中心店“报到”，有村民称这位老人会像定了闹钟一样每天准时出现在去协会的路上。

老年人协会还有固定的文艺活动表演可供欣赏。4个老年人协会都有自己专属的文艺表演队表演腰鼓、秧歌等节目。文艺队的活动也会充分照顾老年人的需求，比如因爱好和身体健康状况限制，HJ村文艺队很少有老年人参加，HJ村老年人协会因此规定，“逢十”的日子，文艺队在活动中心为老年人专场表演舞蹈（也是日常的训练）。

其他协会还会有特色活动安排。HJ村老年人协会邀请村里一位退休政治老师定期开会讲时事。这个协会的前厅写有几个硕大的红字——老有所学。老人们在访谈中还表示，期盼着能有人来宣讲健康常识、科技常识等，认为“多学点，脑筋才不会坏掉”！

在上述日常活动之外，4个协会每年均有一些常规的重大活动。

一是重阳节庆祝大会。每年重阳节的庆祝大典，各协会均会表演自编自演的各类文艺节目。在表演节目、展示老人风采之外，协会为达到年龄的老年人发放纪念品。纪念品通常是实惠的小物品，比如毛巾、香皂、罐头之类，但是老人们很珍惜和看重这份纪念品，认为“东西小，意义大”，“这肥皂自己也不是买不起，但它意义重大，是组织关心我们”。

二是给同村老人贺寿。在四村，协会都按照自定的标准，给达到年龄的寿星送对联、贺匾等，各村贺礼价值标准和形式均不等。如果事主家有“想热闹”的邀请，协会会组织腰鼓队前去表演节目。

三是悼唁过世的老人。“老协成立就是为了老年人”，村中老年人去世后，老年人协会派会长和至少1名理事会成员前去悼念。所送物品通常为花圈、鞭炮等，虽然价格不高，村庄中的老人们却很看重。此外，因为协会前去悼念，老人的家人也会认真对待老人的丧葬事宜，“不敢马虎了事”。

四是不定期看望重病和生活困难的老年人。这不仅给病重老人以温暖，也给终究会年老的旁观者以温暖的希望。

五是春节期间开展舞狮会、踩采莲船等大型娱乐活动。

在上述这些活动之外，四村老年人协会还开展有其他特色活动。比如YCH村老年人协会曾组织全村老人展开大型的清洁活动，将全村的街道前前后后打扫一遍，此举对村民提高环保意识颇有促进作用。

4个村庄的老年人协会成立至今均已近20年，依赖于一套成熟的组织架构，灵活又严格的规章制度，以及丰富的活动安排，成为当地乡村社会中不可忽视的社会组织。

第二节　内在机制

4个村庄的老年人协会自建立之后都处于稳定的良性运转中。广大中西部地区农村多数并无内生资源，人口结构逐渐老化，老年人地位又普遍不高，老年人协会作为村庄中内生的社会组织如何能够良性运转？目前来看，4个村庄的老年人协会在运转中有一些共同之处。

一、持续的资金输入

在大部分中西部地区农村，村庄内生资源较为匮乏，村集体基本没有收入来源，村庄社会内部缺乏推动老年人协会建设的动力，老年人协会建设因而需要一定的外部资源或外部力量撬动。

由外部资源促进内部发展是中西部资源匮乏地区老年人协会发展的必由之路。四村的老年人协会在建立之初均采取的资金外部输入的方式。比如GQ村老年协会成立之初，村中没有可供老年人活动的公共场地，而若要新建则需要花费大量的资金。在此情况下，作为发起人的外出精英提议捐助一定数额的资金。同时，有村民提出村庄中有闲置房屋，可以利用起来。于是，通过熟人给这家房屋主人做工作，老年协会低偿获得了房屋的使用权。最终，发起人捐助的资金用于对该房屋的重新装修和基础硬件配备，以较少的资金投入解决了老年人活动场地的问题。

在解决了活动场地的问题之后，老年协会自组织要维持日常运转，还需要一定的资金投入。对此，先是协会发起人每年提供5000—10000元的经费支持，这笔资金虽然不多，但是足以维持老年协会的日常运转。根据估算，老年协会每年常态化开支不超过1万元，主要包括活动场地维护、组织文艺活动和慰问困难老人等。

老年人协会的成功在于以农民的组织化形态承接外部注入的资源，从而激活了村庄的内生力量。在发起人的带动下，村庄内外的其他主体也相继参与进来，对老年协会的运转起到了必要的资源补充作用。老年人协会的正能量辐射到村庄内部的其他群体，在村庄内部形成积极的氛围，使中青年人对未来的老年生活有了预期。随着老年人协会在村庄社会的影响越来越大，中青年也被老年人协会吸引；在老年人协会举办庆祝活动时，在村的中青年都会前来捧场。同时，一些外出务工的中青年认为老年人协会搞得很不错，打工回来后自发向老年人协会捐款，表示一点心意。比如，2017年底，GQ村外出务工的中青年就向该村老年人协会捐款3000多元，并且和老年人一起举办了春节联欢活动。另外，本地有爱心的经济精英和企业听闻老年协会的创建，想给村里作贡献，也会不定期捐助资金和物资。目前地方省市县级老年协会作为上级管理部门也会给予一定的资金奖励。这些补充性资金被用于日常稳定开支之外的大型活动组织等特定情况。

可以看到，老年协会的自组织离不开外部资源的输入，但是外部资源的输入没有变成单向度、无限的责任替代，甚至成为“等靠要”的对象，而是以“输入”手段实现了“激活”村庄内外资源的目的。

二、自主的运作方式

老年协会作为乡村中的自组织有着自主的运作方式。它与基层社会最重要和最敏感的关系体现在与村委会的互动中。老年人协会是属于老年人自己的一级组织，在力争独立自主运转的同时，必然与村基层组织产生微妙的互动。一方面双方“谁也离不开谁的支持”。老人通常渴望来自政府的支持，“当然希望政府关心自己”，也需要作为政府基层代表的村委为协会提供“象征意义”支持。比如重阳节的大会上，村干部会出现在现场，老年人协会成员认为这种在场即是对协会老年人的一种关怀；协会也在自身发展中积极给村基层政府工作以支持（后文将会详述）。另一方面，这些互动均以协会可以抗拒不当干预为前提。对于村委插手财政管理等，老年人协会坚持独立立场，这对自身的发展至关重要。访谈中XH村书记表示说自己为协会班子的团结所折服，老年协会的重大事情由理事会自主决定，协会需要时他积极支持。

从老年人协会实践经验来看，建立老年人协会关键要具备三个基本条件：一是有一个为多数人认可的组织制度，二是有一个固定的活动场所，三是有一笔稳定的活动经费。在此基础上，4个协会都秉持了让老年人们自己去发挥、去创造的自主运转的原则。

三、多重的动员机制

建设老年人协会既需要核心组织者，又需要积极参与者，同时也需要普通参与者来捧场。不同类别的老人对老年人协会的态度和积极性有所不同，因此协会运作过程中采取多重动员机制，尽可能多地将村庄中的老年人吸纳进老年人协会。

以GQ村老年人协会为例，其对老年人的具体动员过程如下：首先，充分动员村庄中"负担不重的人"作为老年人协会的组织者和骨干力量。这部分老人通常自身经济状况相对宽裕，日常闲暇时间较多且自由，是村庄中有能力的"闲人"，是"精英式"人物。这样的老年人在意家庭之外的村庄舞台，愿意在村庄内发光发热，换取良好的社会声誉。其次，动员老年人中的各类积极分子参与老年人协会的活动，尤其是那些具有一定文艺才能的文艺爱好者。这不仅为他们的才能提供表现平台，还有利于充分发挥他们的带动作用和示范效应。最后，老年人协会通过开展各项活动，如庆祝重阳节、庆祝春节等活动，实现对村庄老年人的整体动员。老人们通过参与各种活动找到对协会的归属感，并因此愿意用积极参与活动的方式来反哺和强化这份归属感。

在此意义上，乡村管理与建设不是简单地向农民分配资源和发福利，而是要通过资源的注入形成农民的组织能力，用较少的投入动员更多的人，最终塑造人们的组织认同感。

四、明确的文化导向

老年人协会在成立之初就确定以文化建设为导向，追求"低消费、高福利"的建设模式。从文化领域开展合作进入的成本最低，且作为当前留守农村的主体，老年人虽然不具有经济上的生产性，却具有很高的文化上的生产性。

四村老年人协会的文化建设通常包括两个层次。第一，通过开展具体的文化活动提高老年人的精神福利。四村老年人协会的特色都是将老年人组织起来搞文艺活动。农村中很多老人具有文艺才能，并且也有表演的欲望，只是没有表现的机会和空间。老年人协会为老人提供了一个相互交流的公共空间。他们在老年人活动室可以唱歌、跳舞、说快板、打腰鼓、唱戏等，没有文艺才能的老年人可以坐在旁边观看，在说说笑笑中一天的时间很快就过去了。GQ村老年人协会活动室平均每天有三四十人来玩，农闲季节甚至每天有六七十人。很多老人感慨，到老年人协会玩时"觉得时间过得特别快"，而一个人在家则是"数着时间过日子、很苦闷"。每年庆祝重阳节的活动，都是老年人"自编自导自演"，节目丰富多彩，可以连续演两三个小时。老年人协会极大地丰富了老年人的精神文化需求，并赋予他们的生活以价值感和意义感。

第二，老年人协会以文化建设为载体引导和教育农民，维持村庄社会以及家庭内部的基本秩序。协会通过评选好媳妇、好婆婆，以及介入农民家庭纠纷调解等方式，对村民进行教育和引导，在村庄中发挥着净化社会风气和弘扬传统文化的作用：一方面，老年人协会可以直接介入村民家庭矛盾的调解；另一方面，通过表彰孝行，在村庄中起到引导作用，最终弘扬尊老、敬老的文化传统。

第三节　治理意义

一、基层社会治理背景

当前，农村青壮年外出迁移、老年留守乡村已成为常态。党的二十大提出"全面推进乡村振兴。全面建设社会主义现代化国家，最艰巨最繁重的任务仍然在农村。坚持农业农村优先发展，坚持城乡融合发展，畅通城乡要素流动。加快建设农业强国，扎实推动乡村产业、人才、文化、生态、组织振兴"。然而，截至2020年，全国"七普"数据显示，中国乡村老年人口系数和老龄化总体水平已经达到23.81%和17.72%，远远超过老年型社会老年人口在总人口中的比重，中国农村人口老龄化呈现出深度化趋势。

回应日趋庞大的老年群体需求，发挥留守老人作用，建设老年协会，是新形势下做好群众工作，创新农村社区治理的有益探索和理性思考。从空间上看，老龄化已经成为中国农村地区相对普遍的人口变化趋势，呈现出由东部沿海—中部—西部内陆的递进规律。与此同时，在发达地区农村，作为民间组织的老年人协会迅猛发展，并在和谐社会建设、乡土文化建设，甚至经济建设中，扮演着日益突出的角色。以江汉平原为代表的中部地区农村情况则有较大不同：一方面，因为经济状况的相对落后，子代进城及向上流动的压力对老人的养老资源进行挤压，老年人的生存处境堪忧；另一方面，该地区属于“原子化”地区，宗族传统的弱化消解了老年人的传统权威力量，敬老、养老文化在市场经济的冲击下瓦解。在老龄化程度更高、老年人处境相对更困难的中部地区建立老年人协会，相对于浙江、福建等地区的老年人协会，在基层治理工作中具有不同意义。

二、老年人协会的治理意义

伴随着中国快速的城市化推进，大量农村人口离开乡村社会，进入城市工作和生活，导致乡村社会活力衰退。在城市化过程中维持乡村社会的基本秩序，让基层社会的治理达致善治，无疑具有重要的战略价值。城市化吸纳了乡村大量的中青年劳动力，老年人成为当前乡村社会身体在场的大多数人，这更需要深入认识老年人协会所拥有的力量。

（一）引导村庄舆论，改善家庭代际关系

老年人协会在村庄中的出现，在维护老年人应有利益的同时，极大程度地改善了家庭内部的代际关系。代际关系的好转是因为老年人协会营造的舆论氛围，制约了年轻人的乖戾之气。

在村庄中，协会是“政府关心老年人”的标志，因为有了这一级老年人自己的组织，家庭冲突中年轻人行事时就有了无形的压力。在村一级建立老年人协会，不仅在形式上给村庄中释放了“善待老人”的信号，而且会将老人们组织起来，共同营造出“向着老人”的舆论氛围。村庄内的老人因为经常在一起活动，形成一个关系紧密的群体，不仅增进了彼此之间的友谊和信任，而且可以主导村庄的舆论，进而再造村庄道德舆论。比如遇到子女不孝顺的情况，其他老年人会关心、

询问和评论，正直的老年人更是会仗义执言。

老年人协会在不便于直接干预家庭生活时，也会通过组织活动来公开宣传敬老、爱老等正向的思想。四村的老年人协会都通过公开表彰孝行或自编自演文艺节目达到德育效果。协会自编自导的节目接地气，来自村民自己的生活，反映自己的生活世界，因此能够有效地打动观者的心灵。

再者，老人们有了自己的“地盘”，有了诉说自己喜怒哀乐的地方，精神状态大变，积极的生活态度也自然会感染家人。此外，老年人在家闲坐的时间少了，和子女产生矛盾的机会也相应减少。

（二）带动健康的农村文化活动，稳定村庄生活秩序

老年人协会不仅对家庭生活产生影响，而且影响整个村庄秩序。在老年人协会的引导下，农村对精神生活的潜在需求被显性化，其他相应组织相继建立。村庄中人们的生活更充实，村庄社会秩序因此更稳定。

老年人协会成立腰鼓队后开展各项活动，HJ村的年轻妇女受此感染在第二年成立了自己的跳舞队，每晚都有二三十个年轻妇女组织在一起跳舞。组织跳舞的女性认为跳舞不仅使人快乐，而且对身体有好处。不仅如此，这些经常聚在一起跳舞的妇女，因为本就是相邻的熟人，活动之余会聊天，一是活动中培养出了感情，二是增加了妇女间彼此友好的情谊，对调和邻里关系、减少日常纠纷大有裨益。

老年人协会的娱乐情景触动了村庄中的更多群体。GQ村几个中年人自发组织起来，在家门口建立了一个小篮球场。起因就是他们当中的一位年轻时就爱好打篮球，但一直找不到契机，自认为组织不起来人，而老年人协会组织起了跳舞队让他觉得组建一支篮球队也是有可能的。

农民也有激情需要释放，不过是需要一个正面的引导，老年人协会成功地将人们组织在一起娱乐，就成为一个显性的正向示范，进而可以改善村庄生活秩序。

（三）增加年轻人的生活预期，加强农村基层组织的建设

老年人协会的成功在于它不仅为全村老年人提供了活动场所和有所作为的空间，使老年人群体的生活有了意义，而且对村里中青年人产生了良好的示范作用，使中青年感到生活有奔头。

之所以说老年协会能促进农村的善治，增进农民的整体福利，就因为它能培

育社会资本。稳定预期有利于提高村民的责任感，减少机会主义行为。因为有了稳定预期，村民会在年轻时就为未来投资。对未来生活有了稳定的预期，人们的心态会大不一样。村中一些年近60岁的村民，甚至期待快点满60岁，以尽早加入协会。当未来的生活是可以预期的，老年后的生活是可以“有盼头”“有意思”的，年轻人为了未来进行长远打算的动力就会更强，而因此较少做出短期的投机行为。

正是在这种可以长远预期的生活中，村民愿意在村里盖房子。他们年轻时可能不得不外出打工赚取收入，但他们也会准备着年老时回村居住。也因为有了稳定预期，村民会考虑全村人的整体利益。短期的个人的经济利益是重要的，但不是唯一的。与短期的个人经济利益同等重要的还有长远和整体利益。这种长远和整体利益的考虑，为村民之间的相互信任与合作提供了基础，为村庄公共工程和公益事业建设提供了基础，为民主的村级治理提供了基础，也为增进村庄整体福利提供了基础。

此外，因为老年人协会的存在，村庄内的老年人有了更频繁的互动和更密切的联系。在关系紧密的社会群体中，成员们会非正式地鼓励相互之间的合作性行为。再则，老年人协会可以调解民间纠纷。老人因为年龄较大，一般不再从事主要的生产活动，闲暇时间很多，协会将这些闲暇时间很多的老人组织起来，使老人的生活变得充实。因为老人时间多，老人们又天天在一起聊天，不仅形成而且完全主导了村庄的舆论。他们可以调解家庭矛盾，也可以调解村内其他的民间纠纷，是有效的社区组织补充性力量。农村老人大多经历过较长时间的组织生活，相互熟悉，更具公益心和奉献精神，也有更多的闲暇时间参加集体活动。

老年人协会自编自演的各种文艺节目，在宣传法律法规、国家新农业政策、传统道德等方面，都为基层治理创造了很好的舆论氛围，也弥补了基层治理在道德舆论宣传上的不足。

（四）占领基层文化阵地，抵制邪教传播

老年人协会在抵制邪教组织的传播过程中，发挥了意想不到的积极作用。邪教活动具有不固定性，信徒通过亲属和熟人网络传教，使得相关部门难以采取有效的行动制止非法传教活动。

老年人协会首先通过丰富的娱乐活动吸引老年人。老年人协会成立后，聚会中心经常上演各种精彩节目，进行各种丰富的娱乐活动，老年人有地方可诉说衷肠、发泄不满，这对需要缓解焦虑的老年人无疑是强有力的吸引。

老年人协会以其在农村精神文化生活中的创造力和影响力，对抵制邪教的传播、宣传党的政策等各方面，发挥出巨大的潜力。

总体说来，在当前中西部地区农村，老年人协会回应了空心化和老龄化带来的村庄社会资本流失和文化生活凋敝的现实，一定程度上填补了村庄的社会文化真空，可以引导正向社会舆论，调解村庄和家庭内部的纠纷，加强基层组织建设，维护村庄生活秩序，抵制邪教传播等。同时，老年人协会也得以扎根乡村社会，成为乡村建设和治理的重要载体。老年人协会以老年人为主体，但超越了老年人群体，成为撬动村庄社会秩序的重要支点，形成了老年人协会与村庄社会治理之间的正反馈关系。

第四节　延伸思考

因为人口迁移、城镇化加速及人口老龄化的合力，我国农村可能会率先进入重度人口老龄化阶段，如何改善乡村老年人的处境成为中国农村社会转型的热点问题。在这个意义上，乡村治理必然需要面对乡村社会的老年人群体。

一、无协会、无组织：“无用”的乡村老年人

在广大中西部地区农村，伴随大量中青年的向外流动，乡村社会中老年人日益成为数量上的主体。然而，老年人在乡村社会中的处境却日益边缘化。尤其是在“原子化”的中部地区农村中，在老年人协会成立前，老年人并无任何组织、活动。当老人们作为分散的个体脱离主要生产领域，逐渐退出因人情往来关联的熟人网络，成为家庭内部“不添麻烦就可以”的人，其边缘化处境就日益明显，甚至被当作“无用”的人。

首先是身体老化带来的生产领域的脱嵌，导致老人们无法生产出看得见的劳

动成果，进而觉得自身“无用”。农村老人通常围绕生产展开自身的生活安排，并奉行乡村社会通行的劳动伦理。在身体状况允许的情况下，被排斥在正规经济之外的老年剩余劳动力仍可以获得参与生产的机会，“到处都能找事做”，日常生活因此被赋予充实感和意义感。然后，一方面是随着农业社会化服务的完善，农业生产中的重体力环节大大减少，农业劳动之外的闲暇时间相对更多。另一方面是在老化过程中，主要由于生理性的原因，老年人逐渐脱离生产结构，进而失去与生产活动的基本联结。伴随生产规模的减少和生产类型的单一化，老年人的劳动强度也不断降低，以往与生产结构的联结状态逐渐消解。从生产结构中逐步退出的同时，“无事可做”的消极状态开始占据老人的生活。“不知道做什么，一般就在门口坐坐走走，天黑了就睡觉。”从这个角度来看，老化推动着农村老人与生产结构的联结断裂，大量的消极闲暇进一步强化了唯有生产劳动的人才是“有用”的判断。

其次，“原子化”农村地区存在物质消费主义导向的村庄竞争，导致老人逐渐退出生产领域之后在家庭中也难寻生活意义，进而产生“无用感”。因为老化逐渐退出正规劳动力市场而渐渐无法获取经济来源，父代对子代支持的能力、对家庭的经济贡献率，必然会减弱甚至近于无。即便人们在实现为子代结婚成家的人生任务后会获得人生圆满的意义感，但无法继续为子代小家庭提供物质支持将消解他们在家庭中的存在感。“原子化”村庄的老年人通常认为无力为子女分担日常生活重任即宣告自己成为“负担”。

最后，乡村老人在从生产中脱离后通常也会从村庄人情往来中退出，村庄层面的社会交往因此萎缩，在村庄社会网络中也难以寻求到支持性力量。在村庄中，人们的生活高度嵌入其所处的熟人社会结构之中，熟人社会的人情往来是人们链接社会关系的主要方式。人情往来既包括日常性的生产生活互助，也包括仪式性的红白喜事参与，是村庄熟人社会交往的场域。经由这种高密度和情感性的社会性交往，个体能够不断建构并强化关系性联结。然而，在老化过程中，老人会在终止生产劳动后退出人情往来场域。老人退出生产活动领域后，不再有生产上的日常互助需求，同时也会减少仪式性人情往来。从这个角度来看，老化过程蕴含着个体从人情往来的退出，意味着个体在村庄熟人社会中的活跃位置转向边缘化地位，无法获得丰富的社会交往空间和更多的支持性力量。

总体说来，伴随老化过程，农村老年人会因为逐渐失去与劳动生产的链接而生出“无用”之感；当家庭以物质竞争为目标时，这种与劳动生活的脱嵌也会带来在家庭中话语权丧失的判断；人情往来的退出会进一步强化老人的边缘地位以及“无用”感。

二、组织起来:“老有所为”的主体再现

一般来说，在自发状态下，老年人处于松散的“原子化”状态，此时生活处境依赖于个体因素。为了调动和激发老年人的主体性，就需要将“原子化”的老年人“组织”起来，提供一种能够实现农村老年人自主性、发挥自身能动性的可持续路径。四村老年协会即是一个重新发现老年人主体性的自组织路径。

（一）积极闲暇与“有所为”的生活方式

农村老人退出生产后产生消极闲暇，是其精神慰藉难以获得的直接表现。此时，如何以新的活动内容充实老人的闲暇，帮助其重新找到生活的节奏，成为一个最基本的问题。针对这一问题，老年协会开展了丰富多彩的文娱活动。这些文娱活动形式多样，包括但不限于看戏、下棋、跳舞、锻炼等，其共同点在于消遣性。以消遣为核心，老年人从“无事可做”的消极闲暇转变为“玩不过来”“有所为”的积极闲暇，通过闲暇重组实现新的生活秩序。

具体而言，老年协会组织的文娱活动的积极性体现在：一是去消费，不以消费为手段，不需投入经济资本。与城市老年人不同，农村老年人即便仍在参与生产劳动，也较少有可供物质消费的经济资本，消费意愿和消费能力都很低。因此，非消费性的文娱活动对于农村老人来说特别适宜，老年协会的活动和设备均是无偿开放。二是低门槛，无论是入会还是协会的具体活动安排都不对老人设限（只需年龄符合要求）。无论是受教育水平较低，还是生理机能趋于下降，都可以在协会中找到适宜的娱乐活动。老年协会活动中心提供老年人偏好的戏曲、电视剧、花鼓戏等，眼神不好、耳朵不灵的老人也可以乐在其中。因为是自己的“地盘”，可以自由地闲谈，也具有了积极的意义。三是活动分类，各得其所。老年人协会把活动原则定位为文艺导向，成立文艺宣传队，爱好跳舞、锻炼且行动能力强的

老人们可以更积极地参与高难度活动，不会唱跳的老人则可以做最积极的观众，共娱其中。

文娱活动使得积极闲暇替代了“无所事事”的消极闲暇，展现了老年生活新的可能。尤其对于基本丧失劳动能力、不再从事生产活动的老人来说，以前是无处可去只能晒太阳，如今“到老年协会玩”成为新的生活方式。正如老人们所说，“这里就像磁铁一样，把你一个劲往这里吸引，不由自主地想来”，“每天上午吃个早饭9点就来了，11点回家做饭，睡个午觉又来了，下午4点多再回家，有规律得很，就像上班一样”。由此可见，老年协会这一自组织以消遣为核心重组了老年人的闲暇，使其获得了“有事可做”的积极生活秩序，实现了个体最基础层面的精神慰藉需要。

（二）共同空间与“有所为”的价值性主体

在完成“人生任务”之后，农村老年人在以物质消费为村庄“面子”竞争标的的家庭中不再有经济贡献率，进而逐渐在家庭中边缘化，退出人情往来后在村庄中也不具有特殊的社会交往空间。在此背景下，老年协会将“无处可去”的老年人组织起来，以自组织这一共同体为载体，重塑了一个老年人的公共的精神福利空间，重新定义了处于边缘位置的老年人的生命意义，也为老年人提供了超出家庭范围的支持性力量。

具体而言，在老年协会的自组织中，老年人在社区中的生命意义重构和再发现体现在以下几个层面：

一是老年人协会的物理空间为被边缘化的老年人提供了独有的平台，老年人获得“我们也有去处”这一心理认知。即便村庄内部资源相对匮乏，4个村庄都有一个由外部力量投资建立的专属于老年人的活动中心。这一中心活动点，为村庄老年人提供了一个独立且对其他群体具有相对封闭性的场所，以及附属于这一空间的各种娱乐设施和器材。老年人通过对老年人协会所提供的空间及附属于该空间之中的娱乐设施和器材的使用而体验到愉悦，甚至是幸福的感受。活动中心不仅为处于家庭和村庄空间双重边缘化的老人提供了场所和去处，而且以一群处境相似、年龄相当的老年人为主要服务对象，是专供老人休闲和娱乐的场所，老人的优越感和自主性意识因此得到最大的激发，“这是我们老年人的地盘”。老年人协会构造的是专属于老年人的公共空间，其对老年人群体而言，不具有排他性。可以说，老年人协会通过人为的组织化手段将村庄中所存在的一切不利于老年人生活的状况抛弃于外，构造了一种对老年人的空间保护机制。对老人而言，“有了老年人协会，就有了去处”，老年人们在社区中寻找到了专有的社会空间，也有了自我重建的可能，这为有所为提供了前提。

二是老年人协会对老年群体的关注，重塑了老年人在村庄中的位置，让老人们有了更强的尊严感。伴随着身体机能下降和随之而来的劳动能力的丧失，老年人在家庭和社会中逐渐被边缘化的同时也自我边缘化，甚至在村庄公共舆论约束能力下降的情况下，作为客观弱势群体的高龄和生命失能老年人无法得到基础的保障。对此，老年协会的重要性在于将老人从边缘性的“他者”地位转移到村庄的“注意力中心”，而这是通过公共舆论的重新塑造实现的。4个村的老年协会都对所有老年人开放，并且还会针对性地开展额外关怀最弱势老人的关怀活动，如给高龄老人祝寿、慰问生病老人、重阳节给老人发放小礼品等。这类活动能产生两个效果：一是给村庄中不善待老人的子女们示范和警醒作用，二是让老人们自身改变边缘心理，获得更多自我肯定，有尊严感。

三是老年人协会以老人为主体激发出的参与性，使老年人真正在“有所为”中获得被尊重的价值。老年人协会丰富的日常生活安排了老人们共同相处、积极互动的空间。这个空间让老年人不仅仅获得了同辈群体被组织起来后才有的归属感，还有参与其中的主体感。无论是参加各类文艺表演排练、表演获得参与感，还是作为观众观看表演，又或者只是在活动中心彼此闲谈，老人们都参与到了同辈群体的活动中去，这都使得个体获得了来自同辈群体的认同感、价值感。当然，当村庄的其他群体被老年人带动着去组织中年妇女跳舞队、中年男性篮球队，老年人们也感受到更多的自我认同与肯定。老年人协会通过组织起来参与基层治理、纠纷调解、移风易俗等各种共同活动，更是让老年人获得有所余力时的自我创造感。

从这个意义上说，老年协会塑造的共同体为意义空缺的老年人提供了重新安放生命意义的载体。在“有所余力”时自我创造，在“无能为力”时获得尊重，老年人生命价值得到重塑，他们作为基层治理的主体真正被再次看到。

第五节 政策建言

随着市场经济的深化、农村社区的快速转型，一系列社会问题浮现。农村社区的老龄化现象正在并将在一个长期时段中成为乡村社会治理中极为重要的和需要直面的社会问题。普遍建立以老年人为主体、政府主导、全社会参与的老年人协会，无疑具有重大意义。如果将老年人协会的建立工作与基层社区组织的其他工作结合起来，将取得更为卓越的实效。

一、给予“低消费、高福利”的老年人协会一定基础保障

各地老年人协会的建设都需要有一些前提准备，但这些成本并不高，是可以带来高福利的“低消费”、低投入。比如老年人协会需要独立的活动场所，各地可以充分利用现有的村级组织活动场所、新农村建设中的闲置房屋等，灵活解决老年人协会活动场所问题。设备的添置也比较简单，只需要解决老年协会开展活动必需的棋牌、球具、电视或放映机等基本娱乐健身器材。另外，鉴于老年人的经济处境，需要注入一定的组织运转资金。不过老年协会运转成本并不高，本章案例中一个老年协会运转成本总额最初是5000元左右，近年来也只需要10000多元。

在社区管理中，基层政府组织可以在一些特定事务上适度转让管理权限，允许老年人协会通过一些特定形式创收。政府部门帮助解决老年协会建设面临的资金短缺困难，同时给予老年人协会自主运转的前提，也将给人们以信心，使人们对老年人协会等民间组织的发展有更稳定的预期，从而有利于此类组织更健康、持续地发展。

二、重视老年人协会作为社区组织的维稳力

建设老年人协会，可以通过老年人做思想工作，把社区基层组织的主张转化为群众的自觉行动，动员村民投身于改变家乡、改变生存环境的新农村建设之中。老年协会也完全可成为乡村干部的监督力量和补充性力量，成为社区组织管理服

务农村的有力抓手。

根据老年人身体状况、性格特点、特长优势，引导协会参与一定的社区管理事务，如宣传党的路线方针政策、参与新农村建设、维护合法权益、调处矛盾纠纷等社区管理方面。老年人老有所为，不断增强基层党组织的维稳力。

三、通过老年协会不断扩大社区组织的影响力

老年人协会的成员是留守村庄的主体，他们贴近村民、熟悉村庄，可以成为社区组织做群众工作、管理农村基层的有力抓手。建设老年协会，就能把老年人这支当前农村社区管理的主要力量组织起来经常开展活动，能够引导和组织老年人参与社会主义新农村建设、科技政策宣传、村务监督、矛盾纠纷调解、移风易俗、合法权益维护、关心教育下一代等社区管理事务和各种公益活动。发挥其在农村社区和谐发展的重要作用，推动社区组织和活动常态化开展。

通过留守在村的老人，社区组织扩大了联系每个家庭的具体路径，扩大了社区管理的覆盖面，还探索出在中青年村民外出务工背景下，依托老年协会加强社区组织联系服务群众的新路子，为新时期的群体工作提供路径创新和经验积累。

四、借助老年人协会巩固党在农村社区的文化阵地

老年协会拥有自己的文艺骨干，能够挖掘传统文化资源。可以将老年人协会建设与传统文化建设结合起来，通过开展丰富的文化活动，挖掘传统文化资源，巩固农村文化阵地。

可以说老年人协会的活动再造了农村社区文化，重塑了村落社区的公共性，恢复了村庄的价值生产能力，并使个体农民的灵魂找到了可以安放的地方。基层组织可以借助老年人协会文艺活动的组织与宣传，为村民日常行为重新赋予文化正当性的规约与支撑，打通村落社区与个体农民之间的连接渠道，从而实现村庄范围的文化治理。

十九大提出的“乡村振兴战略”积极回应了乡村社会的现实困境。在乡村社会区域差异和内部分化的现实情境下，如何在乡村建设的过程中回应最大多数农

民的现实需求，重建乡村社会秩序，是“乡村振兴战略”的重要内容。当前中国农村日益严峻的老龄化趋势塑造着乡村治理的内容，在此背景下，老年人协会是重塑乡村老年人的主体性，探索以老年人为主体的乡村治理模式的有效组织形态。这一发现有助于拓展乡村治理的路径，并回应当前中国乡村社会转型过程中的秩序命题。